I. Wort- und Sacherklärungen

Vorrede

3,4 *Operationen:* (von lat. *opera*) Tätigkeiten.

3,7 *geizen:* gierig streben; *Geiz* hat urspr. die allgemeinere Bedeutung von ›Gier‹.

3,9 f. *drei außerordentliche Menschen:* ganz sicher Franz und Karl Moor; ob die dritte Person Spiegelberg oder Amalia ist, ist umstritten. Für Spiegelberg: Stubenrauch (NA III,391), Schwerte (S. 151), Mayer (1973, S. 269), Best (S. 289) und Kluge (S. 185); für Amalia: Brittnacher (DKV, S. 345) und Kemper (S. 245). Für den alten Moor als dritten außerordentlichen Menschen plädierte 1907 Wulffen (S. 18).

3,11 *Räderchen:* Terminologie in der Tradition der Aufklärung: Die innermenschlichen Vorgänge werden als eine Maschine gesehen, bei der zum Funktionieren Räder ineinandergreifen; vgl. 4,1 f.

3,13 *Geisterkenner:* Seelenkenner.

3,16 *Palisaden:* Das Lehnwort (von lat. *palus* ›Pfahl‹) bezeichnet eine dichte Pfahlreihe, die früher zum Schutz von Befestigungen gebräuchlich war. Schiller meint hier Einschränkungen, die die drei dramatischen Einheiten darstellen; vgl. 14,8; 23,17 »verpalisadieren«.

Aristoteles: wirkungsmächtigster griechischer Philosoph der Antike (384–322), dessen unvollendet überlieferte *Poetik* das abendländische Grundwerk für die Gesetze der dramatischen Kunst wurde. Man entnahm aus der *Poetik* die drei Einheiten für die Tragödie, deren Diskussion zu Schillers Jugend durch Gotthold Ephraim Lessings *Hamburgische Dramaturgie* (1767–69) aktuell war. Nach den Gesetzen der drei Einheiten sollte die Tragödie (a) am selben Ort, (b) innerhalb eines Sonnenumlaufs, also eines Tages, (c) bei strenger Konzentration auf nur eine Handlung sich abspielen.

3,16 f. *Batteux:* Charles Batteux (1713–1780), französischer Kunsttheoretiker, nach dem die Kunst die Aufgabe hat, die Schönheit der Natur nachzuahmen, um die Seele zu Gott zu erheben. Batteux forderte die strikte Anwendung der Aristotelischen Einheiten im Drama. Beide Autoren erscheinen Schiller als Repräsentanten derjenigen Kunstauffassung, die die Daseinsfülle durch engstirnige Kunstgesetze verkrüppelt.

3,19 *verbannet:* Erst im 19. Jh. fällt das *-e-* der Präsensendung bei der 3. Pers. Sg. durchgängig aus.

3,20 *Ökonomie:* eigtl. ›Wirtschaftlichkeit‹, hier: Aufbau, Konzeption; urspr. ›Hausverwaltung‹ (von griech. *oikeo* ›ich bewohne‹ und *nemo* ›ich teile zu‹).

3,23 *ist in diese Notwendigkeit gesetzt:* ist vor diese Notwendigkeit gestellt.

3,24 f. *idealische Affektationen:* in der Wirklichkeit nicht vorkommende Geziertheiten; *idealisch* ›nur in der Idee existierend‹; *Affektationen* (von lat. *affectatio*) ›Künstelei‹. – Die starke Adjektivendung nach unbestimmtem Zahlwort oder Artikel war im 18. Jh. verbreitet und taucht in den *Räubern* häufig auf: vgl. etwa 5,10 »diese mutwillige Schriftverächter«; 13,12 »meine arme Lippen«.

3,25 *Kompendienmenschen:* (von lat. *compendium* ›Abkürzung, Richtweg‹, daher ›Lehrbuch‹) Menschen, die es nicht in der Wirklichkeit, sondern nur zu Lernzwecken in Lehrbüchern gibt.

3,28 *Kolorit:* (von lat. *coloratus* ›gefärbt‹) Färbung, Farbwirkung.

3,32 *kolossalischen Größe:* ungeheuerlichen Größe; das Adj. ist von lat. *colossus* ›riesenhafte Erscheinung‹ abgeleitet.

3,34 *Labyrinthe:* (von griech. *labyrinthos* ›Haus der Doppelaxt‹) Irrgänge.

4,2 *in Franzen:* heute veraltete schwache Beugung. Zu Schillers Zeit war es üblich, auch Eigennamen zu deklinieren, was in den *Räubern* durchgängig geschieht.

4,3 *Abstraktionen:* (von lat. *abstrahere* ›abziehen‹) Verallgemeinerungen, Begriffe.

4,4 *skelettisiert die richtende Empfindung:* nimmt das Fleisch, das ihr Leben ausmacht, von ihr und lässt nur das Knochengerüst übrig.

4,6 *den wir ihm nicht beneiden:* um den wir ihn nicht beneiden. In Analogie zu lat. und frz. Formen ist im 18. Jh. *beneiden* mit Dat. der Person und Akk. der Sache aufgekommen. Bei Schiller noch in den späteren Stücken.

4,10 *einem Missmenschen:* einem übel geratenen Menschen; im Grimmschen *Wörterbuch* nur die vorliegende Stelle angegeben.

4,11 *Konterfei:* (von frz. *contrefaire* ›nachmachen‹) Abbild.

4,12 *Mechanik:* vgl. Anm. zu 3,11.

4,23 *bekömmt:* Schon das Mhd. kennt nebeneinander die Formen *komen* und *kömen.* Die umgelauteten Formen sterben gegen Ende des 18. Jh.s aus.

4,24 *Brutus:* Stubenrauch (NA III,392) bezieht den Namen auf den ersten römischen Konsul Lucius Junius Brutus; näher liegt aber wohl der Cäsar-Mörder Marcus Junius Brutus (um 85–42 v. Chr.), den Schiller in den *Räubern* »den letzten aller Römer« (117,15) nennt und den er auch in *Fiesco* V,5 erwähnt. Er war zudem ein Zeitgenosse des Catilina.
Catilina: korrupter römischer Politiker, der 63 v. Chr. den Sturz der Regierung versuchte, aus Rom vertrieben und in der Schlacht bei Pistoria geschlagen und getötet wurde. Er lebt in der Nachwelt durch Ciceros Senatsreden gegen ihn und durch Sallusts Werk über die Catilinarische Verschwörung.

4,24 f. *Konjunkturen:* (von lat. *coniunctio* ›Verbindung‹) Schicksalsverkettungen.

4,29 f. *enthusiastischen:* (von griech. *en-theos* ›gottbegeistert‹) begeisterten. Das Wort dringt über frz. *enthousiaste* im 16. Jh. ins Dt. ein.

4,31 *unidealische Welt:* die Welt, die seinen Idealen nicht standhält, sondern schlechter ist.

4,32 *Don Quixote:* Titelgestalt aus dem Roman *Don Quijote* des spanischen Dichters Miguel de Cervantes (1547–1616), Prototyp des weltfremden Narren, der in der Vorstellung, Gutes zu tun, Unheil anrichtet.

4,34 *dörfen:* schon im Mhd. entstandene Nebenform zu *dürfen.* Die Präsensformen sind hervorgegangen aus dem Prät. *dorfte* und hielten sich bis ins 18. Jh.; vgl. 12,10; 24,5; 70,26; 103,7; 114,15.

4,37 *itzo:* auch *itzt;* beide Formen werden in den *Räubern* durchgängig gebraucht; sie werden gegen Ende des 18. Jh.s unüblich. Mhd. *ië + zuo* (*ië* ›die Zeit hindurch‹ + *zuo* ›zu dieser Zeit‹) wurde im Frühnhd. zu *iezo, ieze, itz* gekürzt und erhielt vielfach die Auslauterweiterung *-t.* Durch Akzentverschiebung wandelte sich das anlautende *i-* zu *j.*

Witz: Witz, witzig meinen im Dt. urspr. ›Wissen, wissend‹, nehmen aber unter dem Einfluss von frz. *esprit* und engl. *wit* die Bedeutung ›Geist, Verstand, Geistreichheit‹ an. Erst im 18. Jh. erscheint die heutige Bedeutung ›Spott, Scherz‹.

5,2 *Genie:* seit dem Beginn des 18. Jh.s im Sinne von ›(feuriger Schöpfer-)Geist‹ gebrauchtes Lehnwort aus dem Frz. Später wird es auch auf den Träger dieses Geistes angewandt und zum Modewort der Geniezeit, des Sturm und Drang.

passiert: passieren (von frz. *passer*): durchreisen, für etwas gelten; in diesem letzteren Sinne hier.

5,3 *Satyr:* Bocksgestalt in der griechischen Mythologie, die flötespielend, lüstern und necklustig mit den Nymphen in den Wäldern lebt. Schiller verwendet sie hier allegorisch für die Angriffe auf die überkommenen Wahrheiten.

5,4 *edle Einfalt:* berühmte Formulierung aus den *Gedanken über die Nachahmung der griechischen Werke in der Malerei und Bildhauerkunst* (1755) von Johann Joachim Winckelmann (1717–1768), die das Griechenbild der Goethezeit entscheidend mitbestimmt hat: »Das allgemeine vorzügliche Kennzeichen der griechischen Meisterstücke ist endlich eine edle Einfalt, und eine stille Größe, sowohl in der Stellung als im Ausdrucke« (Reclams UB Nr. 8338, S. 20).

der Schrift: der Heiligen Schrift, der Bibel.

5,5 *Assembleen:* (von frz. *assemblée*) Versammlungen, Gesellschaften.

5,23 *imputabler:* (von lat. *imputare* ›anrechnen, zuschreiben‹) höher zu veranschlagen.

5,24 *Klopstocks Adramelech:* in dem christlichen Epos *Der Messias* (1748–73) von Friedrich Gottlieb Klopstock (1724–1803) nach dem Satan der mächtigste und höchst boshafte Teufel.

5,25 *Miltons Satan:* die Zentralgestalt in dem christlichen Epos *Das verlorene Paradies* (1667) von John Milton (1608–1674). Schiller spielt hier auf den 2. Gesang an, wo Milton Satans Flug durch die noch ungestaltete Welt schildert.

5,27 *Chaos:* in der griechischen Mythologie der Zustand der Welt vor aller Formung.

Die Medea der alten Dramatiker: Medea war die Tochter des Königs von Kolchis. Sie verschaffte Jason das Goldene Vlies, heiratete ihn und ging mit ihm nach Griechenland. Als er sie verließ, tötete sie aus Rache ihre beiden Kinder. Überliefert sind die Medea-Dramen von Euripides (um 480 – um 406 v. Chr.) und Seneca (um 4 v. Chr. – 65 n. Chr.).

5,29 *Shakespeares Richard:* Richard III., die Titelgestalt des gleichnamigen Stücks von William Shakespeare (1564–1616), das auf *Die Räuber* stark eingewirkt hat.

6,4 *Dissonanzen:* (von lat. *dissonus* ›durcheinandertönend, verworren‹) Missklänge.

6,13 *Pöbel:* (von lat. *populus* ›Volk‹) ungebildetes Volk, das Schiller in allen Ständen findet.

6,17 *auszureichen:* ungewöhnlich mit Akk.: bis zu etwas reichen.
kleingeistisch: geistisch, als Gegensatz zu *körperlich,* noch im 18. Jh. üblich, z. B. »die geistischen Nachtschwärmerinnen« (Gespenster) bei Musäus.

6,20 *Apologie:* (von griech. *apologia*) Verteidigung, Verteidigungsrede.

6,22 *gemeiniglich:* allgemein; ältere Form, die den mhd. Lautstand beinahe wahrt (*gemeineclîche*).

6,24–27 *das ewige Dacapo mit Abdera und Demokrit ... wollten:* Anspielung auf den Roman *Geschichte der Abderiten* (1778–80) von Christoph Martin Wieland (1733–1813). Darin werden der weise Naturphilosoph Demokrit und die törichte Bevölkerung von Abdera, seiner Heimatstadt, gegenübergestellt. Der berühmte Arzt Hippokrates (vgl. Anm. zum Titelblatt) soll Demokrit von seinem vermeintlichen »Wahnwitz« heilen, den seine Mitbürger ihm andichten, weil er ihr schildbürgerliches Verhalten nicht mitmacht. Hippokrates aber erklärt alle Abderiten außer Demokrit für krank und empfiehlt ihnen, sechs Schiffsladungen voll heilkräftiger Nieswurz einzukaufen und »auf jeden Kopf sieben Pfund« (2. Buch, 7. Kap.), auf die Ratsherren die doppelte Portion, zu verteilen. Verspottet wird auch die blinde Theaterleidenschaft der Abderiten (3. Buch), die in Schillers Sinn Pöbel darstellen.
Günther Kraft (vgl. Anm. zu *Libertiner* im Personenverzeichnis) vermutet hier eine religiöse Anspielung: »Da [...] einer der führenden ›Freigeister‹, [...] Johann Konrad Dippel unter dem Pseudonym ›Christianus Demokritus‹ [...] in den 30er Jahren des 18. Jahrhunderts hervortrat und die Gemüter der Pietisten und der Orthodoxen erregte, kann dieser Hinweis Schillers auch als eine kritische Einbeziehung zeitgenössischer religiöser Probleme zu verstehen sein« (S. 139).
Dekokt: (von lat. *decocta* ›Kühltrunk‹) Absud, abgekochter Trank.

Die

Räuber.

Ein Schauspiel.

Frankfurt und Leipzig.

1781.

Titelblatt der Erstausgabe

6,30 *wenn Sonne und Mond sich wandeln:* vgl. Joel 3,4: »Die Sonne soll in Finsternis und der Mond in Blut verwandelt werden.«

6,30 f. *Himmel und Erde veralten wie ein Kleid:* vgl. Jes. 50,9: »Siehe, sie werden allzumal wie ein Kleid veralten«; vgl. auch Jes. 51,6 und Ps. 102,27.

6,33 f. *jener Käfer … stört:* Der Mistkäfer wurde dazu verwendet, die Perle in der Muschel freizulegen, indem er das Muschelfleisch rundherum abtrug.

6,36 *konfisziert:* (von lat. *confiscare* ›in der Kasse aufheben, für die kaiserliche Kasse beschlagnahmen‹) eingezogen, beschlagnahmt.

6,37–7,1 *Katastrophe:* dramatische Schlussphase der Tragödie mit dem Untergang des Helden; vgl. 48,6.

7,4 *billig:* gerecht, anständig, fair.

7,9 *Ostermesse. 1781:* Die alljährliche bedeutende österliche Buchmesse in Leipzig fand am Sonntag Jubilate, also am dritten Sonntag nach Ostern, im Jahre 1781 am 6. Mai, statt. Das Datum kann fiktiv sein und der Mimikry des anonymen Autors gelten, denn es gehörte zu den Gepflogenheiten der Verlage, ihre Neuerscheinungen auf die Ostermesse zu datieren.

Titelblatt

Ein Schauspiel: Nach dieser eigenen Kennzeichnung Schillers wird die Erstausgabe der *Räuber* von 1781 als »Schauspiel« zitiert, zur Unterscheidung von der Theaterausgabe von 1782, die Schiller »Trauerspiel« nannte.

Hippocrates: Hippokrates von Kos (um 460 – um 377 v. Chr.), griechischer Arzt, der als Vater der Heilkunde gilt. Es handelt sich bei dem Zitat um den letzten Spruch der ihm zugeschriebenen *Aphorismen,* einer Sammlung von Sätzen über ärztliche Prognose und Therapie.

Quae medicamenta … ignis sanat: (lat.) Was Arzneien

nicht heilen, heilt das Eisen (das Operationsmesser); was das Eisen nicht heilt, heilt das Feuer (das Ausbrennen). Der Aphorismus, im Original griech., geht weiter: »Quae vero ignis non sanat, ea insanabilia existimare oportet« (»Was aber das Feuer nicht heilt, muss als unheilbar angesehen werden«).

Personen

Amalia: Dadurch, dass Schiller sie in der Trauerspielfassung zur »Nichte« Maximilians macht, führt er ein inzestuöses Element in ihre Beziehung zu Karl und Franz ein. Ein Teil der neueren Forschung gewinnt der Gestalt mehr ab als die traditionelle Charakterisierung als »eine gleichsam eindimensionale Figur« (Sautermeister, 1987, S. 215). Nicht überraschenderweise wird Amalia heute auch auf der Bühne zur selbstbewussten Frau.

Libertiner: (lat.) Freigelassener; seit der Reformation für Freigeister verwendet, die von der offiziellen kirchlichen Lehre und Zucht abweichen; frz. *libertin* nahm die Bedeutung ›ausschweifender Mensch, Wüstling‹ an, und so ist auch Schillers Bezeichnung zu verstehen, wie die Kennzeichnung der Räuber als »Zirkel lüderlicher Brüder« in der »Selbstrezension« (vgl. Kap. V,5) nahelegt. Günther Kraft (*Historische Studien zu Schillers Schauspiel ›Die Räuber‹*, Weimar 1959, S. 62–65, 129–134) weist darauf hin, dass *Libertiner* im 18. Jh. vor allem eine religiöse Komponente hat. Libertinismus wird zusammen mit anderen Termini (Separatismus, Chiliasmus u. a.) für unorthodoxe christliche Gruppen verwendet, die von den etablierten Kirchen leicht ins Kriminelle abgedrängt wurden und wegen ihrer Verfolgung zu Bandenbildung neigten. Beim sogenannten Libertinismus spielte die chiliastisch-endzeitlich-weltbeglückende Komponente eine große Rolle, die die Ausmerzung des Bösen in der Welt plötzlich und radikal er-

wartet. Kraft bringt folgende Szenen in den *Räubern* mit dieser historischen Bewegung in Beziehung:
»a) Gespräch Franz und Maximilian von Moor (I/1) über religiöse Fragen (Geschichte des bußfertigen Tobias; ›Meine goldenen Träume‹; Zitate der ›Schrift‹);
b) Gespräch Karl von Moor und Spiegelberg (I/2) über neuchiliastische Thesen (Wiedererrichtung des Königreiches zu Jerusalem; Vorstellung des ›Jüngsten Tages‹; ›Pietist‹–›Atheist‹ [Schufterle–Grimm]);
c) Monolog Franz von Moor (II/1);
d) Gespräch Maximilian von Moor und Franz von Moor (II/2) mit zahlreichen Motiven aus der ›Schrift‹ (Geschichte Jakobs und Josephs; ›Jüngstes Gericht‹);
e) Bericht Spiegelberg (II/3) über den bestialischen Überfall auf das Kloster (›als käm der Jüngste Tag …‹; ›… und die Bibel vollends hinausvotiert‹; ›Galgenpsalm‹ [Schweizer]; weitere biblische Zitate);
f) Pater zu Karl von Moor (II/3): ›jenem ersten abscheulichen Rädelsführer …‹ (Hinweis auf Lucifer); ›Pfuhl der Verdammnis‹; ›das Jüngste Gericht waffnen, dass es reißend daherbricht! reif zur Vergeltung, zeitig zur letzten Posaune!‹; dazu Dialog Karl von Moor;
g) Karl von Moor (III/2): ›Wettrennen nach Glückseligkeit‹; ›bunte Lotto des Lebens, worein so mancher seine Unschuld und – seinen Himmel setzt‹; ›Hochgericht‹;
h) Franz von Moor (V/1): ›bis an den Jüngsten Tag‹; Ausmalung des ›leibhaft Konterfei vom Jüngsten Tag‹ gegenüber Daniel (Bild aus ›Offenbarung Johannis‹);
i) Pastor Moser (V/1) im Gespräch mit Franz von Moor;
k) Franz von Moor (V/1) zu Daniel: ›… In's T–fls Namen! So bet doch.‹ (Daniel: ›Postill und Bibelbuch an den Kopf gejagt‹; ›Auch seine Gebete werden zu Sünden‹);
l) Der Alte Moor (V/2): Hinweis auf den ›Tau, der vom Hermon fällt auf die Berge Zion …‹«

Bastard: uneheliches Kind, meist mit einem adligen Elternteil. Das Wort kommt aus dem Afrz. ins Mhd. und bezeichnet urspr. ein Kind, dessen Eltern aus verschiedenem sozialen Milieu stammen.

Pastor Moser / Ein Pater: Bis ins 19. Jh. war die Darstellung geistlicher Personen auf der Bühne fast überall verboten. In der Bühnenfassung der *Räuber* wurde deshalb der Pater eine »Magistratsperson«, und Pastor Moser wurde ganz gestrichen. Der Name des Pastors ist eine Huldigung an Schillers Lorcher Lehrer, den Pastor Philipp Ulrich Moser (1720–1792), aber möglicherweise auch an »den Juristen Johann Jacob Moser (1701–1785), der, als Konsulent der Landschaft in Stuttgart, ein unbeugsamer Gegner Karl Eugens gewesen ist und von diesem zu fünf Jahren Haft auf dem Hohentwiel verurteilt worden war, weil er die Rechte der Landstände gegenüber dem Herzog verteidigt hatte« (Brittnacher in: DKV, S. 990). Überhaupt trugen nach dem Zeugnis von Jacob Friedrich Abel und nach einem Brief Ch. F. Schwans an Ch. G. Körner vom 14. Juli 1811 mehrere Hauptrollen in den »Räubern« Charakterzüge von Vorgesetzten und Aufsehern der Karlsschule.

Der Ort ... Teutschland: Dass Schiller das Stück demonstrativ »in Teutschland« spielen lässt, scheint die Erfüllung einer Forderung seiner stofflichen Quelle zu sein, denn Christian Friedrich Daniel Schubart (1739–1791) schreibt in seiner Erzählung *Zur Geschichte des menschlichen Herzens* (1775): »ich gebe es [das Geschichtchen] einem Genie preis, eine Komödie oder einen Roman daraus zu machen, wann er nur nicht aus Zaghaftigkeit die Szene in Spanien und Griechenland, sondern auf teutschem Boden eröffnet« (vgl. Kap. III,1).

Teutschland: geht auf das ahd. Adj. *diutisk* zurück. Im Mhd. glich sich der Anlaut dem Stammauslaut an (*tiutsch*), was später unter Berufung auf den angeblichen Stammvater der Deutschen, Teut, beibehalten wurde. Erst am Ende des 18. Jh.s setzt sich die korrekte Schreibweise mit anlautendem *d-* wieder durch.

die Zeit: im »Mannheimer Soufflierbuch«: »als Kayser Maximilian den ewigen Landfrieden für Deutschland stiftete«; im »Trauerspiel«: »Das Stück spielt in der Zeit als der ewige Landfriede in Deutschland errichtet wurde« – also 1495. Der ewige Landfriede Kaiser Maximilians verbot die Fehden des Adels und übergab die Bekämpfung schwerer Verbrechen an die Territorien des Reiches. Er galt bis zur Auflösung des Reiches 1806. Dalberg verlegte die Zeit des Stücks ins 15. Jh., einerseits, weil er seinen Begebenheiten geringe Wahrscheinlichkeit beimaß, andererseits aber auch aus ökonomischen Gründen: Zur Zeit der Uraufführung waren historische Stücke erfolgreich (vgl. »Mannheimer Soufflierbuch«, S. 153).
In der Angabe der Handlungsdauer (»ohngefähr zwei Jahre«) ist Schiller ungenau. Es kommen nur etwa 15 Monate heraus, wenn man die Zeitangaben aufeinander bezieht: In I,1 (12,13) wird als Datum des angeblich von Karl geschickten Briefes der »1. Mai« genannt. In II,1 (47,4) erklärt Franz Hermann, seit »eilf Monaten« sei sein Bruder enterbt, was nicht ganz stimmen kann, da Hermann dann in II,2 (52,29) behauptet, Karl sei bei dem »Treffen bei Prag« gefallen, also am 6. Mai 1757. Es sind daher gut zwölf Monate vergangen. Die Nachricht führt den Scheintod des alten Moor herbei, der in IV,5 (122,18 f.) bei seiner Befreiung sagt, er schmachte »drei volle Monde« in dem Turm.

ohngefähr: Aus mhd. *âne gevaere* ›ohne böse Absicht‹ entwickelte sich das frühnhd. Adv. *ongefer(e),* dessen Lautstand Schiller wahrt.

Erster Akt. Erste Szene

11,5 *Euch:* Im 18. Jh. sprachen Kinder ihre Eltern noch nicht mit *du* an; sie benutzten *Ihr* oder das neuere *Sie. seht:* seht aus; zu Schillers Zeit üblich, vor allem in Süddeutschland; vgl. 49,32.

11,9 *Korrespondenten:* Briefpartner; Fremdwort des 16. und 17. Jh.s zum mlat. *correspondens* ›übereinstimmend‹, das neben einem Verwalter des Briefverkehrs oder einem Berichterstatter auch einen Briefschreiber bezeichnet.

11,18 *Ahndung:* Ahnung; der irrtümlich aus dem mhd. Prät. *ante* bzw. Part. Perf. *geant* in die Mundarten abgeleitete Inf. *anden* wurde als *ahnden* durch Klopstock in der Literatursprache des 18. Jh.s gebräuchlich; so auch 13,18.

11,20 *Zeitung:* Nachricht von einer Begebenheit; in urspr. Bedeutung bis ins 19. Jh. geläufig. Über den pluralischen Gebrauch für die regelmäßige Zusammenstellung von Tagesereignissen gelangt das Wort zu der heutigen Bedeutung.

11,24 *verlornen Bruder:* eine der Anspielungen auf das biblische Gleichnis vom verlorenen Sohn (Lk. 15,11–32), das im Stück immer wieder gegenwärtig ist, vgl. S. 215–217. Entgegen der früheren Annahme, Schiller habe *Die Räuber* urspr. »Der verlorene Sohn« nennen wollen, macht Stubenrauch (NA III,313 f.) wahrscheinlich, dass erst Dalberg (vgl. Kap. II,3) dem Verfasser diesen Titel vorgeschlagen habe, der aber gleich wieder aus der Korrespondenz verschwindet (vgl. Kap. IV,3). Neben dem verlorenen Sohn benutzt Schiller in den »Räubern« eine zweite biblische Geschichte als Folie: die von Jakob und Joseph (vgl. 1. Mose 37–50), vor allem in II,2 (UB 15, S. 57). Vgl. dazu Koopmann, S. 150–176.

11,24–27 *ich sollte … Bruder:* alttestamentarischer Gedankenreim, also Parallelisierung von Wort und Sinn. Schiller verwendet den Gedankenreim in den *Räubern* häufig; er ist ein Element der Bibelnähe des Stückes.

11,29 f. *Aufführung:* Benehmen; das Subst. zum Reflexivum *sich benehmen*, was urspr. ganz allg. heißt: in einer bestimmten Weise auftreten.

11,31 *zehen:* zehn; die mhd. Form war im 18. Jh. noch geläufig.

zusetzen: hinzufügen; das Verb ist im 18. Jh. noch nicht auf die finanzielle Bedeutung verengt.

12,3 f. *Die Sünden … Glied:* vgl. 2. Mose 20,5; »ich […] bin ein eifriger Gott, der da heimsucht der Väter Missetat an den Kindern bis in das dritte und vierte Glied.«

12,11 f. *du ersparst mir die Krücke:* du ersparst mir, so alt zu werden, dass ich eine Krücke brauche.

12,18 *abnehmen:* entnehmen; im 18. Jh. noch gebräuchliche Bedeutung.

12,35 *wirklich:* (schwäb.) jetzt, augenblicklich; vgl. 31,17; 43,19 f.; 97,31; daneben aber auch in der heutigen Bedeutung, z. B. 19,10 f. »Wirklich, ich glaube …«.

13,1 *Dukaten:* urspr. venezianische Goldmünze, die von 1559 bis 1871 auch deutsche Währungseinheit war. Der Name kommt von der Münzumschrift »Sit tibi Christe datus quem tu regis ducatus« (»Dir, Christus, sei dieses Herzogtum gegeben, das du regierst«).

13,3 *Galan:* vornehmer Liebhaber; ein durch das Wiener Hofzeremoniell des 17./18. Jh.s verbreitetes Lehnwort zum span. Adj. *galan(o)* ›schön gekleidet, höfisch‹.

13,5 *Luderleben:* leichtfertiges sittenloses Leben. Aus dem mhd. Subst. *luoder* ›Lockspeise‹ entwickelte sich die Bedeutung ›Aas‹, was dann einen gerissenen Menschen bezeichnete oder den hier vorliegenden Sinn annahm; vgl. das heutige *Schindluder*, was urspr. ›abgezogenes Aas‹ hieß.

13,9 *Eurer:* Anstelle des heute üblichen Akk. steht hier der Gen., der zu Schillers Zeit in der gehobenen Sprache und im Obd. üblich war.
Steckbriefe: seit dem 16. Jh. so genannt, weil sie urspr. zum ›Feststecken‹ (Ins-Gefängnis-Stecken) einer Person angeordnet wurden.
13,10 *die Beleidigte:* starke Flexion des Nom. Pl., wie sie im Schwäb. gebräuchlich ist.
13,17–35 *Schändlicher ... anklagen:* vgl. das Ritterstück *Otto* (1775) von Friedrich Maximilian Klinger (1752–1831), wo in I,6 Konrad die Charakterzüge seines älteren Bruders Karl ganz ähnlich kennzeichnet. Auf die Ähnlichkeit der Fabel von den *Räubern* und *Otto* hat Erich Schmidt hingewiesen: »Der alte Herzog liebt den Verstoßenen [älteren Sohn] heimlich weit inniger als den Schleicher Konrad, der sich dann so grausam unkindlich zeigt. Die Schwärmerin Gisella bittet für Karl. Wenn sie dem Greise auf der Laute wehmütige Melodien vorspielt, ist es, als sähen wir den alten Moor und Amalia zusammen. Zuletzt stirbt der Herzog in den Armen seines Rächers Karl« (E. Schmidt, *Lenz und Klinger, zwei Dichter der Geniezeit*, Berlin 1878, S. 86 Anm.).
13,22 f. *dem ersten dem besten:* Erst am Ende des 18. Jh.s entfiel der Artikel vor dem zweiten Superlativ.
13,23 *während dass:* im 18. Jh. noch gebräuchliche Verbindung.
13,24 f. *Predigtbüchern:* Sammlungen von erbaulichen Predigten, die sich eng an einen Bibeltext anschließen.
13,26 *Julius Cäsar:* römischer Feldherr und Staatsmann, 44 v. Chr. ermordet.
Alexander Magnus: Alexander der Große, König von Mazedonien, starb 323 v. Chr. jung und unerwartet auf seinem eroberischen Siegeszug durch Asien.
13,28 *Tobias:* Gestalt aus dem apokryphen, also in den offiziellen kirchlichen Kanon nicht aufgenommenen bibli-

schen Buch Tobias, einer Familienerzählung zur Verherrlichung streng gesetzlicher Frömmigkeit.

14,2–14 *Der feurige Geist ... Manne machen:* vgl. *Julius von Tarent* (1776) von Johann Anton Leisewitz (1752–1806). In diesem Stück von zwei feindlichen, wesensverschiedenen Brüdern, die dasselbe Mädchen lieben, charakterisiert der Vater, der Fürst von Tarent, in I,6 die Jugend seiner Söhne (vgl. Reclams UB Nr. 111). Die Züge beider scheinen für die Kennzeichnung Karl Moors Vorbild gewesen zu sein.

14,6 *dahinschmelzt:* Schiller unterscheidet noch das transitive schwache Verb von dem intransitiven starken, mit dem es heute zusammengefallen ist. Wir kennen den Unterschied noch etwa in *legen/liegen.*

14,18 *Koketten: Kokette,* zum frz. Adj. *coquet* (zu *coq* ›Hahn‹, also urspr. ›hahnenhaft‹), bezeichnet eine gefallsüchtige Frau, später auch eine Dirne. Es wird gegen Ende des 19. Jh.s durch *Kokotte* (frz. *cocotte)* ersetzt. *girret:* Vom Liebeston der Turteltaube, *gur*, wird im Mhd. das Verb *gurren* abgeleitet. Luther führt es ins Nhd. als *girren* ein (Jes. 38,14: »Ich [...] girrte wie eine Taube«), wobei eine Vermengung mit dem mhd. Verb *kirren* ›einen hohen Ton geben‹ vorliegt; vgl. 82,29.

14,19 *Phryne:* athenische Prostituierte des 4. Jh.s v. Chr., die als die schönste Frau ihrer Zeit galt und berühmten Bildhauern Modell stand (z. B. Knidische Aphrodite des Praxiteles).

14,21 f. *umgeht:* spukt.

14,22 *c'est l'amour qui a fait ça!:* (frz.) das hat die Liebe gemacht!

14,24 *Plane:* Pläne; das aus dem Frz. (*plan* ›Grundriss‹, später ›Entwurf‹) eingedeutschte Wort bildete im 18. Jh. den Pl. noch ohne Umlaut; ebenso 15,17; 31,13; 31,33; 90,6; 148,5.

14,25 *Cartouches:* Cartouche: Spitzname des bekannten französischen Räubers Louis-Dominique Bourguignon

(1693–1721), der auch in Deutschland zum literarischen Helden wurde.

14,26 *Howards:* Der königstreue Zachary Howard kämpfte im englischen Bürgerkrieg; nach dem Sieg der Republikaner wurde sein Besitz konfisziert und er Straßenräuber. Nachdem er sogar Oliver Cromwell ausgeraubt hatte, wurde er gefasst und 1652 im Alter von 32 hingerichtet. Schillers Quelle zu dieser Gestalt ist unbekannt.

14,30 *Fronte:* Das Anfang des 17. Jh.s wohl aus ital. *fronte* ›Stirnseite‹ entlehnte Wort wandelt erst während des Ersten Weltkrieges seine Bedeutung zu ›vordere Kampfzone‹.

14,31 *residieret:* (von lat. *residere*) sitzt, den Wohnsitz hat.

14,34 *Monumente:* im 16. Jh. von lat. *monumentum* ›Erinnerungszeichen, Mahnmal, Denkmal‹ entlehnt.

15,1 *Porträt:* (von frz. *portrait* ›Darstellung‹, auch ›Darstellung eines Menschen‹, im 17. Jh. ins Dt. übernommen). Es war üblich, das Bild eines Menschen auf dem Marktplatz aufzuhängen, wenn er als Verbrecher flüchtig war; er wurde auf diese Weise symbolisch gehenkt.

15,6 *Skorpionstich:* Der giftige Stachel des Skorpions ist tödlich.

15,7 *Titelchen:* hier in der weniger gebräuchlichen Bedeutung von ›Ehrenbezeichnung, Anredeform‹.

15,12 *Universalkopfs:* (von spätlat. *universalis* ›allgemein, zur Gesamtheit gehörig‹) Alleskönners.

15,13 *gefaltnen:* gefalteten; während das starke Prät. *fielt* bereits im 16. Jh. dem schwachen *faltete* wich, setzte sich beim Part. Perf. das schwache *gefaltet* gegenüber dem starken *gefalten* erst im 18. Jh. durch.

15,14 f. *dass er nicht ist wie dieser:* vgl. Lk. 18,11.

15,22 *Orakel:* (von lat. *oro* ›ich rede‹) Schicksalsspruch, heilige Stätte, an der eine Gottheit sich den Gläubigen durch einen Priester kundtut.

15,32 *Wehmutter:* Hebamme; wahrscheinlich hat Luther das Wort eingeführt. Es ist gebildet mit dem Fem.

Subst. *die Wehe,* das auf die idg. Interjektion *wē* zurückgeht.

15,33 *hub:* zurückgehend auf das mhd. Prät. *huob,* dessen Diphthong im Nhd. zu *-u-* wurde; ebenso 115,15.

15,36 *Bauren:* Bei der Diphthongierung von mhd. *bûr* zu nhd. *Bauer* entwickelte sich der Überleitungsvokal *-e-*, der im Schwäb. ausgespart blieb. In den *Räubern* gibt es zahlreiche ähnliche Formen, etwa: *Mauren, Pauren, trauren, feuren.*

16,9 *verdammliche:* verdammenswert; eine im 18. Jh. nur noch in der Bibelsprache vorkommende Form.

16,10f. *Nicht Fleisch … Söhnen:* vgl. *Nathan der Weise* (1779) von Gotthold Ephraim Lessing (1729–1781), V,7, V. 3653f., 3662f.: »[…] Aber macht denn nur das Blut / Den Vater? […] / […] das Blut, das Blut allein / Macht lange noch den Vater nicht!«

16,12 *Abart:* Das Fem. Subst. wird im 18. Jh. von dem Verb *abarten* ›von der Art abweichen‹ gebildet, bedeutet also ›aus der Art Geschlagenes, Entartetes‹; erst später entwickelt sich die heutige Bedeutung ›Unterart, Spielart‹.

16,14f. *ärgert … Schrift:* Mk. 9,47: »Ärgert dich dein Auge, so wirf's von dir! Es ist dir besser, dass du einäugig in das Reich Gottes gehest, denn dass du zwei Augen habest und werdest in das höllische Feuer geworfen.«

16,15 *gen:* gegen; aus ahd. *gegin* wurde im Mhd. *gein,* was im Nhd. zu *gen* zusammengezogen wurde. In biblischer und dichterischer Sprache hat sich die Form lange erhalten.

16,25 *Der Herr hat's ihm geheißen:* vgl. 2. Sam. 16,11: »Lasst ihn bezähmen, dass er fluche; denn der Herr hat es ihn geheißen.«

16,26 *Busenkind:* Lieblingskind; *Busen* wird bei Schiller häufig verwendet für das Herz, den Sitz des Gefühls.

16,27 *Teilnehmung:* Teilnahme im Sinne von ›Anteilnahme‹; im 18. Jh. gebräuchliche Form, die Schiller häufiger verwendet.

16,29 *den Garaus zu machen:* Der Ausdruck *Garaus* ist entstanden aus dem adverbialen *gar aus* ›gänzlich aus‹ und bürgerte sich im 15. Jh. ein. Gehalten hat sich nur die von Schiller verwendete Form im Sinne von ›jmd. töten, vernichten‹.

16,34 *Exzesse:* (von lat. *excedere* ›überschreiten‹) Ausschweifungen, Ausschreitungen.

16,37 *geilen:* Das Wort ist zu Schillers Zeit noch nicht auf das Sexuelle verengt, sondern bedeutet: üppig, kraftvoll, ausgelassen; bei Schiller auch als Verb im Sinne von ›üppig wachsen, wuchern‹, vgl. *Fiesco* I,9: »Mein Genie geilte frühzeitig über jedes Gehege.«

Kitzel: Lust, Reiz, Verlangen, Wunsch; vgl. auch Anm. zu 103,21.

17,8f. *Studium:* Eifer, Bemühen; verhältnismäßig seltene Bedeutung des Wortes, das von lat. *studere* ›lernen, eifrig betreiben‹ abgeleitet ist.

17,22 *grausame Zärtlichkeit:* Contradictio in adjecto, Spielart des Oxymoron, eine Stilfigur, die sinnreich pointiert zwei einander scheinbar widersprechende Begriffe zu einer Einheit verbindet.

verkehren: umkehren.

17,29 *zernichtet:* vom jungen Schiller häufig verwendete Intensivbildung von *vernichten,* die schon im Frühnhd. aufkam; ebenso 19,25; 35,35; 42,25; 135,26f.; 136,24.

17,35 *worden:* zu Schillers Zeit übliche Kurzform des Part. Perf. von *werden*; ebenso 27,21. – Auch der Ausfall des Hilfsverbs in Nebensätzen war damals gängig, vor allem bei poetischem Sprachgebrauch.

17,37 *Larve:* Maske.

18,10f. *ihn … wert haltet:* ihn für wert haltet; älterem Sprachgebrauch folgend, schließt Schiller nach *halten* das Prädikativum ohne Präp. an. Ahnliche Formen sind häufig in den *Räubern.*

18,30f. *ehernen Banden:* eisernen Fesseln; gegenüber dem umgelauteten Pl. *Bänder* bedeutet der nicht umgelautete Pl. (1) ›Bindungen, enge Beziehungen‹, (2) als poetischer Ausdruck ›Fesseln‹.

18,33f. *Schoßkind:* Lieblingskind; *Schoß* ist urspr. der untere Teil eines Kleidungsstücks und wird dann auf den Körperteil darunter übertragen; vgl. 21,13 »Schoßsünde«.

18,34 *Der Wald ist heller:* Der metaphorische Sinn des Satzes wird deutlich aus der Bühnenfassung der *Räuber.* Dort sagt Franz stattdessen: »Ein Riesenschritt zum Ziel.«

19,1 *ihr:* Das Wort bezieht sich auf Amalie, obwohl sie noch gar nicht aufgetreten ist. Für die Bühnenfassung wurde »und ihr« geändert zu »Auch Amalien«, aber in dem danach gedruckten »Trauerspiel« kehrt Schiller zum urspr. »und ihr« zurück; nur lässt er es jetzt fett drucken.

19,3–17 *Ich habe … zu Werke?:* Bei Franz' Gedanken haben offenbar mehrere Shakespeare-Monologe Pate gestanden: der Monolog des Bastards Edmund in *König Lear* I,2; der Einleitungsmonolog der Titelgestalt in *Richard III.* und die Monologe Glosters in *Heinrich VI.* 3,III,2 und 3,V,6.

19,5f. *der Erste / der Einzige:* In beiden Fällen ist *als* zu ergänzen, dessen Auslassung üblich war.

19,8 *einen Rest gesetzt hätte:* (schwäb.) bankrott gewesen wäre, einen Fehlbetrag in der Kasse gehabt hätte.

19,15 *hofieren:* jmd. umwerben, sich schmeichlerisch gegen jmd. benehmen; entwickelt sich aus der urspr. Bedeutung ›bei Hofe aufwarten‹.

19,16 *parteilich:* parteiisch.

19,27 *Pakta:* (lat. Pluralendung) Verträge, Übereinkünfte.

19,28 *Weltzirkels:* (von lat. *circulus* ›Kreis‹, hier nach dem davon abhängenden frz. *cercle*) Gesellschaftskreis.

19,30 *schachern:* feilschen, Geschäfte machen; Anfang des

17. Jh.s aus hebr. *schâchar* ›als Händler herumziehen‹ über das Rotwelsch ins Dt. gekommen.

19,32 *wegzuschröcken:* wegzuschrecken; die Schreibweise mit *-ö-*, die vom Part. Perf. *geschrocken* abgeleitet ist, war im 18. Jh. üblich. Schiller verwendet sie in den *Räubern* fast ausschließlich.

19,33 *gut geschriebener Wechselbrief:* finanziell abgesicherte Zahlungsanweisung.

19,34 *Bankerottierer:* (von ital. *banca rotta* ›umgestürzte Bank‹) Im Spätmittelalter wurde dem zahlungsunfähigen Kaufmann der Verkaufstisch umgestoßen. Das Wort übertrug sich auf den Kaufmann selbst. Erst im 19. Jh. bekam es die heute übliche frz. Endung und wurde zu *Bankrotteur.*

19,36 *unter dem Pantoffel zu halten:* Der Pantoffel ist wie der Schuh Zeichen der Herrschaft. Die damit zusammenhängenden Ausdrücke bürgerten sich im 18. Jh. ein. Wegen des häuslichen Charakters dieses Schuhwerks wurden sie auf die Herrschaft der Frau im Hause bezogen.

19,37–20,1 *Ohne Anstand:* Ohne Zweifel, wahrscheinlich.

20,1 *schnackische:* im 18. Jh. verbreitetes Wort für ›spaßhaft, ulkig‹; vgl. das norddt. *Schnack, schnacken.*
für: vor; bis ins 18. Jh. waren beide Präpositionen weitgehend austauschbar.

20,5 *weiland:* mhd. *wîlent, wîlen* ›manchmal‹ oder ›ehemals‹ wird im Nhd. durch Diphthongierung zu *weiland* und auf die zweite Bedeutung beschränkt.

20,14 *Façon:* Form, Zuschnitt eines Kleidungsstücks; im 16. Jh. aus dem Frz. ins Dt. übernommen.

20,15 f. *wie wir zulegen:* in dem Maße, in dem wir zunehmen.

20,17 *Blutliebe:* natürliche Bindung unter Blutsverwandten.

20,18 *Hausmann:* ältere Bezeichnung für ›Familienvater‹.

20,20 *verdolmetscht:* übersetzt; aus dem Ungar. ins Österr. eingedrungenes Fremdwort.

aus ebendem Ofen geschossen: Die Geburt wird mit einer Metapher aus der Bäckersprache beschrieben: Der zum Laib geformte Teig wird in den Ofen eingeschossen.

20,22 *Konsequenz:* (von lat. *consequi* ›folgen‹) Folgerung, Folge.

20,23 *possierlichen:* spaßhaften, drolligen; im 16. Jh. aufgekommenes Adj. zum Verb *possieren* ›Spaß treiben‹.

20,33 *da:* als; der temporale Sinn der Konjunktion war zu Schillers Zeit noch gebräuchlich.

20,35 f. *Kann ich's ihm Dank wissen:* Kann ich ihm dafür dankbar sein; das *-s* in *ich's* stellt den Rest eines Gen. dar, der von *Dank* abhängig war: Kann ich ihm des Dank wissen.

21,5 *stickt:* Schon im Mhd. gibt es zu *stecken* die Nebenform *sticken.*

Aktus: hier: Zeugungsakt; *-us* ist die lat. Endung.

21,6 *entstund:* entstand; erst am Ende des 18. Jh.s verdrängte diese Form das bei Schiller gebrauchte Prät., das sich aus dem mhd. *stuont* ableitet.

21,13 f. *sich in ihrem Werk kokettieren:* vgl. Bogen B (Kap. II,2) »sich in ihrem Werke bewundern«.

Zweite Szene

21,28 *Säkulum:* (lat.) Jahrhundert.

Plutarch: griechischer Historiker (um 50 – um 125), dessen Biographien großer Griechen und Römer Schiller während seiner Karlsschulzeit begeistert las, und zwar in der Übersetzung von Gottlob Benedikt Schirach (8 Bde., 1776–80). In seiner »Selbstrezension« der *Räuber* sagt er: »Rousseau rühmte es an Plutarch, daß er erhabene Verbrecher zum Vorwurf seiner Schilderung wählte« (vgl. Kap. V,5), und bezieht das auf Karl Moor.

21,30 *Josephus:* Flavius Josephus (37 – um 100), jüdischer Geschichtsschreiber. Seine griech. geschriebenen Hauptwerke *Geschichte des jüdischen Krieges* und *Jüdische Altertümer* bilden eine der Hauptquellen zur jüdischen Geschichte seiner Zeit.

21,32 *lohe:* im 18. Jh. aus dem Subst. *Lohe* ›wallende Glut‹ entwickeltes Adj.; vgl. noch das heutige *lichterloh*; vgl. 130,1 f. »in feuriger Lohe«.

Lichtfunke Prometheus': Nach der griechischen Mythologie stahl Prometheus den Göttern das Feuer und brachte es den Menschen, womit die Entwicklung der Kultur begann. Er wurde zur Strafe von Zeus an einen Felsen geschmiedet, wo ein Adler täglich von seiner Leber fraß. Wegen seiner Unbotmäßigkeit gegenüber den Göttern gilt Prometheus als der Ahnherr aller Aufrührer und Empörer.

21,33 *Bärlappenmehl:* Der Same des Bärlapps (Lycopodium annotinum) wurde zur Herstellung von Theaterblitzen verwendet.

22,1 *Keule des Herkules:* In der griechischen Mythologie trug Herkules (griech. *Herakles*), Sohn des Zeus und der Alkmene, eine Keule als Waffe, die das Symbol seiner Stärke war und von dem wilden Ölbaum stammen sollte, der ihm in Olympia heilig war.

22,4 *Abbé:* (frz.) Geistlicher der katholischen Kirche, der die Weihen empfangen hat, aber eine weltliche Stellung unterhält, häufig wie hier als Lehrer; urspr. Bedeutung: Abt eines Klosters.

Hasenfuß: Feigling, ängstlicher Mensch; vgl. 32,37 »Hasenherz«.

22,6 *Salmiakgeist:* wässrige Ammoniaklösung, die zur Belebung eingeatmet wurde.

22,7 *Kollegium:* (von lat. *colligere* ›sammeln, zusammenfassen‹) Vorlesung an einer Hochschule.

22,8 *kritteln:* (von mhd. *grübelen* ›graben, scharf nachdenken‹; die Zwischenform zum Nhd. war *grüdeln*) hier: ›kleinliche Kritik üben‹, in welcher Bedeutung es Klopstock eingeführt hat.

22,9 *Taktik des Hannibals:* Hannibal: karthagischer Feldherr (247/246 – um 183 v. Chr.), der im 2. Punischen Krieg die Römer auf italienischem Boden bei Cannae vernichtend schlug. Cannae gilt als Musterbeispiel der taktisch glänzend angelegten Umzingelungsschlacht.

22,9f. *fischen Phrases:* entnehmen einzelne Sätze, die sie nicht verstehen, aus Livius' Werk über die römische Geschichte.

22,10 *greinen:* (von mhd. *grînen* ›lachend oder weinend den Mund verziehen‹) jammern, weinend klagen; ebenso 145,31.

22,11 *Scipio:* Publius Cornelius Scipio Africanus d. Ä. (um 235 – 183 v. Chr.), als Feldherr und Consul römischer Gegner Hannibals, den er schließlich auf afrikanischem Boden bei Zama entscheidend schlug.
exponieren: (von lat. *exponere*) übersetzen, auslegen.

22,12 *alexandrinisch:* in Alexandrinern (sechshebigen Jamben), dem Versmaß des klassischen französischen Dramas und des deutschen Barockdramas. Es galt zur Zeit des jungen Schiller als langatmig und altmodisch. Daher spricht Karl unmittelbar darauf von einem »französischen Tragödienschreiber«. Ähnlich fragt Schiller in der Vorrede zur *Anthologie auf das Jahr 1782*: »Wenn jeder, der seinen bezahlten Schmerz in Leichenalexandriner auszutropfen versteht, das für eine Vokation auf den Helikon auslegt – wird man uns Nordländern verdenken, mitunter auch in den Leierklang der Musen zu klimpern?«

22,14 *Gymnasien:* (von griech. *gymnos* ›nackt‹) Lateinschulen. Das Gymnasium war die Sportstätte der antiken Griechen, wo dann auch Unterricht durchgeführt wurde. Daher die Wandlung zu ›Lateinschule‹.

22,15 *Bücherriemen:* Schulbücher wurden früher, durch einen Riemen zusammengehalten, unter dem Arm getragen.

22,17 *Nürnberger … Lebkuchen:* Nürnberg war schon

damals der bedeutendste Ort der Lebkuchenherstellung.

22,19 f. *auf Stelzen … zu werden:* Anspielung auf die – wie es Karl erscheint – gestelzte und künstliche klassische französische Tragödie.

22,22 *Kastratenjahrhundert:* Die operative Entfernung der männlichen Keimdrüsen vor der Geschlechtsreife verhindert die Fortpflanzungsfähigkeit und den Stimmwechsel. Vor allem um die Sopranstimme zu erhalten, wurden im 18. Jh. Jungen kastriert. Schiller meint mit dem Ausdruck hier: das entmannte, weibische Jahrhundert.

22,23 f. *die Taten der Vorzeit … die Helden des Altertums:* Selbstrechtfertigung Schillers dafür, dass er einen zeitgenössischen Stoff als Dramenhandlung wählt.

22,24 *Kommentationen:* (von lat. *commentatio*) erläuterte Texte.

22,25 *verhunzen:* verderben, auf den Hund bringen. Zu dem nach Art von *siezen, duzen* gebildeten Verb (zu *Hund*) *hunzen* (›jmd. einen Hund nennen, wie einen Hund behandeln‹) tritt im 17. Jh. *verhunzen,* das von Lessing und Hamann in die Schriftsprache eingeführt wird.

22,30 *Konventionen:* (von lat. *conveniens* ›übereinstimmend, passend‹) Abmachungen, Übereinkünfte (im Sinne des herkömmlicherweise Geltenden).

22,32 f. *Ihro Gnaden:* formelhafte Anrede der Verehrung, in der höfisch-gesellschaftlichen Sprache des 17. und 18. Jh.s entstanden. *Ihro* wird in Verbindung mit Titeln possessiv verwendet und trägt die ahd. Endung wie im Dat. Sg. und Gen. Pl., die aber nun in Sg. und Pl. alle Kasus und beiderlei Geschlechter umfasst. *Gnaden* ist ein in festen sprachlichen Formeln erstarrter Pl.

22,33 *hudeln:* (vom Subst. *Hudel* ›Lappen, Lumpen, Lump‹) schlecht behandeln, plagen, quälen.
Schelm: Das Wort ist germ. Ursprungs und bezeichnet

den Leichnam, dann daraus abgeleitet den Todeswürdigen, wodurch sich schon im Mhd. die Bedeutung ›Bösewicht‹ ergibt.

22,36 *Aufstreich:* (schwäb.) Versteigerung an den Meistbietenden; ebenso 33,27; 46,12; ähnlich »Abstreich«: Herunterhandeln auf die Mindestforderung (25,1).
Sadduzäer: konservative Partei innerhalb des Judentums zur Zeit Jesu, die besonders bei den Reichen, Vornehmen und Priestern Anhang hatte.

23,1 *Judenzins:* hoher, wucherischer Zins.

23,2 *Schlamp:* (von mhd. *slampen* ›schlaff herunterhängen‹) Schleppe am Frauenkleid.

23,8 *Ins Loch:* volkstümlich für: ins Gefängnis.

23,17 *Extremitäten:* eine ungewöhnliche Wortbildung, die auch bei Schillers Vater nachgewiesen worden ist; eigentlich *Extreme,* also: außerordentliche Bildungen, hier im positiven Sinne.

23,20 *Hermanns:* Gemeint ist Hermann der Cherusker, der 9 n. Chr. dem römischen General Varus im Teutoburger Wald die Niederlage beibrachte, die die Romanisierung Germaniens verhinderte. Durch Klopstocks Drama *Hermanns Schlacht* (1769), dem später *Hermann und die Fürsten* (1784) und *Hermanns Tod* (1787) folgten, war die Gestalt als nationaler Heros aufgebaut worden. Kleist und Grabbe führten den Stoff literarisch zum Höhepunkt. Hermann wurde zur Verkörperung aller edlen Züge der Deutschen, vor allem ihres Freiheitswillens und einer unverdorbenen Natürlichkeit.

23,22 *Rom und Sparta:* als Beispiele für freiheitliche, von Männerherrschaft und soldatischen Tugenden bestimmte Republiken.

23,26 *Chapitre:* (frz.) Kapitel; *du bringst mich aufs Chapitre,* ›du bringst mich aufs richtige Thema‹.

23,29 *aufs Tapet brächten: Tapet* ist die grüne Tischdecke in Sitzungszimmern; daher: auf die Tagesordnung bringen.

23,32 *Vorhaut:* Anspielung darauf, dass Spiegelberg beschnitten ist. Ob er Jude ist oder nicht, wird vor allem in der älteren Schiller-Literatur lebhaft diskutiert. – Wie Jakob Friedrich Abel, Schillers Philosophieprofessor auf der Karlsschule, in seinen Aufzeichnungen über Schiller erläutert, liegen Spiegelbergs Vorschlag tatsächliche Ereignisse zugrunde: »Selbst der Plan Spiegelbergs, nach dem h. Lande zu wandern ist eine Idee, mit der einer seiner Kameraden, welchen Sch. als schlecht denkenden Menschen verachtete, [sich] oft und lange getragen hatte« (zit. nach: Weltrich I,842). Die neuere Literatur (vgl. Best, Mayer, Veit) hat die Diskussion um diese eigenartigste Gestalt des jungen Schiller vertieft, ohne dass die Frage von Spiegelbergs Judentum bündig geklärt wäre. Während Scherpe (S. 27), Best (S. 276, 288, 289: »Jude, Schelm, Libertiner, Anarchist, Schwärmer und Projektemacher«) und Mattenklott (S. 172) ihn eindeutig für einen Juden halten, meint Veit lediglich, »daß Schiller ihn mit bestimmten jüdischen Eigenschaften belehnte« (S. 275). Veit versetzt die Gestalt in die Szene der messianischen Sekten- und Bandenführer des 18. Jahrhunderts, wofür II,1 viel Material bietet. Best billigt auch Spiegelberg den Status eines verlorenen Sohns zu. Er stehe »für ein theologisch-soziologisches Problem [...]: Heterodoxie und Bindungslosigkeit, ›Schweifung‹« (S. 288). »Im Sinne Calvins wäre Spiegelberg ein schwärmerischer Häretiker [...], der von göttlichem und menschlichem Gesetz sich abwendet« (S. 298). Schwerte sieht Spiegelberg als »eine [...] *beide* Brüder gleichermaßen spiegelnde Zwischenfigur« (S. 151), »die [...], sowohl die charakteristischen Worte Franz' als auch [...] Karls durcheinander mischt und dadurch pervertiert. Er spricht, konsequent, nur die verzerrte Sprache beider Brüder« (S. 155). Als »Karikatur« von Karl allein istSpiegelberg nach Wulffen ein »erblich stark belasteter, verbrecherischer Charakter [...] von schwacher intellektueller Veranlagung« (S. 64 f.). »Sich Spiegelberg als nicht pathologisch vorzustellen, erscheint kaum denkbar« (S. 66).

23,33 *Barbier:* noch im 18. Jh. zugleich Chirurg und Haarschneider.

23,34 *Bärenhäuter:* Nach Tacitus' *Germania* trugen die Germanen Felle und faulenzten im Frieden; sie lagen also auf der Bärenhaut; daraus wird im 16. Jh. *Bärenhäuter.*

23,36 f. *Manifest:* (von lat. *manifestare* ›offenbaren, sichtbar machen‹) Programmschrift meist politischen Inhalts.

23,37 *ausgehen:* hinausgehen.

23,37–24,1 *zitieren … isst:* rufen alle Juden auf, nach Palästina zu kommen. Noch heute essen die orthodoxen Juden kein Schweinefleisch.

24,2 *Dokumente:* (von lat. *documentum*) Urkunden.
Herodes, der Vierfürst: Herodes Antipas. Bei der Vierteilung des jüdischen Reiches Herodes' des Großen, seines Vaters, um 4 v. Chr. wurde er der Herrscher von Galiläa und Peräa und damit der Landesherr Jesu. Er ließ Johannes den Täufer hinrichten und wurde 39 n. Chr. von dem römischen Kaiser Caligula verbannt.

24,4 *Viktoria:* (lat.) Sieg; hier: Siegesgeschrei, Jubel.

24,6 *weils:* solange es; bis ins 18. Jh. in dieser urspr. temporalen Bedeutung verwendet.

24,7 *Zedern … Libanon:* vgl. Ez. 27,5: »Sie haben […] die Zedern von dem Libanon führen lassen und deine Mastbäume daraus gemacht.«

24,12 f. *den verlorenen Sohn spielen:* reumütig nach Hause zurückkehren; vgl. Anm. zu 11,24.

24,14 f. *Substituten:* (lat.) Stellvertreter; Amtsschreiber, die die Erlasse der Stadtverwaltung schriftlich niederlegten.

24,19 *Kollegio:* (lat. Dativendung) Gemeint ist das Ratskollegium der Stadt.

24,21 *Revanche:* (frz.) Rache.

24,22 *schmollte:* (von mhd. *smollen* ›unwillig schweigen‹) bekommt im Schwäb. die Bedeutung ›lächeln‹. Der junge Schiller verwendet das Wort öfter, und zwar mit dem Sinn ›überlegen lächeln‹, vgl. 95,31 oder *Fiesco* III,2: »niederzuschmollen in der Menschlichkeit reißenden Strudel« und III,10: »Fiesco (schmollt). Ich bin Ihnen sehr verbunden.«
Reskript: (von lat. *rescriptum*) Erlass, Bescheid.
24,24 *Stund … Knoch:* Entsprechend den umgangssprachlichen Formen im Schwäb. lässt Schiller häufig auslautendes *-e, -er* und *-en* fort. Die *Räuber* enthalten viele Beispiele dafür, im Folgenden etwa: *Meng, Ripp, Eingeweid.* Je temperamentvoller Spiegelberg auf den folgenden Seiten argumentiert, umso auffälliger ›schwäbelt‹ er.
24,25 *Rundung:* Umgebung.
24,26 *düsselten:* sprachen leise; Seitenform zum Subst. Dusel, aus dem mhd. *twas* ›Tor‹ (eigtl.: der, der verwirrt schweigt); vgl. nhd. *tuscheln.*
Pursche: obd. Nebenform zu *Bursche,* alter Pl. von *Burschen.*
24,31 f. *Schießen zu Hornberg:* sinnbildlich für ein Unternehmen, das zu nichts führt; wahrscheinlich von dem Versuch Hornbergs, einer Stadt im Schwarzwald, 1519 ihre Belagerer aus Villingen durch eine (erfolglose) Kanonade abzuschütteln. In anderen Versionen hatten die Hornberger ihre Munition bei einem Salut verschossen und standen bei einer Belagerung ohne Munition da oder verbrauchten ihre für einen Salut bestimmte Munition schon beim Probeschießen.
24,33 *Konzilium:* (lat.) Rat, Gruppe.
24,34 f. *Wir sorgten:* Wir waren besorgt.
24,36 f. *forcieren:* (frz.) zwingen.
25,1 *Abstreich:* vgl. Anm. zu 22,36.
25,2 *Batzen:* süddeutsche Währung aus dem 16. Jh. im Wert von vier Kreuzern. Durch die Reichsmünzord-

nung von 1559 wurde sie abgeschafft; vgl. das Volkslied »Ein Heller und ein Batzen ...«

25,5f. *Leichenpomp ... Carmina:* Begräbnisfeier und dazu gedichtete Trauergesänge und -gedichte (von lat. *carmen* ›Lied‹).

25,13 *Mort de ma vie:* frz. Fluch: Tod meines Lebens; er entspricht etwa dem dt. *verdammt.*

25,14 *Garnison:* (frz.) Besatzung.

25,20f. *den alten Filzen hast aufgezogen:* den alten Geizhals [seinen Vater] hast verspottet. *Filz* ist eine gestampfte Masse aus Tierhaaren. »Wegen seiner Lodenkleidung (mhd. vilzgebûr) heißt der Bäurische spätmhd. vilz, wegen seines Geizes wird dieser Filz zu ›Geizhals‹« (Kluge). Ebenso 32,12.

25,35 *wie wenig:* (schwäb.) wenigstens.

Schuh: andere Bezeichnung für das alte Längenmaß Fuß (etwa 30 cm).

25,37 *Pflumpf:* lautlich korrekte Verschiebung des plattdt. *plumps* zum Obd.

26,6 *Seelengaudium:* (von lat. *gaudium* ›Vergnügen‹) Seelenvergnügen.

26,12 *auf mich dar:* auf mich los.

26,13f. *Tausend Schwerenot!: Schwerenot,* Zusammenschreibung für *schwere Not,* das frühnhd. speziell ›Epilepsie‹ bedeutet. Diese Bedeutung liegt wohl auch der Verwendung als Fluch zugrunde, hier durch *Tausend* verstärkt; vgl. auch 63,22; 65,34f.

26,14 *dir:* der sog. freie Dativ oder Dativus ethicus, wie er in volkstümlicher Redeweise und Dichtung besonders gebräuchlich ist; er bezeichnet die Person, die an einer Situation oder einem Geschehen im Satz inneren Anteil nimmt oder nehmen soll; vgl. auch 59,23.31.

just: gerade, eben; Adv., entlehnt aus frz. *juste* (vgl. *justamente* aus frz. *justement*), fand erst in der zweiten Hälfte des 18. Jh.s aus der Volkssprache Eingang in die bereits derbere Schriftsprache (Sturm und Drang).

26,15 f. *wütig:* ältere Form von *wütend* (mhd. *wüetic*).
26,16 *resolviert:* (von lat. *resolutio* ›Entschließung‹) entschlossen; ebenso 61,8 f.
26,29 *Dein Pfund vergraben:* Anspielung auf das Gleichnis von den anvertrauten Pfunden (Lk. 19,11–28).
26,34 *Seelenjubilo:* (von lat. *iubilo* ›ich jauchze‹) vgl. 26,6 »Seelengaudium«.
27,2 *Kanaille:* (frz.) Schuft, Lump.
27,3 f. *bei geraden Fingern verhungern:* ehrlich verhungern; vgl. das Gegenbild: *krumme Finger machen* ›stehlen‹.
27,10 *wenn mein kreißender Witz in die Wochen kommt:* wenn mein hochschwangerer Einfallsreichtum zu gebären beginnt.
27,17 *bramarbarsiert:* (wohl von span. *bramar* ›toben, brüllen‹; in Deutschland seit Beginn des 18. Jh.s nachweisbar) schneidet auf, prahlt.
27,24 f. *Kropfpulver:* Pulver zur Heilung der krankhaften Vergrößerung der Schilddrüse.
27,25 *Kamerale:* (von ital. *camera del commune)* Stadtkämmerei; später dann: Volkswirtschaftslehre.
27,26 *die Sullys:* Herzog Maximilien de Sully (1560–1641), Finanzminister Heinrichs IV. von Frankreich.
27,27 *Louisdore:* französische Goldmünzen, die, unter Louis XIII. zuerst geprägt, von 1641 bis 1803 in Umlauf waren.
27,29 *Memmen:* (von mhd. *memmendic* ›sanft‹) Feiglinge.
27,32 *Schandsäulen:* Schandpfahl, Pranger; vgl. Anm. zu 42,9 f.
27,34 *edler:* Komp. ohne Endung: edleres.
28,8 *aufgehoben:* ausgehoben.
28,15 *hieher:* Ahd. *hiar* war im Mhd. zu *hie* geworden mit Abfall des *-r* wie in *da*. Wenn sich ein vokalisch anlautendes Adv. anschloss, blieb *-r-* bewahrt: *hierinne*. Von diesen Verbindungen aus ist *hier* im Nhd. wieder zu allg. Geltung gelangt.

28,27 *Gestus:* (lat. Pluralendung -*us*) Gesten.

28,28 *Sankt-Veits-Tanz:* krankhafte Körperzuckungen; der Name rührt von dem heiligen Veit her, der bei Krankheit angerufen wurde. Ebenso wurden Tänze religiöser Begeisterung im Spätmittelalter genannt.

28,34 f. *Pantomimen eines Projektmachers:* wortloses Gebärdenspiel eines Pläneschmieds.

28,35 *im Stubeneck:* im Süddt. übliches Neutr.

29,1 *La bourse ou la vie!:* Geld oder Leben!

29,10 *kürzlich:* kurz.

29,17 *traktiert:* (von lat. *tractare*) behandelt.

29,17 f. *bis deine Haare … werden:* vgl. Dan. 4,30: »bis sein Haar wuchs so groß wie Adlerfedern und seine Nägel wie Vogelklauen wurden.«

29,33 *vermaledeiten:* verfluchten; im 13. Jh. aus frz. *maldire* (später *maudire*) gebildet, das von lat. *maledicere* ›übelsagen‹ stammt.

29,37 *raffiniert:* (von frz. *raffiné* ›verfeinert, durchtrieben‹) sinnt auf, denkt sich aus.

30,1 *Mähre:* (von mhd. *mar, marc* ›Streitross‹) Das Wort wird schon zu Schillers Zeit fast nur noch abfällig gebraucht: abgemagertes, kraftloses Pferd.

30,2 *Hundsfott:* eigtl.: Geschlechtsteil der Hündin (urspr. *futt,* das erst im 18. Jh. zurücktritt); Schimpfwort für einen verächtlichen Menschen, dem Sinn nach auf die Schamlosigkeit der läufigen Hündin bezogen.

30,14 *lichten Galgen: licht* (mhd. *lieht*) heißt ›hell‹; vgl. *lichterloh.* »Wenn Schiller von ›l. G.‹ spricht, so scheint das ein Widerspruch zu sein. Aber er nennt ihn so, weil Verbrecher frühmorgens, wenn der Tag licht wurde, gehenkt wurden« (*Trübners Deutsches Wörterbuch,* Bd. 4, 1943, Sp. 460). Ebenso 63,29.

30,23 f. *auf Borgs:* auf Pump, geliehen; älterer Ausdruck, eigtl. nur in der Wendung auf *Borg(s) nehmen* oder *geben.*

30,36 *Schuldturm:* Zahlungsunfähige Schuldner wurden

früher in Gefängnisse gesperrt; diese befanden sich meist in den Kellern der dickwandigen Turm- und Befestigungsanlagen.

zusammenschnurren: schrumpfen.

30,37 *zum Jüngsten Tag posaunt:* Nach Offb. 8–11 blasen sieben Engel zu Beginn des Jüngsten Gerichts die Posaune; vgl. 50,24 »die Glocke der Auferstehung läutet«.

31,2f. *Bänkelsängerlied:* Lied eines fahrenden Musikanten, der für den Vortrag seiner Balladen von den Zuhörern Geld kassierte. Um besser gesehen zu werden, stand er auf einer Bank.

31,4 *zum Kalbsfell schwören:* Soldat werden; der Soldat leistete seinen Eid auf die mit Kalbsfell bespannte Trommel.

31,5f. *milzsüchtigen Laune:* schlechten Laune; Hypochondrie wurde schon in der Antike auf eine Erkrankung der Milz zurückgeführt.

31,8 *nach dem Takt … gehn:* Spießruten laufen.

31,8–10 *im Galliotenparadies … hinterherschleifen: Galioten* (von ital. *galliotto*): Galeerensklaven; *Vulkan:* in der römischen Mythologie der göttliche Schmied. Der Ausdruck bedeutet daher: als Sklave auf einer Galeere eine schwere Eisenkette am Fuß tragen.

31,13f. *sie treffen endlich auf eins:* sie kommen schließlich auf eins hinaus.

31,17 *rezensiertet:* (von lat. *recensere* ›mustern, durchlaufen‹) Bücher kritisch besprächt.

wie's wirklich Mode ist: wirklich ist wieder das schwäb. ›jetzt‹; vgl. Anm. zu 12,35. Schiller selbst gab wenig später die *Anthologie auf das Jahr 1782* heraus, die im Wesentlichen mit eigenen Gedichten gefüllt war; zum angeblich aktuellen Bezug dieser Stelle s. Stubenrauch (NA III,403).

31,18f. *ihr ratet nach zu meinen Projekten:* (*nach* ›nahe‹) ihr erratet meine Pläne beinahe.

31,19 *Pietist:* Anhänger einer protestantischen Glaubensrichtung, die im 18. Jh. vor allem in Schwaben und Mitteldeutschland verbreitet, ein verinnerlichtes und auf persönliche Erweckung durch Gott geleitetes Christentum predigte. Die Verspottung der frömmelnden Art der Pietisten ist in der deutschen Literatur des 18. Jh.s verbreitet; siehe etwa die Lustspiele *Die Pietisterei im Fischbeinrocke* von Luise Adelgunde Gottsched (1713–1762) und *Die Betschwester* von Christian Fürchtegott Gellert (1715–1769).

31,22 *Atheist:* (von griech. *a-theos* ›ohne Gott‹) Gottesleugner.

31,22 f. *Wir könnten … schlagen:* Wir könnten den Wahrheitsgehalt der vier Evangelien angreifen, um Aufsehen zu erregen.

31,23 f. *ließen … verbrennen:* Angeblich sittlich gefährliche Bücher wurden öffentlich verbrannt. Laut seinem Mitschüler Scharffenberg hat Schiller während der Entstehung der *Räuber* gesagt: »Wir wollen ein Buch machen, das aber durch den Schinder absolut verbrannt werden muß« (*Schillers Persönlichkeit* I,162).

31,26–29 *Oder zögen … Franzosen:* ›französische Krankheit‹: Syphilis. Der genannte Arzt ist an seinen Quecksilberkuren zur Bekämpfung der Syphilis reich geworden und hat sich von dem Verdienst ein Haus gebaut.

31,33 *honette:* (von lat. *honestus* ›anständig‹ über frz. *honnête* ins Dt. gekommen) ehrenwerte.

32,2 *poussieren:* (von frz. *pousser* ›treiben, drängen‹) behagen, schmeicheln.

32,8 *Hollunken:* seltene Nebenform zum heutigen *Halunken;* im 16. Jh. aus tschech. *holomek* ›nackter Bettler‹ entlehnt. Schiller verwendet sie auch in *Fiesco* III,4.

32,12 *Dritteil:* Schon im Mhd. wird urspr. *-teil* zu *tel,* das sich aber mundartlich zu Schillers Zeit noch gelegentlich fand.

32,15 *das goldne Alter:* einer der Mythen der abendländischen Philosophie, der von der Antike bis etwa noch zu

Marx reicht. Danach herrschten am Anfang oder werden am Ende der Geschichte paradiesische Zustände für den Menschen herrschen.

32,17 *Pestilenz, teure Zeit:* vgl. Mt. 24,7: »und werden sein Pestilenz und teure Zeit«; schon bei den Propheten häufig.

32,22 *Finten:* im 17. Jh. aus ital. *finta* übernommen; eigtl. ein Fechterstreich, bei dem ein falsches Ziel vorgetäuscht wird.

32,23 *respektiert:* (von lat. *respectare* ›Rücksicht nehmen, achten‹) geachtet.

32,25 f. *bei lebendigem Leibe gen Himmel fahren:* am Galgen aufgehängt werden; daher die folgende Ausmalung.

32,26 *trutz:* obd. Nebenform zu *trotz,* die den mhd. Lautstand wahrt; ebenso 38,25; 46,34; 98,30.

32,30 f. *die Engel ... halten:* der oberste Rat der Teufel tagt.

Synedrium (griech.): oberste Behörde in Jerusalem und Ratsversammlung überhaupt.

32,32 *Monarchen:* (griech.) Alleinherrscher.

Potentaten: (von lat. *potentia* ›Macht‹) Machthaber (Pl.).

32,34 *Jupiters königlichem Vogel:* Der Vogel des höchsten römischen Gottes, des griechischen Zeus, war der Adler.

32,36 *vor dem dreibeinigten Tiere:* vor dem Galgen, der eine Konstruktion aus drei Holzpfosten darstellte.

33,1 *Universalgenie:* (von lat. *universalis* ›allgemein‹) Alleskönner.

33,1 f. *reformieren:* (von lat. *reformare*) verändern.

33,2 *Schindanger:* (von mhd. *schinden* ›häuten‹ und *anger* ›nicht kultiviertes Grasland‹) Begräbnisstätte der Verbrecher. Auf den Schindanger wurde urspr. nur das gestorbene Vieh geworfen, dann auch die Hingerichteten, die kein Begräbnis auf dem Kirchhof erhielten.

33,6 *Sukzessionsleiter:* (von lat. *successio* ›Nachfolge‹) Nachfolgeordnung.

33,7 *Oktavseiten: Oktav* ist ein Buchformat.

33,10 *kein Wasser im Hirn gehabt haben:* ein kluger Mensch gewesen sein. Die Passage klagt die verkehrte Rangordnung der Welt an: Auch der unbedeutendste Fürst wird in den Geschichtsbüchern verewigt, aber die Universalgenies enden gerade wegen ihrer Genialität, die sich im Rahmen der bestehenden Ordnung nicht entfalten kann, als Verbrecher. Der Wanderer, der einen Gehängten sieht, folgert deshalb richtig, dass dieser ein kluger Mann gewesen sein muss.

33,15 *Prostitution:* (von lat. *prostituere* ›preisgeben‹) zu Schillers Zeit häufig noch nicht verengt auf das Sexuelle: Ehrlosigkeit, Erniedrigung.

33,16–18 *ein Pülverchen … fördert:* Gift bei sich haben, mit dem man sich töten kann.

33,18 *Acheron:* in der griechischen Mythologie der Fluss, jenseits dessen das Totenreich beginnt.

33,20 *Katechismus:* Luthers Leitfaden des christlichen Glaubens in Frage und Antwort; daher hier: so lautet auch mein Glaubensbekenntnis.

33,21 *Blitz!:* wie hier früher als Fluch oder Ausruf des Erstaunens gebräuchlich; vgl. auch Anm. zu 45,37.

33,23 *ein anderer Orpheus:* ein zweiter Orpheus. Der mythische Sänger konnte durch seinen Gesang und sein Leierspiel alle Lebewesen zur Ruhe bringen; so auch hier das allegorisierte Gewissen.

33,26 *Si omnes … dissentio:* (lat.) Wenn alle zustimmen, widerspreche ich nicht. Mit Komma hieße der Satz: Wenn auch alle zustimmen, ich nicht; ich widerspreche.

33,28 *Quacksalber:* Kurpfuscher. Das Wort ist im 16. Jh. aus dem Niederl. übernommen worden: *kwakken* ›schwatzen, prahlen‹; *salf* ›Salbe‹.

Jauner: ältere Form von *Gauner,* die den urspr. Anlaut bewahrt, *denn junen* ist ein im 15. Jh. belegtes rotwelsches Wort für ›spielen‹.

33,37 *Myriaden:* (griech.) Zehntausende; hier im übertragenen Sinne: Unzählige.

34,30 *Stockfisch:* Der getrocknete Fisch wurde metaphorisch im 16. Jh. auf langweilige, phantasielose Menschen als Schimpfwort übertragen.

34,34 *Erzt:* sprachl. Sonderform im 15. bis 18. Jh. für *Erz.*

35,3 *Megäre:* in der griechischen Mythologie eine der drei Erinnyen, der Rachegöttinnen; daher hier im übertragenen Sinne: wenn Vaterliebe sich rasend gebärdet.

35,4 *verwilde:* veraltet für *verwildere.*

35,22 *Pasquill:* »anonyme Schmäh- oder Spottschrift auf e. Person in Wort oder Bild. Der Name entstammt e. 1501 von Kardinal Caraffa ausgegrabenen und vor seinem Palais Braschi in Rom aufgestellten antiken Torso des Aiax oder Menelaos, den die spottlustigen Römer des 16. Jh.s nach e. gegenüberwohnenden Schneider Pasquino (Diminutiv: Pasquillo) nannten und an den sie wie eben jener Schneider solche Schmähschriften, bissige Satiren und Epigramme auf Zeitereignisse und -zustände anhefteten, die z.T. unter dem Titel P. gesammelt herausgegeben wurden« (Gero von Wilpert, *Sachwörterbuch der Literatur,* ³1961, S. 435).

35,33 *Otterbrut:* vgl. Mt. 3,7; für die Menschheit allgemein, die seit dem Sündenfall falsch ist.

35,34 f. *wo ich … erzielen:* wo ich auf das Herz ihres Lebens zielen.

36,2 *weisen:* (von mhd. *wîsen* ›weise machen‹) lenken, belehren.

36,15 *So wahr meine Seele lebt:* vgl. 1. Sam. 20,3: »Wahrlich, so wahr der Herr lebt, und so wahr diese meine Seele lebt.«

36,19 *Star:* Augenkrankheit, die durch Trübung der Linse bewirkt wird. Sie erscheint schon im Mhd. unter diesem Namen, den der starre Ausdruck der erblindeten Pupille nahelegt.

36,20 *ins Käficht:* in den Käfig; die Auslauterweiterung *-t,* die im Frühnhd. häufig auftritt, wie auch das Neutr. waren im 18. Jh. üblich.

36,24 *an Menschheit appellierte:* (von lat. *appellare* ›zur Rede stellen, mahnen‹) mich an die Menschheit wandte.

37,8 *aufgeworfenen:* in die Luft geworfenen.

37,11 *Fatum:* (lat.) Schicksal.
Jeden ereilet endlich sein Tag: Anspielung auf Vergils *Aeneis* X,467: »Stat sua cuique dies.«

37,13 *Rad:* aufs Rad flechten: früher übliche Hinrichtungsart; dem Delinquenten wurden mit einem Wagenrad, auf das er dann gebunden wurde, die Glieder zerschmettert.

37,16f. *Dein Register … weggelassen:* eine dunkle Anspielung Spiegelbergs, auf Moor einen Mordanschlag zu verüben, was im Laufe des Stückes nicht geschieht. Angemessener im Hinblick auf IV,5 mit Spiegelbergs Verrat und Ermordung durch Schweizer schreibt Schiller in der »Trauerspiel«-Fassung: »Dein Register hat ein Loch! Du hast Verrätherey weggelassen!«

Dritte Szene

37,26 *Kissen von Eider:* Die Federn der nordischen Gänseart Eider sind besonders weich und daher als Kissenfüllung beliebt.

37,30 *zween:* Das Mhd. unterscheidet noch strikt die drei Genera bei dem Numerale *zwei*: Mask. *zwêne*, Fem. *zwô*, Neutr. *zwei*, die Schiller noch korrekt verwendet, obwohl zu seiner Zeit die Unterschiede schon verschwunden waren und das Neutr. sich durchgesetzt hatte, vgl. etwa 81,13 »zwo Flammen«.

37,32f. *Auf seinem Todbett … Karl:* vgl. Leisewitz' *Julius von Tarent* II,5; dort sagt Aspermonte, als Julius mit Bianca fliehen will: »Ziehen Sie hin – und lassen Sie Ihren Vater in seinem Sterbezimmer umsonst nach einem Sohne suchen.«

38,32 *Metze:* urspr. Kurzform des Namens Mechthild; von daher für ›Mädchen niederen Standes‹, dann für ›Dirne‹.

39,18 *das garstige Laster:* die Syphilis, die im Folgenden von Franz scheußlich ausgemalt wird.

39,26 *eitrigten:* Die Auslauterweiterung *-t* nach dem Adjektivsuffix *-ig* entsteht im 18. Jh. in Analogie zur Erweiterung der Subst. auf *-ich* (vgl. *Käficht,* Anm. zu 36,20). Schiller verwendet die heute veraltete Form öfter in den *Räubern,* etwa: *blattrigt, zackigt, zottigt, staubigt.*

39,31 f. *Siechenhause:* Krankenhause; aus dem Mhd. stammendes Wort: *siech(en)hus.*

39,33 *zuzublinzen:* blinzen: urspr. Form zu dem bereits im 19. Jh. vorherrschenden *blinzeln*; ähnlich 66,34.
ruftest: im 18. Jh. gelegentlich gebrauchtes schwaches Prät.

40,3 *englischen:* engelgleichen; heute ungebräuchlich gewordene, damals sehr verbreitete Form; vgl. 54,7 »Englische Seele«.

40,3 f. *balsamischen: Balsam* ist das wohlriechende Harz der Balsamstaude.

40,4 *Ambrosiadüften:* Düften wie von der Götterspeise Ambrosia in der griechischen Mythologie.

40,8 *Walplatzes:* (von mhd. *wal*) Schlachtfeld; vgl. 47,35 »Walstatt«.

40,14 *äsopischen Krüppel:* Der griechische Fabeldichter Äsop (6. Jh. v. Chr.) war der Überlieferung nach verkrüppelt.

40,15 *Rubin:* dunkelrot glänzender Edelstein. Das Wort (von lat. *rubens* ›rot‹) kommt über frz. *rubin* um etwa 1200 nach Deutschland.

40,16 *blattrigten:* entstellt durch die Blattern, eine früher weit verbreitete Krankheit, die den Körper, vor allem das Gesicht, durch die Narben von Pusteln entstellte.

40,18 *Festen:* dichterisch für ›Festungen‹.

41,19 f. *welche Blume war mir über die Rose?:* welche Blume galt mir mehr als die Rose?

42,9 *Ehe:* eher; beide Formen gehen auf das mhd. *êr* ›früher‹ zurück. Adv., wie hier, und Konjunktion (*ehe* ›bevor‹) differenzieren sich erst im Nhd., aber die Schillersche Form herrscht noch lange vor; ebenso 48,20, 125,20.

42,9f. *Pranger:* Bis ins 19. Jh. wurden Verbrecher zur öffentlichen Schaustellung, Züchtigung und Verspottung an einen Holzpfahl auf dem Marktplatz gekettet. Das Wort taucht erst im 14. Jh. auf, obwohl die Sache älter ist.

42,18 *Lotterbube:* (von mhd. *lotter* ›schlaff, locker, leer‹) als Subst. mit moralischem Akzent einen Landstreicher bezeichnend.

42,21 *Purpur der Gesalbten:* Das Anlegen des mit teurem Purpur gefärbten Mantels gehörte zu den Ritualien bei der jüdischen Königskrönung. Es spielt noch bei der Verspottung Jesu eine Rolle (vgl. Mt. 27,28).

Zweiter Akt. Erste Szene

43,3–45,3 *Es dauert ... Gift:* Der ganze Monolog Franz' steht in engem gedanklichem und sprachlichem Konnex mit Schillers Dissertation *Über den Zusammenhang der tierischen Natur des Menschen mit seiner geistigen,* die er im November 1780 als medizinische Prüfungsarbeit einreichte.

43,7f. *dem unterirdischen Zauberhund:* der im Märchen häufig vergrabene Schätze zu bewachen hat.

43,10–12 *das eiserne Joch des Mechanismus ... den Schneckengang der Materie:* Gemeint sind die rein physischen Funktionen des Körpers. Das Vokabular dafür ist in der aufklärerischen Tradition gängig. Franz geht der natürliche Verfall des väterlichen Körpers zu langsam, deshalb will er ihn durch seelische Erschütterungen beschleunigen.

43,13f. *Licht ... Öltropfen:* Der Gedanke ist in die Metapher der Öllampe gekleidet.

43,25 *Gichtrische Empfindungen:* in Schillers Terminologie: Krämpfe; deutlicher wird diese Bedeutung an zwei Stellen in *Fiesco;* I,7: »Ich weiß eine Zeit, wo du beim Anblick einer Krone Gichter bekommen hättest«, und I,12: »Dein Leben sei das gichterische Wälzen des sterbenden Wurms.«

44,5 *bis hieher und nicht weiter:* vgl. Hiob 38,11: »Bis hierher sollst du kommen und nicht weiter.«

44,10 *Flor des Lebens:* (von lat. *flos* ›Blume‹) Blüte des Lebens.

44,15 *Arsenal:* aus dem Arab. ins Ital. eingedrungenes Wort: Vorratsgebäude, vor allem für Kriegsgerät; hier: Vorrat.

44,22 *Eumenide:* Eumeniden: euphemistischer Name (›die Wohlgesinnten‹) für die Erinnyen, die griechischen Rachegöttinnen, die den Verbrecher verfolgten und ihm seine böse Tat so lange ins Ohr flüsterten, bis er seelisch zusammenbrach; daher die folgenden Bemerkungen über die wiederkäuende Schlange.

44,27 *Grazien:* Göttinnen der Anmut in der griechischen Mythologie.

44,31 *geizigen:* gierigen.

44,33 *Furientrupp: Furien* ist der römische Name der Erinnyen; vgl. Anm. zu 44,21.

44 [Fußn.] *Prognostizieren:* (von lat. *prognoscere* ›vorherwissen‹) medizinischer Terminus: den Verlauf einer Krankheit bestimmen.

45,2 *des Zergliederers Messer:* bei einer möglichen Leichensezierung.

45,3 *korrosivischem:* (von lat. *corrodere* ›zernagen‹) zersetzendem.

45,6 *Deus ex machina:* (lat.) der Gott aus der Maschine; im übertragenen Sinne: jemand, der wie gerufen kommt. Der Ausdruck entstammt der griechischen Theatergeschichte: Häufig löste am Ende des Stücks ein in einer Theatermaschine aus den Wolken auf die Bühne kommender Gott die Handlungsverwicklungen.

45,7 *Junker:* (von mhd. *junc herre* ›junger Herr‹) Sohn eines Edelmannes.

45,15 *Haar auf der Zunge:* Haare auf den Zähnen; in beiden Fällen ist statt *auf* ›über‹ gemeint: Frauen mit Haarflaum auf der Oberlippe galten als maskulin, herrisch, streitsüchtig.

45,37 *Wetter Element!: Wetter* häufig als Fluch in Verbindung mit Naturereignissen wie Donner, Blitz, Hagel; vgl. 46,27; 59,32; 67,11; 76,22.

46,7 *zwischen dem Rindfleisch und Meerrettich:* schnell und nebenher, wie zwischen zwei Gängen einer Mahlzeit.

46,18 *Ratze:* Nebenform zu *Ratte.* Sie ist schon im Ahd. (*ratza*) und Mhd. (*ratze*) nachweisbar und aus einer germ. Koseform *ratizo* entwickelt. Gebräuchlich war sie vor allem im Obd.; vgl. noch heute *ratzekahl* ›kahl wie ein Rattenschwanz‹.

46,30 *ihn und ihn:* die Wiederholung als Emphase stammt aus dem Alten Testament. Gemeint ist also mit dem doppelten *ihn* dieselbe Person.

47,4 *eilf:* ältere Form für *elf,* denn das Mhd. hat *eilif* aus *ein* + *lif* ›eins darüber‹ (über zehn). Die Form hält sich bis zum Ausgang des 18. Jh.s; ebenso 57,14; 147,27; 149,16.

47,13 *am Kruzifix:* wenn er vor dem Kruzifix betet; vgl. Shakespeares *Hamlet* III,3 (Hamlets Skrupel, den König beim Beten zu töten) und IV,7, wo Laertes auf die Frage des Königs: »Was wollt Ihr unternehmen?«, antwortet: »Ihn in der Kirch erwürgen.«

47,22 *glostet:* glimmt; das mhd. Verb, das ›glänzen, verhalten glühen‹ bedeutet, hält sich im Westobd. bis in Schillers Zeit und erscheint als dichterisches Wort noch im Expressionismus.

47,34 f. *Treffen bei Prag:* Sieg Friedrichs des Großen über die Österreicher im Siebenjährigen Krieg (1757). Die Angabe ist wichtig für die Bestimmung der Handlungsdauer; vgl. Anm. zu *Die Zeit* im Personenverzeichnis.

48,2 *Kommission:* (von lat. *commissum* ›das Anvertraute‹) Auftrag.

48,3 *glaubig:* gläubig.

48,8 *Vivat:* (lat.) Er lebe, Heil.

48,11 *zumal:* noch in der mhd. Bedeutung *zu male* ›zugleich‹.

48,16 *einiger:* im 18. Jh. noch häufig für *einziger* gebraucht; vgl. 84,26 »ein einiges Wort«; 149,6 »das einige Verdienst«.

Zweite Szene

48,31–49,2 *Leise, leise … leiden:* Otto Brahm (1880, S. 198f.) hat die stereotype Greisenverehrung des Sturm und Drang näher untersucht. Die Stelle gehört in diese Tradition. Das typische Attribut des weißen Haares findet sich schon in *Ugolino* (1768) von Heinrich Wilhelm von Gerstenberg (1737–1823). Schiller ist auch in seinen anderen beiden Jugenddramen nicht frei von dem stereotypen Gebrauch dieses Kennzeichens des Alters: In *Fiesco* nennt Verrina Virginius den »eisgrauen Römer« (I,10); er bezeichnet sich selbst als »eisgrauer Vater« (II,17) und erwähnt sein »graues Haupt« (ebd.); Bourgognino redet ihn als »Graukopf« (I,12) an; Andreas Doria argumentiert mit seinen »eisgrauen Haaren« und »diesem eisgrauen Kopf« (II,13) und schickt den Genuesern »diese eisgraue Haarlocke« (V,14). In *Kabale und Liebe* spricht Miller von »meinen eisgrauen Tagen« (I,2) und sagt zu Luise: »Du siehst, mein Haar fängt an grau zu werden« (V,1); Ferdinand apostrophiert ihn als »Graukopf« und bemerkt »dies ehrwürdige Haar« (V,2); und der alte Kammerdiener nennt sich und seine Altersgenossen »wir Graubärte« (II,2).

49,5f. *Horch … Träumen:* Diese Zeile illustriert der erste der sechs Kupferstiche (vgl. S. 49, 51), die der Illustrator Daniel Chodowiecki (1726–1801) im Gothaer *Theater-*

Kalender auf das Jahr 1783 veröffentlichte (die weiteren Textstellen: 80,9 »Ich werde ... davon«; 83,34f. »Siehst ... kann«; 97,34 »Aber ... Amalia?«; 109,20f. »Du weinst ... Stimme«; 139,20 »mich ... wieder«). Die Bilder sind ein aufschlussreiches Dokument, wie sich der bürgerliche Geschmack Schillers Stück anverwandelte. Kemper (1993) charakterisiert Chodowieckis Verständnis der *Räuber* als »Seelendrama Amalias« (S. 242) folgendermaßen: »Schillers ihm so nahe stehenden Gedanken einer wechselseitigen Erhellung von Tugend und Laster aufnehmend, sucht Chodowiecki demnach in seinem Seelengemälde der Amalia – das in dieser Perspektive große innere Stimmigkeit gewinnt – der in Schillers Stücke schwächer akzentuierten Seite der Tugend zu ihrem Recht zu verhelfen, und zwar ganz im Einklang mit der Intention des Dichters, die Tugend ›siegend‹ von der Bühne abtreten zu lassen. Mit dieser Akzentverschiebung von der Sphäre der Brüder Moor, die in unterschiedlicher Weise mit der bürgerlichen Welt gebrochen haben, zum häuslich-familiären Umfeld der Amalia geht jedoch nicht nur der Verlust wesentlicher thematischer Aspekte wie etwa der des Theodizee-Problems einher, sondern auch die Ausblendung des Außerordentlichen, des außerhalb der bürgerlichen Sphäre Stehenden. [... Es] wird augenfällig, dass Chodowiecki die *Räuber* wie ein bürgerliches Trauerspiel rezipiert [...].« (S. 246f.)

49,32 *sechszehente:* urspr. Schreibung, bevor das auslautende *-s* von *sechs* mit dem anlautenden *z-* von *zehn* verschmolz; vgl. auch 71,2 »sechszig«.

50,25f. *Sie geht ans Klavier und spielt:* Es gehört zu den am wenigsten beachteten Aspekten des Theaters zu Schillers Zeit, dass Aufführungen normalerweise musikalisch an-

---

Vorzeichnungen zu den Kupferstichillustrationen
von Daniel Chodowiecki

gereichert und umrahmt waren. Daher die vielen Bühnenmusiken, von denen aus dieser Zeit Beethovens Musik zu Goethes »Egmont« und zu Heinrich Joseph von Collins »Coriolan« die bekanntesten Beispiele geblieben sind. Obwohl Dalberg bei der Uraufführung alle musikalischen Texte strich, veröffentlichte Schillers Studienkollege aus der Karlsschule, der spätere Stuttgarter Hofkapellmeister Johann Rudolf Zumsteeg (1760–1802), schon 1782 »Gesänge aus dem Schauspiel die Räuber«.

50,27–32; 51,1–6.17–28 *Willst dich … im Lethe nicht!:* die Szene nach Homers *Ilias* VI (Abschied) und XXII (tödlicher Zweikampf mit Achill): Hektor nimmt von seiner Frau Andromache und seinem Sohn Astyanax Abschied und geht in den Kampf mit Achill, dem Enkel des Äakus, der den von Hektor getöteten Freund Patroklos rächen will.
Der 1. Vers offenbar in Anlehnung an Klopstocks *Messias* II,764: »Abdiel, mein Bruder, du willst dich mir ewig entreißen!«

50,32 *Xanthus:* Fluss bei Troja, das in dem Lied »Ilium« heißt.

51,6 *Elysium:* das Feld der Seligen im Totenreich, die dort ihre Tage in ewigem Spiel und Vergnügen zubringen.

51,19 *Priams großer Heldenstamm:* Priamos, der Vater Hektors und König von Troja, hatte zahlreiche Söhne, die im Trojanischen Krieg fielen.

51,21 *Cocytus:* von Klopstock in die Literatur eingeführter Name für den Styx, den Fluss, der zwischen dem Reich der Lebenden und der Toten fließt.

51,22 *Lethe:* Nebenfluss des Styx; bei der Überfahrt über ihn verliert der Tote alle Erinnerung an das ehemalige Leben; daher fürchtet Andromache, dass Hektors Liebe dort erlischt.

51,29 *verkappt:* urspr. ›eine Kappe tragend‹; dann allgemeiner ›sich durch Verkleiden unkenntlich machend‹; das Wort taucht im 16. Jh. auf.

52,14 f. *der leidige Krieg zwischen Preußen und Österreich:* der Siebenjährige Krieg (1756–1763).

52,18 *Schwerin:* Kurt Christoph Graf von Schwerin (1684–1757), preußischer Generalfeldmarschall, führte im April 1757 im Siebenjährigen Krieg ein Corps nach Böhmen.

53,14 f. *Nimm dies Schwert … daran:* In Leisewitz' *Julius von Tarent* IV,6 sendet Aspermonte den blutigen Dolch Guidos mit den Worten: »Bring ihn dem Alten, ob das sein und seines Sohnes Blut sei.« Das Motiv taucht auch in der Ballade »Genofefa im Thurme« von Friedrich (Maler) Müller (1749–1825) auf. Schiller verwendet es in *Fiesco* wieder: Als Bourgognino in V,3 Gianettino Doria erstochen hat, befiehlt er Zenturione: »Dies blutige [Schwert] bringst du meiner Braut. Ihr Kerker ist gesprengt.«

53,16 *gerochen:* Das urspr. starke Verb *rächen* nimmt schon im Frühnhd. schwache Beugung an, wobei sich aber das Part. Perf. *gerochen* lange widersetzt. Es war bis ins 17. Jh. die alleinige Form.

53,32 *Feiler:* käuflicher; vgl. 65,19 »zur feilen Hure«.

54,8 *Panier:* Nebenform zu *Banner,* lange, an einem Querstab hängende Heerfahne; beide gehen auf frz. *bannière* zurück. *Panier,* das durch Luther popularisiert wird, bewahrt den frz. Ton auf der zweiten Silbe, während ihn *Banner* aufgibt.

54,32 *verzog:* zögerte, (von mhd. *verzîhen*) verweilte noch.

55,11 *mich zu rächen:* Der Sinn dieser Bemerkung ist bis heute unklar. Am ehesten noch: Karl habe sich für den väterlichen Fluch dadurch rächen wollen, dass er in den Tod ging. Dafür spricht, dass Hermann Karl schon 53,16 sagen lässt: »Er [der Vater] ist gerochen.«

56,12 f. *es wird mir durch die Seele schneiden ein Schwert:* vgl. Lk. 2,35: »und es wird ein Schwert durch deine Seele dringen.«

56,21 *seraphischen:* den Seraphim gehörend, sechsflügligen

Engeln, die nach Jes. 6,2–6 Gottes Thron umstehen und im Wechselgesang sein Lob singen; daher auch einfach: engelgleich.

57,3–31 *Jakob … hinunterfahren:* Der von Amalia gelesene biblische Text findet sich 1. Mose 37,31–35.

57,36 *ruf dem Pastor:* ruf nach dem Pastor (*rufen* obd. mit Dat.).

58,12f. *Schlaf und Tod sind nur Zwillinge:* antike Vorstellung. Sie war zur Zeit des jungen Schiller populär, weil Lessing sie im *Laokoon* (1766) erwähnt und sein Kritiker Christian Adolf Klotz (1738–1771) ihm widersprochen hatte, worauf Lessing den Aufsatz *Wie die Alten den Tod gebildet* (1769) veröffentlichte. Johann Gottfried Herder (1744–1803) nahm zu dem Thema in Lessings Sinne in einem ebenso betitelten Aufsatz (1774) Stellung.

58,17 *du bist ein Schurke:* vgl. Shakespeares *Othello* II,3, Jagos Monolog: »Und wer ist nun, der sagt, ich sei ein Schurke?«

58,19 *den nackten Franz:* den wahren, den eigentlichen Franz.

58,23 *Augbraunen: brauwen,* der Pl. von mhd. *brawe,* wurde zu *braun* zusammengezogen, wobei schließlich das *-n-* als Teil des Wortstammes empfunden wurde, so dass man einen Sg. *Braune* bildete, der erst im 19. Jh. verschwand; ebenso 98,27f.

58,31 *Traktament:* (von lat. *tractare* ›behandeln‹) gute Behandlung, ein gutes Essen.

58,34 *Liverei:* (Eindeutschung von frz. *livrée*) uniformartige Kleidung herrschaftlicher Diener.

Dritte Szene

59,8 *Trieb:* urspr. das, was auf eine Weide getrieben wird, also eine Herde.

59,11–13 *hatte nichts … achtundsiebenzig:* Parodie auf

1. Mose 32,11: »denn ich hatte nicht mehr als diesen Stab, da ich über den Jordan ging, und nun bin ich zwei Heere geworden.«
achtundsiebenzig: Nimmt man die anderen Angaben über die Stärke der Räubertruppe, dann muss Spiegelberg hier maßlos übertreiben, denn 73,1f. sagt Razmann: »unser sind achtzig in allem«, und 76,31 bemerkt Karl zum Pater: »hier stehn neunundsiebenzig, deren Hauptmann ich bin«.

59,13 *rejizierte:* (von lat. *reiecere*) zurückweisen.

59,15 *Kerles:* Schiller benutzt zu *Kerl* mehrere Pluralformen: *Kerle, Kerls, Kerles.*
deliziöse: (von lat. *delicatus*) hübsche, köstliche.

59,16 *als:* schwäb. (auch pfälz./hess.) für ›immer‹; vgl. auch Anm. zu 68,14.

59,18 *Renommee:* (frz.) Ansehen; hier ironisch für: schlechtes Ansehen.

59,22 *pur:* (von lat. *purus* ›rein‹) hier im Sinne von: nur.
zun: zu den; wenig gebräuchliche Zusammenziehung von Präp. und Artikel, wie häufiger *zum* ›zu dem‹.

59,27 *Skrizler:* (von ital. *scrittore* ›Schreiber‹) hier abfällig für: Zeitungsschreiber.

59,28 *Wurmdoktor:* »ein herumreisender Arzt oder Marktschreyer, welcher Mittel wider die Würmer im menschlichen Leibe verkauft« (Adelung).

59,30 *par force:* (frz.) mit Macht, sehr schnell.
inquiriert: (von lat. *inquirere* ›nachforschen‹) hier: gerichtlich befragen.

59,36 *Tobak:* Das urspr. aus den Indianersprachen Nordamerikas stammende Wort (*tobaco, taboca*) taucht in der Mitte des 17. Jh.s in Deutschland in den Formen *Tabak, Tuback, Toback* auf. Erst im 19. Jh. setzt sich die heute gängige Vokabel durch.

60,1 *Pseudo-Spiegelberg:* von griech. *pseudos* ›falsch‹.

60,2 *Glorie:* (von lat. *gloria*) Ruhm, Pracht.
paradieren: sich zur Schau stellen wie bei einer Parade.

60,4 f. *hinterrucks:* Die Form ohne Umlaut wahrt den mhd. Lautstand.

60,8–61,15 *einen Spaß muss … zu schleppen haben:* Das Abenteuer, das Spiegelberg hier erzählt, sollte offenbar urspr. eine eigene Szene des Stücks werden. Nach diesem Plan sollte Amalia sich in ein Kloster zurückziehen, aus dem Karl Moor sie befreien wollte. Tatsächlich beabsichtigt Amalia das in III,1 zu tun, gibt aber den Gedanken auf, weil ihr in diesem Augenblick Hermann mitteilt, dass sowohl Karl als auch der alte Moor leben. Offenbar von dieser frühen Konzeption her erscheint in einem der Pläne Schillers zur Fortsetzung der *Räuber* auch Amalias Geist als Nonne (vgl. Kap. II,5).

Die zuletzt geplante Szene war Leisewitz' *Julius von Tarent* IV,6 nachgebildet, wo Julius Bianca aus dem Kloster entführen will. Wir wissen von Schillers originalem Plan durch den 1805 veröffentlichten anonymen Bericht eines Mitschülers – gezeichnet »-s-« (nach Max Hecker: Johann Wilhelm Petersen?, nach Albert Leitzmann: Christian von Massenbach?) –, der schreibt: »Die Kritik seiner Freunde vermochte so viel über ihn, daß er manche zu grelle und sittenlose Scene in seinen ›Räubern‹, die er größtentheils auf dem Krankenzimmer ausarbeitete, wegließ oder milderte. Der Auftritt, da die Räuber mit Karl Moor in's Nonnenstift, wo Amalia war, mit Waffengewalt eindringen und der Geliebte im Gotteshause, wo die Vestalinnen beten, die Geliebte zum Eigenthum fordert oder im Falle der Weigerung die Kirche auf Einen Wink zum Bordell umzuschaffen droht, war gräßlich« (*Schillers Persönlichkeit* I,123).

60,12 *diem perdidi:* Angeblich sagte der römische Kaiser Titus, wenn er an einem Tag nicht genug Gutes getan hatte: »Amici, diem perdidi« (»Freunde, ich habe einen Tag verloren«).

60,26 *hasselieren:* (von frz. *harceler*) beunruhigen, plänkeln (im militärischen Sinne).

60,29 *Finstere:* obd. für *Finsternis.*

60,35 *besprenzten:* besprengten; mundartliche Prägung; hier im Sinne von: urinieren.

61,1 *Eva vor dem Fall:* nackt, denn erst nach dem Sündenfall wurden Adam und Eva »gewahr, dass sie nackt waren, und flochten Feigenblätter zusammen und machten sich Schürze« (1. Mose 3,7).

61,4 *Vettel:* (von lat. *vetula*) altes Weib.

61,7f. *die übrig gebliebenen wenigen Edlen:* die Zähne; parodistische Entstellung von Klopstocks *Messias* IV,20, wo Joseph von Arimathäa und wenige andere im Gegensatz zu den korrupten Ältesten und Priestern der Juden so bezeichnet werden.

61,13–15 *meine Kerls … zu schleppen haben:* In Johann Martin Millers (1750–1814) Roman *Siegwart, eine Klostergeschichte* (1776), den Schiller kannte und schätzte, sagt ein Junker im Andenken an seine Überfälle in Nonnenklöstern: »O, da denk ich, wird man noch eine Zeitlang an uns denken. Uh, wenn ich so eine Nonne kriegt! 's Maul wässert mir noch« (Bd. 1, S. 228).

61,20 *Korpus:* (lat.) Körper.

61,21 *Prälatsbauch: Prälat* ist ein Ehrentitel für höhere katholische Geistliche. Der schlemmende und hurende Priester ist seit dem Mittelalter ein beliebtes satirisches Thema in der Literatur.

61,24 *Henkers:* adverbiell für die Verwünschung *beim Henker.*

61,27 *Judizium:* (lat.) Urteil.

61,27f. *das man … nicht in der Gerste frisst:* svw. ›das man nicht mit der Muttermilch einsauge‹, auf das man also Mühe verwenden muss.

61,30 *Weidenstotzen:* Weidenstumpf; *Stotzen* ist eine Nebenform zu *Stutzen.*

61,31 *Grütz:* umgangssprachl. für ›Verstand‹ (wie Getreideschrot im Gegensatz zu Spreu oder umgebildet aus älterem *Kritz* ›Witz, scharfer Sinn‹).

61,33 f. *reis du ins Graubündner Land … Gauner:* Diese Stelle war für Herzog Karl Eugen der Anlass, Schiller das Schreiben von weiteren »Komödien« zu verbieten, weil sie zu außenpolitischen Komplikationen zu führen drohte: Nach mehreren Zeitungsartikeln gegen Schiller wurde der Angriff auf das Graubündner Land sogar Thema der Standesversammlung in Chur. Die ganze Affäre beruhte allerdings auf einem Missverständnis, denn nach der Aufzeichnung Professor Abels wollte Schiller mit dem Satz nur einen Aufseher in der Karlsschule treffen, der aus der Schweiz stammte und den die Zöglinge nicht leiden konnten. Siehe zu der ganzen Affäre Weltrich I,620–637, Kluge, S. 973–977 und DKV, S. 973–977.

62,3 *hinausvotiert:* Die Form ist nicht ganz klar; entweder ›verbietet‹ (von lat. *vetare, votare* ›verbieten‹) oder ›hinauswünscht‹ (von lat. *vovere* ›wünschen‹) oder ›hinauswählt, abwählt‹ (von engl. *to vote,* das seit dem 17. Jh. als *votieren* gebräuchlich ist).

62,4 f. *so kann … kommen:* Parodie auf Joh. 1,46: »Was kann aus Nazareth Gutes kommen?«

62,13 f. *Bettelvögten, Stadtpatrollanten und Zuchtknechten:* Aufsichtsbeamte der Bettler, Stadtwächter und Zuchthausaufseher.

62,18 *sondierst:* (von frz. *sonder*) untersuchen.

62,18 f. *die wohlfeile Zeit, die fünf Prozent:* die Langeweile und die Zinssätze. Spiegelberg macht sich also an Leute heran, die nicht arbeiten oder ihre Schulden nicht bezahlen können.

62,21 *wider die Physiognomik eifert:* wohl eine ironische Anspielung auf eine Stelle aus *Physiognomische Fragmente* von Johann Kaspar Lavater (1741–1801): »Die meisten eifern wider die Physiognomik, weil sie das Licht derselben scheuen. […] Nicht alle, die wider die Physiognomik eifern, sind böse Menschen« (Bd. 1, 1775, S. 19).

62,23 *darfst:* brauchst; außer in der heute gängigen Bedeu-

tung ›erlaubt sein‹ war *dürfen* auch im Sinne von ›bedürfen, nötig haben, brauchen‹ geläufig.
Pelikan: in der Form dem gebogenen Schnabel des Pelikans ähnliche Zange zum Zähneziehen.

62,33 *Diogenes:* Diogenes von Sinope (412–323 v. Chr.), griechischer Philosoph, der völlige Bedürfnislosigkeit predigte und lebte. Er soll einmal am helllichten Tag auf dem belebten Athener Marktplatz mit einer angezündeten Laterne nach »Menschen« gesucht haben.

62,34 *Praktikus:* (lat.) praktisch veranlagter Mensch.

62,36 *Hamen:* Netzart zum Fischfang.

62,37 *hebst:* obd. für ›hältst‹; so auch 63,20.

63,3 *saufte:* schwache Beugung, wohl in Analogie zu ähnlich lautenden Verben (*kaufte, taufte*).

63,4 *notabene:* (lat.) merke gut, wohlgemerkt.

63,7 *Menschern:* Die Neutrumform *das Mensch* bildet sich schon im Mhd. aus (*mensche*) und wird bis ins 17. Jh. ohne abfälligen Nebensinn, vorwiegend für Frauen, gebraucht. Im 18. Jh. wird die Bedeutung pejorativ: ›moralisch verkommene Frauen‹, so auch hier.

63,7 f. *schelmische:* schurkische.

63,9 *bankrutt:* vgl. Anm. zu 19,34; Nebenform zu *bankrott*; das *-u-* entstand wohl durch frz. *banqueroute*.
incidenter: (spätlat.) bei Gelegenheit, nebenbei.

63,10 f. *wenn du nicht Leib und Seele verderbst:* vgl. Mt. 10,28: »fürchtet euch aber vielmehr vor dem, der Leib und Seele verderben kann in der Hölle.«

63,11 f. *das hab ich … abstrahiert:* das hab ich aus meiner reichhaltigen Erfahrung gefolgert.

63,21 *Pfiffe:* hier: schlaue Streiche, Kniffe, Kunstgriffe.

63,22 f. *ins Garn gekriegt:* gefangen, hereingelegt, wie Vögel, die in die Fangnetze gegangen sind.

63,30 *Tausendsackerment!:* durch *Tausend* verstärkter Fluch, der von spätlat. *sacramentum* ›geweihte Hostie‹ abgeleitet ist; vgl. auch 64,10 »Sapperment«; 68,4 »Sackermentsleiter«; 69,22 f. »die sackermentalischen Anstalten«.

63,34 *den Zopf hinaufschlagen:* Bei verschiedenen Gelegenheiten legten die Soldaten den Zopf im Nacken über die Schulter nach vorn, damit er sie nicht behinderte, so auch auf dem Marsch. Spiegelberg fordert den jungen Mann also auf, mit ihm zu marschieren.

63,36 *guter Schlucker:* Schlucker (frühnhd.): einer, der viel isst und trinkt; später verächtlich-mitleidig, heute gebräuchlich als *armer Schlucker* (so 70,1), dem früher *guter Schlucker* gleichgeordnet war.

64,1 f. *Ich will … schreiben:* vgl. Spr. 3,3: »Gnade und Treue [...] schreibe sie in die Tafel deines Herzens.«

64,4 *Mäkler:* Geschäftsvermittler; die umgelautete Form früher neben der heutigen üblich.

64,7 *das zehente Exemplar gratis:* Die Buchhändler ließen Subskriptionen durch Agenten sammeln, die das zehnte verkaufte Exemplar selbst verdienten.

64,20 *Sans Spaß!:* frz. *sans* ›ohne‹; solche dt.-frz. Mischformen gehörten zur Umgangssprache der Karlsschüler.

64,35 *Regensburg:* Stätte der Reichstage.

64,37 f. *brettelte:* spielte ein Brettspiel.

65,1 f. *die Unterlippe zwischen die Zähne klemmen:* ähnlich 76,23 f. Vgl. Shakespeare, *Richard III.* IV,2: »Der König ist erzürnt, er beißt die Lippe.« Auch Schiller selbst soll die Angewohnheit gehabt haben. In *Kabale und Liebe* wird die Wut von Vater und Sohn von Walter ebenso charakterisiert: II,7: »Präsident (beißt die Lippen)«; III,4: »Ferdinand (das Gesicht verzerrt und an der Unterlippe nagend).«

65,11 *Reuter:* obwohl dasselbe bedeutend, sprachlich nicht mit *Reiter* verwandt. Dieses entwickelt sich aus mhd. *ritaere,* während jenes von lat. *rutarii* ›Berittene einer militärischen Abteilung‹ (lat. *rupta*) abstammt, das als *rûter* ins Niederl. eindrang und von dort her nach Deutschland kam. Es war bis zum Ende des 18. Jh.s gebräuchlich, durchweg etwa noch in Heinrich von Kleists *Der Prinz von Homburg*; ebenso 76,5; 88,15.

65,13 *Terzerolen:* kleine handliche Pistolen.

65,19 *Schelm:* hier u. ö.: Schurke, Verbrecher.

65,29 *Grillen:* wahrscheinlich in lat.-griech. *grillos* schon Doppelbedeutung: ›Heimchen/Grille‹ und ›sonderbarer, närrischer Einfall‹ mit der Betonung des Unwirklichen, Schrulligen, Grotesken. Im 17. Jh. Sinnverschiebung auf ›trübselige, melancholische Gemütsverfassung‹.

66,1–3 *Was dann … seit wenn:* Schiller gebraucht *dann* und *denn, wann* und *wenn* durcheinander. Hier muss es nach heutigem Sprachgebrauch heißen: *was denn? / seit wann?*

66,6 *Rechtstäge:* der Umlaut früher gelegentlich in Analogie zu anderen Substantiven (z. B. *Gast/Gäste*); vgl. 147,27 f. »Sommertäge«.

66,7 f. *auf der Tortur examiniert:* (von lat. *examinare* ›prüfen‹ und *torquere* ›foltern‹) auf der Folter befragt.

66,10 f. *ist er dem Teufel Extrapost zugefahren:* vgl. Shakespeare, *Richard III.* I,1: »Er kann nicht leben, hoff ich; darf nicht sterben, / Eh George mit Extrapost gen Himmel fährt.« In *Fiesco* I,9 verwendet Schiller ebenfalls »die Extrapost der Hölle«.

66,17 *Kapuzinerskutte:* Kutte der Kapuziner, eines Bettelordens, der sich 1528 von den Franziskanern abzweigte und wegen der spitz zulaufenden Kapuzen an den Kutten den Namen erhielt.

66,20 *über die Leber lief:* nach antiker und mittelalterlicher Vorstellung war die Leber der Sitz der menschlichen Lebenssäfte und daher die Quelle der Emotionen, wie hier der Angst.

66,23 *eine Pike:* heute Mask., aber Schillers Ausdruck ist dem frz. Original näher: *la pique* ›Spieß, Zänkerei‹.

66,24 *bigott:* (frz.) frömmelnd.

66,31 *Memento mori:* (lat.) Denke daran, dass du sterben musst.

das regt mich nicht an: das regt mich nicht auf, beunruhigt mich nicht.

66,33 *Rabensteine:* Hinrichtungsplatz der Verbrecher, wo die Raben vom Aas fraßen.

67,5 f. *Die Nürnberger … denn vor:* Der Ausspruch wird dem Raubritter Eppelin von Gailingen zugeschrieben, der durch einen Sprung zu Pferd aus der Gefangenschaft in der Nürnberger Burg ausbrach.
Sie hätten ihn denn vor: Es sei denn, dass sie ihn vorher hätten.

67,20 *Feueresse des Plutos: Pluto* ist ein euphemistischer Name für Hades, den göttlichen Herrscher der Unterwelt in der griechischen Mythologie, der hier verstanden wird als Herr der Hölle, die einen Schornstein hat.

67,21 *vom Rad auferstanden:* Razmann wähnt Roller aufs Rad geflochten.

67,26 f. *der Stab war … gebrochen:* Der Stab diente vielfach als Zeichen geistlicher und weltlicher Befugnis, vgl. Krummstab des Bischofs, Marschallstab usw. Der Stab des Richters wurde in symbolischer Handlung vor Vollstreckung eines Todesurteils über den Delinquenten zerbrochen, von daher rührt diese Redensart.

67,29 *recta:* eigtl. *recta via* (lat.): direkt, geradewegs.

67,35 *schwätz:* (schwäb.) rede.

68,5 *in den Schoß Abrahams:* vgl. Lk. 16,22: »Es begab sich aber, dass der Arme [Lazarus] starb und ward getragen von den Engeln in Abrahams Schoß.«

68,6 f. *auf die Anatomie verhandelt:* als hingerichteter Verbrecher einem anatomischen Institut zum Sezieren zur Verfügung gestellt.

68,11 *unsre Spionen:* Obwohl mit ahd. *spehon* ›spähen‹ verwandt, kommt das Wort im 17. Jh. mit der frz. Soldatensprache als *espion* nach Deutschland zurück; es wurde bis zum Ende des 18. Jh.s schwach dekliniert.
Wind gekriegt: seit dem 17. Jh. häufig belegte Redensart aus der Jägersprache: Das Wild bekommt vom Jäger Wind, d. h. Witterung; der Wind bringt ihm den Geruch des Jägers, und so wird es gewarnt.

68,12 *liege tüchtig im Salz:* sei in großer Gefahr; mundartliche Prägung.
68,14 *als:* Das schwäb. Füllwort kann verschiedene Bedeutungen annehmen; hier: also, eben.
68,20 *Expressen:* (von lat. *expressus* ›herausgepresst, mit Nachdruck‹) Eilboten; ebenso 92,35.
68,23 *Passagen:* (frz.) Durchgänge; Wege.
68,24 *Spektakel:* (von lat. *spectaculum*) Schauspiel, Anblick.
68,26 *Galgenpsalm:* In manchen Orten wurden Verbrecher von Schulkindern zur Hinrichtung begleitet, die Sterbelieder sangen.
68,30 *Mordbleu:* Verballhornung des frz. Fluches *à la mort de dieu* ›beim Tode Gottes‹.
68,31 f. *der auch seinen Zahn auf die Stadt haben muss:* wohl Nachbildung von frz. *avoir une dent* [Zahn] *contre quelqu'un* ›auf jemanden eine Wut haben‹.
68,34 *Feuerjo, Feurjo!:* Feurio!: alter Feuerruf; vgl. auch 137,6 *»Mordjo, Mordjo!«*.
69,2 *Klafter:* altes Längen- und Raummaß; urspr. die Länge der ausgestreckten Arme.
69,4 *Gomorrha und Sodom:* die von Gott wegen ihrer Sünde durch einen Feuerregen vernichteten Städte; vgl. 1. Mose 18 f.
69,5 *Gebürge:* vom Frühnhd. bis zum 19. Jh. gebräuchliche Form. Sie beruht auf dem willkürlichen Wechsel zwischen *Burg* und *Berg* im deutschen Südwesten; vgl. 95,13 f. »Heimatgebürgen«.
69,6 *infernalischen:* (von spätlat. *infernalis*) höllischen. *Schwank:* Schwang (von *schwingen*): in der urspr. Bedeutung ›lebhafte Bewegung, Schlag‹.
69,6 f. *panischer Schreck:* plötzlicher großer Schrecken. Abgeleitet vom griechischen Waldgott Pan, der in halber Bocksgestalt Menschen zu erschrecken pflegte, so z. B. in der Schlacht bei Marathon die Perser, wofür ihm die Griechen eine Grotte und ein jährliches Opfer weihten.

69,9f. *versteinert wie Lots Weib:* Gott rettete Lot und seine Familie aus Sodom und Gomorrha, aber sie durften sich nicht nach den brennenden Städten umsehen. Als seine Frau es doch tat, wurde sie zur Salzsäule; vgl. 1. Mose 19,26.

69,14 *parat:* (von lat. *paratus*) bereit.

69,20 *Hülfe:* Das Ahd. kennt die Formen *helfa* und *hulfa*; auf Letzterer beruht Schillers Wort, das durch die Autorität Luthers bis ins 19. Jh. gängig war.

69,30 *Antezessor:* (von lat. *antecedere* ›vorausgehen‹) Vorgänger.

69,34 *Himmelfass:* die alte Vorstellung, dass der Himmel als festes Gewölbe über der Erde liegt, ist in Rollers Ausdruck enthalten.

69,36 *Abfall:* Temperatursenkung.

70,1f. *Nun ist's ja verschwitzt:* Nun ist es ja ausgestanden, so wie eine Krankheit durch Schwitzen ›ausgeschwitzt‹ wird.

70,4 *Mammons:* (von aramäisch *ma'mon* ›das Hinterlegte‹; durch Mt. 6,24 und Lk. 16,6 kommt es über das Griech. ins Dt.) Reichtums.

70,7 *Pulverturn:* Turn: im Obd. vorkommende Nebenform zu *Turm,* die das mhd. *-n* bewahrt hat. Auch Goethe verwendet sie (*Götz von Berlichingen* IV, Rathaus).

70,9f. *Molochs:* Moloch: heidnische Gottheit im Alten Testament (vgl. 3. Mose 18,21; 20,2–5 u. ö.), die in Miltons *Das verlorene Paradies* (I,462) und Klopstocks *Messias* (II,353 u. ö.) ein kriegerischer Teufel wird.

70,17 *über den alten Kaiser zu plündern:* eigtl. *auf den alten Kaiser leben,* also ohne an Rückzahlung seiner Schulden zu denken, denn der alte Kaiser wird bald sterben, und dann erlischt die Schuld; daher hier: plündern, ohne mit einer Bestrafung rechnen zu müssen.

70,23 *Batzenstrick:* ein billiger Strick, der nur einen Batzen kostet.

70,31 *Sackuhren:* Uhren, die man im Hosensack trägt, also: Taschenuhren.
weggebixt: Das Wort ist in dieser Form nicht nachweisbar, bildet aber nach Grimm eine Nebenform zu *wegbüchsen,* das vom nd. *buchs* ›Hose‹ abgeleitet ist. Im Rhein. gibt es nach Müller *bucksen,* was beim Murmelspiel ›ablocken, abgewinnen‹ heißt. Hier dem Sinn nach: stehlen.

71,6 *ihre Laken vergolden:* ins Bett machen.
eingeschnurrte: zusammengeschrumpelte.

71,9 *gravitätischen:* (von lat. *gravitas* ›Schwere‹) schwerfälligen.

71,10 *Hatz:* Hetzjagd.

71,17 *abortieren:* eine Fehlgeburt haben.

71,18 *versehen:* Es ist alter Aberglaube, dass der böse Blick bestimmter Personen oder das Ansehen bestimmter Dinge Unheil bewirkt. Hier fürchten die Schwangeren, dass das Anschauen der Hinrichtung ihre ungeborenen Kinder zu Verbrechern stempelt.

72,7 *Hornissel:* (obd.) Hornisse.

72,10 *da steht der Knabe, schamrot:* vgl. Jer. 31,19: »Ich bin zu Schanden geworden und stehe schamrot.«

72,11 f. *Jupiters Keile:* Jupiters Machtsymbol, der Donnerkeil. Schiller schrieb in der ersten Ausgabe »Donnerkeule«.

72,12 *Pygmäen:* zentralafrikanischer Stamm von zwerghaftem Wuchs; hier allg. für zwerghafte Menschen, wie auch das folgende »Titanen« allg. ›riesenhaft-kraftvolle Menschen‹ meint; vgl. *Fiesco* III,2: »Der Harnisch, der des Pygmäen schmächtigen Körper zwingt, sollte der einem Riesenleib anpassen müssen?«

72,14 *der obern Tribunale:* Tribunal (lat.): Hochsitz eines Oberbeamten, daher Sitz der Rechtsprechung, also ›Gericht‹; hier trotz Pl.: das göttliche Gericht. Wie so häufig in der Tradition der Aufklärung wird ein eindeutig christlicher Terminus vermieden, eine Tendenz, die sich durch das ganze Stück zieht und beim jungen Schiller überhaupt auffällig ist.

72,20 *schwadronieren:* mit einer Schwadron herumstreifen, mit Reiterscharen herumschwärmen; erst später: laut und prahlerisch reden.

72,21 *der höllische Blaustrumpf:* Blaustrumpf: urspr. schwäb. Name für die Gerichtsdiener, weil sie blaue Strümpfe trugen, dann allgemeiner: niederträchtiger Mensch; hier: Teufel.

verträtscht: (von *tratschen*) ausgeplaudert.

72,25 *Kordon:* (frz.) Gürtel, Kette, Sperrlinie.

72,35 *Kommissbrotrittern:* Soldaten.

73,7 *Kreuzer:* im 13. Jh. zuerst in Verona und Meran geprägte Silbermünze mit dem Zeichen eines liegenden Kreuzes (daher der Name); später billigere Kupfermünze, die in Teilen Deutschlands bis in die zweite Hälfte des 19. Jh.s galt.

73,16 *Kloak:* (von frz. le *cloaque,* daher bei Schiller noch Mask.) Kotgrube, Abtritt.

73,27 *Fangern:* Zähnen.

73,28 *Kutteln:* Eingeweide.

74,6–10 *Zugleich … rennen:* Nach E. Eggli (»Diderot et Schiller«, in: *Revue de la littérature comparée,* Jg. 1921, S. 68 f.) und L. A. Willoughby (Hrsg. von: *Die Räuber. Ein Trauerspiel von Friedrich Schiller,* 1922, S. 25 f.) basiert diese Stelle auf einem Abschnitt aus Denis Diderots (1713–1784) Erzählung *Les deux amis de Bourbonne* (1773), die Schiller in einer Übersetzung kannte.

74,27–79,30 *Ist das ein Drachennest … wirbeln:* Die folgende Rede des Paters ist voll von biblischen und literarischen Anspielungen und Zitaten.

75,1 *giftige Otterbrut:* vgl. Anm. zu 35,33.

die im Finstern schleicht: vgl. Ps. 91,4 f.: »Seine Wahrheit ist Schirm und Schild, dass du nicht erschrecken müsstest […] vor der Pestilenz, die im Finstern schleicht.«

75,2 *Aussatz:* als Krankheitsbezeichnung (Lepra) spätmhd. rückgebildet aus dem älteren *ûzsetze* ›Aussätziger‹: einer, der außerhalb der menschlichen Gemeinschaft wohnen muss.

75,10f. *Beutelschneider:* Diebe, die die Geldbeutel vom Gürtel schneiden.

75,11 *Großmogol:* Großmogul, asiatischer Herrschertitel aus dem Spätmittelalter.

75,12–15 *Ganz ähnlich … zog:* vgl. Offb. 12,9: »Und es ward ausgeworfen der große Drache, die alte Schlange, die da heißt Teufel und Satanas, der die ganze Welt verführt, und ward geworfen auf die Erde, und seine Engel wurden auch dahin geworfen.«; Offb. 12,20: »lebendig wurden diese beiden in den feurigen Pfuhl geworfen, der mit Schwefel brannte.«

75,13 *Rädelsführer:* urspr. Führer einer Abteilung Landsknechte, eines *Rädels,* später dann allg. ›Anführer eines herrenlosen Trupps, Anstifter einer Verschwörung oder eines Aufruhrs‹.

75,16f. *Blut saufst du wie Wasser:* vgl. Ez. 39,17: »Sammelt euch und kommt her […] und fresset Fleisch und saufet Blut.«

75,25f. *hebe dich weg von mir!:* vgl. Mt. 4,10: »Da sprach Jesus zu ihm: Hebe dich weg von mir, Satan!«

75,26 *Picht:* (abgeleitet von *Pech*) Klebt.

75,29f. *Gefäße des Nachtmahls:* Abendmahlskelche.

75,36 *zeitig zur letzten Posaune:* vgl. 1. Kor. 15,51f.: »Wir werden alle verwandelt werden […] zur Zeit der letzten Posaune.«

76,34 *Musketen:* Von lat. *musca* ›Fliege‹ leitet sich im Ital. der Name eines wie mit Fliegen gesprenkelten Sperbers her: *moschetto.* Wegen der Geschwindigkeit dieses Vogels wird daraus im Mlat. das Wort für ›Wurfgeschoss‹, *muschet(t)a,* das Herzog Alba 1567 für die Einführung eines neuen Gewehrtyps verwendet.

77,8–15 *diesen Rubin … Türe stieß:* Beiden hier genannten Personen liegen historische Gestalten zugrunde. Der »Minister« war Graf Montmartin, seit 1758 Ministerpräsident Herzog Karl Eugens; er hatte seinen Vorgänger – »der Fall seines Nachbars war seiner Hoheit Schemel« – durch untergeschobenen Verrat aus dem Wege geräumt, was auch die Vorlage für Präsident von Walters Verbrechen in *Kabale und Liebe,* vor allem I,7, bildet. – Der »Finanzrat« war der Kirchenratsdirektor Lorenz Wittleder, der die teure Hofhaltung des Herzogs durch Ämterschacher in großem Stil mitfinanzierte.

77,13 *Demant:* Diamant.

77,15 *Achat:* Edelstein in verschiedenen, meist blassen Farbtönen; der Name kommt von dem sizilianischen Fluss Achates, weil der Stein dort angeblich zuerst gefunden wurde.

77,18 *Inquisition:* In Deutschland gab es seit der Reformation gar keine Inquisition mehr.

77,22 *O Pharao! Pharao!:* Da der ägyptische Pharao nach 2. Mose 1,22 befiehlt, die neugeborenen Söhne der Juden zu töten, wird er in Klopstocks *Messias* verdammt, XI,879 f.: »Pharao, Pharao, lange sind von deinem Gebein schon / Und von deiner Heere die Schilfgestade nicht weiß mehr!«; XX,432 f. und 436 f.: »Die Erschlagnen all um sich her versammelt / Sah in des Abgrunds Nacht Pharao; […] Denn hinab hast Pharao du zur Hölle, / Ihn und sein Heer, Gott Verderber, gestürzt!«

77,25 *Rotte Korah:* vgl. 4. Mose 16,5: »[Mose] sprach zu Korah und seiner ganzen Rotte.« Korah hatte mit einem Teil der Gemeindemitglieder einen Aufstand gegen Moses geplant, weil dieser sich über die anderen Juden erhebe, wurde aber von Gott durch ein Erdbeben vernichtet und direkt in die Hölle geschickt.

77,27 f. *die hundert Augen des Argus:* Argus ist ein vieläugiger Riese in der griechischen Mythologie; er wurde von Hera als Wächter der Nymphe Io eingesetzt und später von Hermes getötet; sinnbildlich für ›Scharfsichtigkeit‹.

77,30–32 *und bringen … Moloch:* vgl. 3. Mose 18,21: »Du sollst auch nicht eines deiner Kinder dahingeben, dass es dem Moloch verbrannt werde.«

77,34 f. *Peru um goldner Spangen willen entvölkert:* Bei der Eroberung Perus durch Pizarro (1531) trug die Goldgier der Spanier dazu bei, dass die einheimische Bevölkerung furchtbar dezimiert wurde.

77,38 *Ischariot:* Judas, der Jünger, der Jesus für 30 Silberlinge an die jüdischen Behörden verriet.

78,2 *O über euch Pharisäer:* vgl. Jesu Ausfall gegen die Pharisäer, Mt. 23,13 ff.: »Wehe euch Schriftgelehrte und Pharisäer, ihr Heuchler …«

78,13 *das Ungeheur am Nilus:* das Krokodil, das im Volksglauben als falsch galt. Da Karl Moor schon in I,2 (34,33) die Menschen »falsche heuchlerische Krokodilbrut« nennt, könnte auch die Menschheit insgesamt gemeint sein.

78,22 *Verwesern:* Verwaltern.

78,30 *das letzte Andenken:* das Jüngste Gericht.

78,31 *euch verlorne Schafe:* vgl. Mt. 15,24: »Ich bin nicht gesandt denn nur zu den verlorenen Schafen von dem Hause Israel.«

78,34 f. *E. Majestät:* Euer Majestät.

79,12 *Generalpardon:* generelle Begnadigung.

79,29 *Wie heißt der Teufel, der aus ihm spricht?:* vgl. Mk. 5,8–13; dort vertreibt Jesus die Teufel aus einem Besessenen und lässt sie in eine Herde Säue fahren; 5,8 f.: »Denn er sprach zu ihm: Fahre aus, du unsauberer Geist, von dem Menschen! Und er fragte ihn: Wie heißest du?«

79,30 *macht mich wirbeln:* verwirrt mich.

79,32 *durchzureißen:* (schwäb.) die Oberhand gewinnen.

80,16 *wohlkommen:* zugutekommen.

Dritter Akt. Erste Szene

81,4 *Walhallas:* Walhalla: in der nordischen Mythologie eigtl. das Totenreich; später die Halle, wo der Todes- und Siegesgott Odin mit den gefallenen Helden zecht; von daher ›Heldenhalle‹ überhaupt.

82,19 *Fräuleins:* Fräulein: unverheiratete Adlige.

82,29 *Seladon:* Céladon ist der Name des verliebten Schäfers in dem Roman *L'Astrée* (1607–27) von Honoré d'Urfée (1567–1625); daher sprichwörtlich für einen schwärmerischen Liebhaber, vor allem bei Wieland. – Deshalb 82,30 f. »gleich dem schmachtenden Schäfer Arkadiens«. Die südgriechische Landschaft Arkadien ist in der Literatur der Prototyp der naturhaften Idylle.

83,1 *einbildischen:* eingebildeten; im 17. und 18. Jh. übliche Form.

83,4 *Basiliskenanblick:* Der Basilisk, in der Biologie eine Leguanart, ist in der mittelalterlichen Fabelwelt ein Hahn mit Schlangenschwanz, der negative Mächte symbolisiert: Tod, Teufel und Antichrist; sein Blick galt als tödlich.

83,18 *Maulschelle:* Schlag auf den Mund; von *Schelle* ›Glöckchen‹, wegen des schallenden Geräuschs.

84,2 *Fleuch:* Imp. und 2. und 3. Pers. Sg. Präs. von *fliehen* werden bis ins 18. Jh. mit *-eu-* gebildet; vgl. »Kreuch« (118,4) und »zeuch« (146,18.31).

Zweite Szene

85,13 f. *Meine Glieder ... Scherbe:* vgl. Ps. 22,15 f.: »alle meine Gebeine haben sich zertrennt. [...] Meine Kräfte sind vertrocknet wie eine Scherbe, und meine Zunge klebt an meinem Gaumen.« Schon Klopstock hat die Stelle im *Messias* X,704–707 verwendet: »Jedes Gebein ist / Ihm zertrennet, sein Herz in seinem Leibe geschmolzen, / Seine Kraft, wie ein Scherbe, vertrocknet. Am Gaumen klebt ihm / Seine Zunge.«

85,16 *ihr seid alle matt bis in den Tod:* vgl. Ri. 16,16: »Da sie ihn aber drängte mit ihren Worten alle Tage und ihn zerplagte, ward seine Seele matt bis an den Tod.«

85,30 *Mark:* Grenze.

86,7 *Auszug:* Ergebnis der Losziehung.

86,12 *verschwemmt:* versunken, widerstandslos hingegeben; *verschwemmen:* Bewirkungswort zu *verschwimmen.*

So stirbt ein Held!: vgl. Ps. 19,6: »[Die Sonne] geht heraus wie ein Bräutigam aus der Kammer und freut sich, wie ein Held zu laufen den Weg.« Schiller hat das Bild schon als Anfang seines frühen Gedichts »Der Abend« (1776) verwandt: »Die Sonne zeigt, vollendend gleich dem Helden.«

87,19 *Abbadona:* in Klopstocks *Messias* II, V und IX der reumütige gefallene Engel.

87,23–25 *dass ich ein Bettler … Tagelöhner einer:* Schiller benutzt hier Worte, die er am Krankenbett seines Mitеleven Grammont gehört hat; vgl. *Untertänigster Bericht von dem Befinden des Eleven Grammonts am 16. Julii 80:* »Er antwortete: als Taglöhner und Bettler würde er immer vergnügter seyn als hier« (NA XXII,23). Es handelt sich aber ganz offenbar schon bei Grammont um eine Frucht seiner Bibellektüre; vgl. Lk. 15,19: »und bin hinfort nicht wert, dass ich dein Sohn heiße; mache mich zu einem deiner Taglöhner.« Bemerkenswerterweise ist dies wieder eine Stelle aus dem Gleichnis vom verlorenen Sohn.

87,29 *Paroxysmus:* Anfall, höchste Steigerungsstufe einer Krankheit.

87,33 *Elysiumszenen:* vgl. Anm. zu 51,6.

88,1 *Schweizer mit Wasser im Hut:* vgl. Plutarch *Brutus* LI: »Unterdessen nahm einer von der Gesellschaft, der großen Durst hatte und auch Brutus daran leiden sah, einen Helm und lief zu dem Fluss. Da aber an dem anderen Ufer sich ein Geräusch hören ließ, eilte Volumnius, und mit ihm der Schildträger Dardanos, dahin, um nachzusehen. Sie kamen bald wieder zurück und fragten, ob kein Wasser mehr da sei. Brutus lächelte Volumnius freundlich an und sagte: ›Es ist schon ausgetrunken, aber es soll euch anderes geholt werden.‹ Es wurde derselbe noch einmal losgeschickt; aber er kam in Gefahr, von den Feinden gefangengenommen zu werden, und rettete sich, da er verwundet worden war, nur mit Mühe.«

88,8 *rheinländische Schuhe:* Das alte Längenmaß »Schuh« war in den deutschen Herrschaftsbereichen verschieden.

88,35 *Revier:* bei Schiller Fem., weil von frz. *la rivière.*

89,26–28 *den Mann … Karthago:* vgl. Plutarch, *Marius* XL: »Kaum aber war Marius mit einigen Begleitern gelandet, als ein Gerichtsdiener ihm entgegenkam, vor ihn hintrat und sagte: ›Der Prätor Sextilius untersagt dir, Marius, Afrika zu betreten; widrigenfalls werde er dich in Befolgung der Senatsbeschlüsse als einen Feind der Römer behandeln müssen.‹ Bei dieser Anrede wusste Marius vor Betrübnis und Mutlosigkeit nicht, was er sagen solle, und schwieg eine geraume Zeit, wobei er den Diener grimmig anblickte. Dieser fragte endlich, was er dem Prätor sagen solle, und nun antwortete Marius mit einem tiefen Seufzer: ›So melde ihm denn, du habest Gaius Marius als Flüchtling auf den Ruinen von Karthago sitzen sehen‹, womit er treffend das Schicksal dieser Stadt und seinen eigenen Glückswechsel als warnendes Beispiel aufstellte.« Schiller hat die Episode auch in dem Gedicht »Kastraten und Männer«, Str. 13–15, in der *Anthologie auf das Jahr 1782* verwendet. Die Szene taucht in der zeitgenössischen Kunst und Literatur öfter auf, s. etwa das Gemälde »Marius meditiert auf den Trümmern von Karthago« (1807) von John Vanderlyn (1775–1852) oder – parodistisch – in Walter Scotts (1771–1832) Roman *The Antiquary* (1816), Kap. 3: »Inmitten dieser Überreste alter Bücher und Utensilien saß mit der Nachdenklichkeit des Marius auf den Ruinen Karthagos eine große alte Eule.«

90,26 *Reichstaler:* im Joachimstaler (daher der Name) Silberbergwerk seit 1518 geschlagene Münze, die 1566 Reichsmünze wurde und bis 1907 Zahlungsmittel in Deutschland war.

90,31 *Herkules:* Inkarnation der Körperstärke in der griechischen Mythologie; vgl. Anm. zu 21,1; 103,23.

90,32 *den Marschall von Sachsen:* Moritz von Sachsen (1696–1750), berühmter Feldherr in französischen Diensten.

90,33 *Ganges:* Fluss in Nordostindien.

90,34 *Lappereien:* Lappalien.

91,10 *Hofmeister:* Erzieher der Kinder einer wohlhabenden Familie, bei der er lebte; vgl. Jakob Michael Reinhold Lenz' (1751–92) Komödie *Der Hofmeister* (1774).

Robins: Robin Hood, schon früh zur sagenhaften Gestalt gewordener Räuber des englischen Mittelalters. Stubenrauch (NA III,423) schreibt zu dieser Stelle: »Auf Robin Hood wird auch in Shakespeares ›Die beiden Veroneser‹ [...] angespielt [...], gleichfalls in einer Szene, wo ein junger Edelmann (Valentin) sich einer Räuberbande anschließt. Die äußerliche Übereinstimmung ist auffallend genug, um für Kosinskys Erscheinen ein Abhängigkeitsverhältnis zu den ›Veronesern‹ vermuten zu dürfen.«

91,12 *auf die Galeere schmieden:* sprichwörtlich. Die Galeere war ein im Mittelalter gebräuchliches Kriegsschiff, dessen zahlreiche Ruder von Sklaven und Sträflingen, die an den Ruderbänken angeschmiedet waren, bewegt wurden.

91,14 *Kützelt:* im Frühnhd. gängige Form für *kitzelt.*

91,19 *Hochgericht:* Galgen.

91,21 *Manier:* (von frz. *manière*) Art, Weise.

91,22 *anderst:* Auslauterweiterung *-t,* wie öfter im Frühnhd., mundartlich noch heute gebräuchlich.

91,26 *Seneca:* römischer Staatsmann und Philosoph der stoischen Schule (4 v. – 65 n. Chr.). Er predigte Gelassenheit gegenüber dem Tod und beging selbst auf souveräne Weise Selbstmord.

92,28 *schmelzte:* Neben dem intransitiven starken Verb gab es zu Schillers Zeit noch das transitive schwache, das heute ausgestorben ist, obwohl der Unterschied in anderen Verben gewahrt blieb (z. B. *legen/liegen*).

93,19 *Billettchen:* (frz.) kleiner Brief.

93,30 *Jast:* (schwäb.) Hitze, Zorn.

94,5 *Ich ward … peinlich prozessiert:* Mir wurde der Prozess gemacht.

94,6 *infam:* (von lat. *infamis* ›berüchtigt, schändlich‹) ehrlos.

94,7 *Präsent:* (von frz. *présent*) Geschenk.

94,10f. *Despotismus:* (von griech. *despotes,* urspr. ›Hausvater‹) Gewaltherrschaft.

Vierter Akt. Erste Szene

95,19 *Fanger:* Eule, die die Aufgabe hat, Vögel in die Netze und auf die Leimruten zu locken. Wenn Eulen bei Tag auftauchen, ziehen sie als Nachttiere die Tagvögel an und locken sie so in die Netze oder auf den Vogelleim.

95,21 *Arbela:* siegreiche Schlacht Alexanders des Großen gegen die Perser (331 v. Chr.); daher 95,22f. »von welchem du den persischen Satrapen [Statthalter] niederwarfst«.

96,13 *grasser:* Lat. *crassus* ›dick, grob‹ erscheint im 17. Jh. im Dt. als *kraß* und vermischt sich dann mit dem frühnhd. *gräßlich.* Ähnlich 138,34.

Zweite Szene

96,30 *Barbarossa:* Rotbart, Beiname des staufischen Kaisers Friedrich I. (1150–90).

97,29 *Physiognomie:* (von griech. *physis* ›Körper‹ und *gnomē* ›Erkenntnis‹) Gesichtsausdruck.

97,30 f. *der wirkliche Herr:* der augenblickliche Herr, vgl. Anm. zu 12,35.

98,3 *der Sofa:* im 18. Jh. Mask., ebenso 129,24.

98,30 f. *trutz seiner Larve:* ungeachtet seiner Verkleidung.

98,36–99,1 *künstlichsten:* kunstvollsten; beim jungen Schiller öfter in dieser Bedeutung; vgl. etwa *Fiesco* I,8: »Ich dächte doch, das Gewebe eines Meisters sollte künstlicher sein«, und III,10: »Wie künstlich er's anlegte, mich in seinen Willen hineinzulügen!«

99,1 *tölple:* tölpelhaft dazwischentrete; Anspielung auf den griechischen Mathematiker Archimedes und seine geometrischen Figuren, auf die ihm ein römischer Soldat trat, worauf er gesagt haben soll: »Zertritt mir meine Kreise nicht.«

99,2–5 *Bin ich doch … zu gedenken:* vgl. Shakespeares *Macbeth* III,4: »Ich bin einmal so tief in Blut gestiegen, / Daß, wollt' ich nun im Waten stillestehn, / Rückkehr so schwierig wär', als durchzugehn.«

99,3 *Todsünden:* Nach 1. Joh. 5,16 f. werden in der katholischen Lehre lässliche und Todsünden unterschieden. Den klassischen Kanon der Letzteren hat der mittelalterliche Scholastiker Petrus Lombardus (um 1100–1164) aufgestellt: Hochmut, Geiz, Wollust, Zorn, Völlerei, Neid, Herzensträgheit.

99,9 f. *Er versammle … Vaters:* biblisch für ›er sterbe‹; vgl. z. B. 1. Mose 25,8.

100,2 *staket:* stecktet; Vermengung des schwachen Verbs *stecken* mit dem starken *stechen,* die häufig vorkam.

100,8 *Kabalen:* (von hebr. *qabbâlâ* ›Überlieferung‹) Intrigen. Das Wort nimmt im Frz. die negative Bedeutung an, die im 17. Jh. nach Deutschland dringt, obwohl es selbst schon 1581 nachweisbar ist.

100,11 *im Schokolade:* obd. mask. Form; in *Fiesco* II,2 benutzt Schiller dann das heute übliche Fem.

100,11 f. *vergeben:* vergiften.

100,21 *zum Exempel:* (von lat. *exemplum*) zum Beispiel.

102,1 f. *wo der Hunger … abzunagen:* vgl. Jes. 9,20: »Ein jeglicher frißt das Fleisch seines Arms.«

102,2 f. *der brennende Durst … zu saufen:* vgl. 2. Kön. 18,27: »daß sie mit euch ihren eigenen Mist fressen und ihren Harn saufen.«

102,18 *Hellers:* Heller: in Schwäbisch-Hall (daher der Name) seit 1208 geprägter Pfennig, der sich in Süddeutschland bis ins 19. Jh. als Münze von geringem Wert hielt; vgl. das Volkslied »Ein Heller und ein Batzen«.

vervorteilt: übervorteilt.

102,36 *Gehorsam ist besser, denn Opfer:* vgl. 1. Sam. 15,22: »Siehe, Gehorsam ist besser denn Opfer.«

103,6 *was du mir huldigtest:* hier in der ungewöhnlichen Bedeutung ›wozu du dich mit der Huldigung verpflichtetest‹.

103,16 *Märtyrer:* (von griech. *martyr* ›Zeuge‹) verfolgter Christ, der für seinen Glauben starb.

103,20 f. *eine … weiter:* (schwäb.) eine mehr. *Bouteille:* (frz.) Flasche.

103,21 *Kitzel:* hier: sexuelles Begehren.

103,23 *Herkulesarbeit:* sinnbildlich für eine Arbeit, die übermenschliche Anstrengung erfordert. Herkules hatte zwölf solche Arbeiten zu verrichten; hier wohl ironisch gemeint; vgl. Anm. zu 21,1; 103,23.

103,28 *Juliusmittags:* Julimittags (lat. Endung).

103,30 *Küchengrazie:* anmutiges Küchenmädchen.

103,33 f. *einkommen:* einfallen.

104,8 *glatten Leib:* gute Verdauung.

104,18–20 *Der milzsüchtige … foltern:* Franz apostrophiert

das Gewissen als übelgelauntes, gichtiges, moralpredigendes Wesen, das höchstens alte Weiber tugendhaft macht und sterbenden Wucherern einen Schreck einjagt.

104,21 *Audienz:* (von lat. *audire* ›hören‹) offizieller Empfang bei einem Hochgestellten.

Dritte Szene

104,30–33 *lasst mich … ich bitt Euch:* vgl. Goethes *Götz von Berlichingen* I, Herberge im Walde: »BRUDER MARTIN. Lasst mir diese Hand, lasst mich sie küssen. – GÖTZ. Ihr sollt nicht.«

105,18–106,29 *Ei pfui doch … gut werden:* Daniels folgende Erzählungen sind – offenbar in künstlerischer Absicht, um seinen sozial niedrigen Stand anzudeuten – voll von mundartlichen Prägungen aus dem Schwäb. Allerdings stimmt das Lokalkolorit nicht, denn das Moorsche Schloss steht ja in Franken.

105,25 *Kuckuck:* Kuckucksuhr.

105,26 *Grundsboden:* heute *Grund und Boden.*

105,27 *verwettert:* zerschlagen.

105,32 *Öhrn:* (schwäb.) Hausflur.

106,2 f. *Spitziges:* Spitzes.

106,6 *vom Dienst kommen:* die Dienststelle verlieren.

106,12 *am gernsten:* (schwäb.) am liebsten.

106,14 *des alten Herrn seinen Schweißfuchsen:* wohl absichtlich ungebildet klingender doppelter Gen.; *Schweißfuchs:* rotbraunes Pferd mit glänzendem Fell.

106,22 f. *ein Eimer zwanzig:* Eimer: altes Flüssigkeitsmaß in Deutschland, Österreich und der Schweiz höchst verschiedener Größe (zwischen 60 und 300 l); *ein* wird hier umgangssprachlich als unbestimmter Artikel gebraucht, Bedeutung also: 20 Eimer.

106,26 *fürnehm:* nach mhd. *vürnaeme,* veraltet für ›vornehm‹.

106,27 *lucker:* locker; das Wort erscheint in der Schriftsprache erst im 17. Jh., setzt aber ein *-u-* als Stammvokal im Mhd. voraus und war in der von Schiller verwendeten Form gebräuchlich.
106,35 *Abe:* (schwäb.) Hinab.
106,35–37 *fahret ... gesehen:* vgl. Lk. 2,29 f.: »Herr, nun lässest du deinen Diener in Frieden fahren [...], denn meine Augen haben deinen Heiland gesehen.«
107,9 *Jerem:* (von lat. *Jesu, domine* ›o Herr Jesu‹) Klageruf.
107,20 *abkappte:* das Wort abschnitt.
107,31 *hielt Euch tot:* hielt Euch für tot.
109,9 *Presser:* lästiger Mahner, Dränger; eigtl. Eintreiber von Steuern.

Vierte Szene

110,17 f. *das Aug eines Engels versilbert:* das Auge eines engelsgleichen Wesens mit silbernen Tränen füllt.
111,23 f. *die Krone einer Heiligen:* Amalias urprünglicher Wunsch, ins Kloster zu gehen.
112,10 f. *als fern der Mittag von der Mitternacht:* vgl. Ps. 103,12: »So fern der Morgen ist vom Abend, lässt er unsere Übertretung von uns sein.«

Fünfte Szene

112,29–113,31 *Stehlen, morden ... davon:* Das Räuberlied verselbstständigte sich schnell und wurde um 1800 in vielen Varianten zum populärsten Flugblatttext. Vgl. dazu Tarnói, S. 410–430.
113,6 *Mercurius:* römischer Gott des Handels und der Diebe, der griechische Hermes; deshalb kann er das »Praktizieren«, das geschickte Stehlen.
113,9 *masten:* fetten, feisten; sprachlich verwandt mit *mästen.*
113,22 *Mucken:* (schwäb.) Fliegen.

113,25 *wenn mein Stündlein kommen nun:* vgl. Joh. 2,4: »Meine Stunde ist noch nicht gekommen.«

113,27 *So haben wir halt unsern Lohn:* vgl. Mt. 6,2: »Wahrlich, ich sage euch: Sie haben ihren Lohn dahin.«

113,29 f. *heißen Traubensohn:* Branntwein.

113,31 *als flögen wir davon:* vgl. Ps. 90,10: »denn es [unser Leben] fähret schnell dahin, als flögen wir davon.«

114,20 *Independenz:* (von lat. *independere* ›nicht abhängen‹) Unabhängigkeit.

114,21 *deklamieren:* (von lat. *declamare*) Reden halten.

114,22 f. *an der Kunkel hat:* vorhat, plant, auch negativ: im Schilde führt; *Kunkel* ist der Spinnrocken.

115,15 *schnadern:* (schwäb.) vor Angst zittern.

115,21 *Bettel:* besondere Runde bei einem schwäbischen Kartenspiel, das *Band* heißt. Die Räuber vertreiben sich also die Zeit mit Kartenspielen.

115,24 *Racker:* (von niederl. *Rakker*) Henker, Schinder; Schimpfwort.

116,6 *Salvier dich:* (von lat. *salvare* ›erretten‹) Bring dich in Sicherheit.

116,17 *Nemesis:* in der griechischen Mythologie die rächende Gerechtigkeit.

116,18 *Sirenenlied:* der betörende Gesang der Sirenen in Homers *Odyssee* XII; kein Mensch konnte ihm widerstehen.

116,28 *Ordre:* (frz.) Befehl, Auftrag.

117,13–118,26 *Brutus ... gehn:* Dem Zwiegesang liegt eine Szene aus Plutarch und nach ihm Shakespeare zugrunde. In Plutarchs *Brutus* XXXVI erscheint diesem, als er mit seinem Heer nach Griechenland übersetzt, um gegen Antonius und Octavian zu kämpfen, ein Gespenst, das sich als sein »böser Geist« vorstellt und ihm ankündigt: »Bei Philippi wirst du mich wiedersehen.« Tatsächlich erscheint es dort auf dem Schlachtfeld (IIL) schweigend noch einmal. Dass das Gespenst den Unwillen der Götter über die Ermordung Cäsars aus-

Schlussvignette der Erstausgabe
als Illustration zu dem von Karl Moor gesungenen Lied,
dem Dialog zwischen Cäsar und Brutus am Acheron

drückt, erfährt man aus der Cäsar-Biographie (LXIX). – Shakespeare macht daraus in *Julius Cäsar* IV,3 die nächtliche Erscheinung von Cäsars Geist vor der Schlacht bei Philippi. – Bei Schiller wird aus der Szene eine Begegnung der Schatten von Cäsar und Brutus. In der Erstausgabe bildete die Episode das Thema der Schlussvignette: Brutus steigt zu Cäsar und Charon in den Nachen, um über den Acheron gerudert zu werden.

117,15 *den letzten aller Römer:* In Plutarchs *Brutus* nennt dieser Cassius nach dessen Tod »den letzten Römer« (XLIV); Shakespeare übernimmt die Bemerkung in *Julius Cäsar* V,3.

117,20 *des Todes Toren:* vgl. Hiob 38,17: »Haben sich dir des Todes Tore je aufgetan.«

117,25 *lügten:* Die schwache Beugung ist nach Grimms *Wörterbuch* auch im 18. Jh. ungewöhnlich.

117,27 *Tibersohn:* geborener Römer.

117,28 *Siebenhügelstadt:* Rom ist auf sieben Hügeln erbaut.

117,34 *Orkus Schlunde: Orkus* ist der Name des Totenreiches in der römischen Mythologie, der griechische Hades. Seine Eingänge stellte man sich gern als Strudel im Wasser vor.

118,1 *eisernem Altare:* Schlachtfeld.

118,4 *Minos:* einer der drei Richter, die im Totenreich die eintreffenden Schatten richten; an Minos wurden dabei die schwierigsten Fälle verwiesen.

118,7 *Auch du – Brutus:* angeblicher Ausruf Cäsars bei seiner Ermordung (Brutus war möglicherweise sein Sohn); vgl. Shakespeares *Julius Cäsar* III,1.

118,12 *zu jenen Pforten:* der Unterwelt.

118,17 *Schwarzer Schiffer:* Charon, der die Toten über den Acheron rudert.

118,28 *Wer mir Bürge wäre:* vgl. Leisewitz, *Julius von Tarent* V,7. Dort drückt Julius seine Selbstmordgedanken ebenfalls in einem Monolog aus und fragt: »Aber wer wäre mir Bürge?« Das eigentliche Vorbild beider Autoren ist der Hamlet-Monolog »Sein oder Nichtsein ...« aus Shakespeares *Hamlet* III,1.

118,30 *Odemzug:* Odem: Nebenform für *Atem,* vor allem von Luther gebraucht und durch die Bibelsprache auch später als poetischer Ausdruck lebendig erhalten.

119,15–17 *Warum ... bratet?:* Perillus goss für den Tyrannen Phalaris von Agrigent aus Erz einen Ochsen, der hohl war und zum lebendigen Verbrennen von Verbrechern dienen sollte. Angeblich hat Phalaris nach der Fertigstellung Perillus befohlen, ihn selbst auszuprobieren.

119,23 f. *erschlappt:* Das nd. *schlapp* dringt erst im 18. Jh.

ins Hochdt. ein und wird später lautlich angeglichen zu *erschlafft.*

119,25 *Phantasei:* frühnhd. Diphthongierung des mhd. *phantasi, phantasîe.*

119,28 *willt:* Die Form wahrt den mhd. Lautstand und ist bis ins 19. Jh. gebräuchlich.

120,15–121,4 HERMANN. *Horch! ... Sohn:* Die folgende kurze Szene zwischen Hermann und dem alten Moor taucht Schiller durch ständige Bibelanklänge ganz in eine sakrale Atmosphäre.

120,17 *in dieser Wilde:* (obd.) in dieser Wildnis.

120,19 *Deine Mahlzeit ist bereitet:* vgl. Mt. 22,4: »Saget den Gästen: Siehe, meine Mahlzeit habe ich bereitet.«

120,21 *Schloss:* Der Hungerturm wurde durch Gerstenbergs *Ugolino* (Reclams UB Nr. 141), wo er fünf Akte lang die Szene bildet und der Zuschauer das Verhungern der Opfer miterlebt, zum literarischen Motiv. Vorbild für Schiller war aber wohl auch Plutarchs *Crassus* IV: Der junge Crassus entzieht sich der Verfolgung durch Marius und Cinna durch die Flucht nach Spanien, wo er acht Monate lang in einer Höhle am Meer lebt und von dem Hausverwalter eines Freundes von dessen Landhaus aus ernährt wird.

120,22 *Hermann mein Rabe:* vgl. 1. Kön. 17,4–6: »und ich habe den Raben geboten, dass sie dich [den Propheten Elias] daselbst sollen versorgen. Er aber ging hin und tat nach dem Wort des Herrn. [...] Und die Raben brachten ihm Brot und Fleisch des Morgens und Abends.«

120,25 *dir schmeckt?:* ergänze: *es.*

120,27f. *Und wie geht's meinem lieben Kind:* vgl. 2. Sam. 18,32: »Der König aber sprach zu Chusi: Geht es dem Knaben Absalom auch wohl?«

121,35f. *Das ist meines Vaters Stimme!:* die folgende Szene nach Shakespeares *Hamlet* I,1, wo Hamlet der Geist seines Vaters erscheint. – Es gehört übrigens zu den Merkwürdigkeiten der *Räuber,* dass Karl seinen Vater bloß an der Stimme erkennt, während Amalia Karl trotz seinem direkten Auftreten für einen Fremden hält.

123,8 *unmächtig:* ohnmächtig; so auch 128,36; 129,7; »Unmacht« 124,27.

123,22 *beschwur:* Das mhd. Prät. *swuor* wird im Nhd. zu *schwor* und *schwur,* die lange nebeneinander bestehen.

124,24 *Kannibale:* Menschenfresser; das Wort wurde von Columbus als Name eines puertoricanischen Eingeborenenstammes nach Europa gebracht.

124,25 *Äonen:* (griech., Pl.) Zeitalter, Ewigkeit.

125,15 *Belialsstreich: Belial* ist ein hebräischer Name für den Teufel.

125,19 *sturben:* Die Pluralformen des Prät., die im Mhd. *-u-* hatten, wandelten erst im 18. Jh. ihren Vokal zu *-a-*.

125,35 *einsmals:* ältere Form, die dem mhd. *eines mâles* noch näher steht.

126,11 *Gebeut:* Das mhd. Präs. Sg. *gebiut* wandelt sich im Frühnhd. zu der von Schiller verwendeten Form, die aber im 18. Jh. verschwindet.

126,12 *schlagen:* biblischer Terminus (vgl. 2. Mose 12,29; 2. Sam. 24,17 u. ö.), den auch Klopstock in *Messias* VI,304 wieder aufnimmt: »Soll ich ihn jetzt, Allmächtiger, schlagen?«

126,15–18 *zerr ihn … Knien liegt:* vgl. Shakespeares *Hamlet* III,3: »Wenn er berauscht ist, schlafend, in der Wut, / In seines Betts blutschänderischen Freuden, / Beim Doppeln, Fluchen oder anderm Tun, / […] / Dann stoß ihn nieder.«

126,30 *Würgengel: würgen* für ›töten‹ ist biblischer Terminus (vgl. etwa Jer. 2,21: »Du hast gewürgt am Tage deines Zorns«), ebenso *Würgeschwert* (vgl. Ez. 21,19: »Denn das Schwert wird zweifach, ja dreifach kommen, ein Würgeschwert, ein Schwert großer Schlacht«). Unmittelbares Vorbild für Schiller war möglicherweise Klinger, *Die Zwillinge* III,1: »Blutig schwingt der Todesengel das würgende Schwert über mich.«

Fünfter Akt. Erste Szene

127,5f. *Guts und Liebs:* Gutes und Liebes; mundartlicher Ausfall des *-e-*.

127,6 *der Herr seliger:* der selige (d. h. verstorbene) Herr, also der alte Moor, den Daniel für tot hält. Die starke Flexion des nachgestellten Adj. kommt im Mhd. öfter vor, ist aber hier schon zur sprachlichen Formel erstarrt.

127,9 *Port:* (von lat. *portus*) Hafen.

127,14 *Elieser:* Daniel vergleicht sich mit dem alten, treuen Diener Abrahams (vgl. 1. Mose 15,2).

127,16 *meine Seele ist gerettet:* vgl. Ez. 3,19: »aber du hast deine Seele errettet.«

128,20 *ledig:* seit dem 19. Jh. *lediglich.*

128,25f. *zur Ader lassen:* Der Aderlass (Abzapfen von Blut) wurde bei vielen Krankheiten angewendet.

128,30f. *Lebensbalsam:* Linderung, Labsal; von der wohlriechenden Balsamstaude; vgl. Anm. zu 40,3f.

129,5 *Träume kommen ja aus dem Bauch:* Dieser physiologischen Deutung setzt Daniel wenig später (131,21) die religiöse, aus der Bibel stammende (1. Mose 20,3 u. ö.) entgegen: »Träume kommen von Gott.« Dies ist ein Beispiel, wie die Fassung der Mannheimer Uraufführung, die weitgehend gegen Schillers Widerstand hergestellt wurde, es an Textverständnis fehlen ließ. Sie lässt Franz nur sagen: »Träume bedeuten nichts«, und zerstört damit die Entgegensetzung.

129,9 *Urkund:* schwäb. auch für ›Lebenszeichen‹.

129,10 *nimmt:* der von Schiller verwendete Imp. Pl. ist lexikalisch nicht nachweisbar. Er ist offenbar nach dem Vorgang anderer Verben in Analogie zum Imp. Sg. *nimm* gebildet.

129,30–131,18 *Siehe mir dauchte … bist verworfen!: dauchte:* Nebenform zu *deuchte, dünkte.* – Stubenrauch (NA III,434) schreibt zu Franz Moors Traumerzählung:

»Die Einleitung zum Traumbericht ist biblische Form, z. B. Richter 7,13: ›Siehe, mir hat geträumet, mich däuchte [...]‹ Die Traumsituation als solche ist 1. Buch Samuel 25,36 nachgebildet: ›Siehe, da hatte er ein Mahl zubereitet in seinem Hause, wie eines Königs Mahl, und sein Herz war guter Dinge bei ihm selbst, und er war sehr trunken.‹ Der Trauminhalt ist eine geniale Kompilation von Bibelstellen, die teils wörtlich übernommen sind, teils entsprechenden Versen aus Klopstocks ›Messias‹ folgen. Insbesondere sind benutzt: Micha 1,4; 2. Epist. Petri 3,12; Offenb. Joh. 8,2,15,7 und 20,13; Hesekiel 37,7–10; 2. Buch Moses 19,16–18; Daniel 5,27. Die Anklänge an ›Messias‹ beziehen sich auf IV,64 f., V,351 f., VII,601 f., XI,1121 f. und XIII,187 f.«
Zu ergänzen als Quelle wäre: Shakespeare, *Richard III.* I,4: Höllentraum des Herzogs von Clarence im Tower.

130,6 *begonn:* Nebenform des 18. Jh.s; so auch 131,2.

130,11 *Sina:* der Berg Sinai, auf dem Moses wiederholt mit Gott sprach.

130,16 *Gezeuge:* Nebenform von *Zeug*, die erst im Nhd. ausstirbt; das Mhd. hat nebeneinander *ziuc* und *geziuc*.

131,8 *Blut der Versöhnung:* Das Blut Christi, der mit seinem Kreuzestod nach christlicher Vorstellung die Sünden der Welt auf sich genommen hat. Dass nicht einmal er die Untaten Franz' gegen seinen Vater aufwiegen kann, zeigt ihre Ungeheuerlichkeit.

132,2 *taub:* in der alten Bedeutung: leer.

132,24 *dermaleins:* von Schiller noch verwendet für das seit dem 17. Jh. gebräuchliche *dermaleinst*.

132,27 *Götzen:* falscher Gott in der Sprache des Alten Testaments. Franz lästert mit dem Namen »Götzen des Pöbels« den christlichen Gott.

133,18 f. *Sprung des Geblüts:* Pulsieren des Blutes.

133,28 *schleifen:* dem Erdboden gleichmachen; hier speziellere Bedeutung (*eine Festung schleifen*) von ›auf dem Boden gleiten‹.

Venus: Offenbar steht in dem Zimmer eine Statue der Venus, der römischen Göttin der Liebe.

133,29 *Symmetrie:* (griech.) Ebenmaß.

133,36 *annoch:* Kanzleisprache: bis dahin.

134,16 *Richard und Nero:* Richard III. von England (1483–1485), den Shakespeare zu einer Inkarnation des Bösen stilisiert hat, und der römische Kaiser Nero (54–68 n. Chr.), von dem Tacitus ein Bild völliger Korruptheit entwirft.

134,19 *ein innerer Tribunal:* (sonst Neutr.) Gerichtshof.

134,19f. *skeptische:* (von griech. *skepsis* ›Untersuchung‹) misstrauische, zweiflerische.

134,37–135,1 *Peru … Pizarro:* vgl. Anm. zu 77,34f.

135,8 *fodern:* fordern; die Form ohne *-r-* trat schon im Mhd. auf und verbreitete sich von Mitteldeutschland aus so stark, dass sie im 18. Jh. die vorherrschende war.

135,12 *schwarzlebrigen Grillen: schwarzlebrig* ist eine falsche Übersetzung des griech. *melancholisch* ›schwarzgallig‹; *Grille:* vgl. Anm. zu 65,29.

135,18 *endlicher:* seit dem 18. Jh. zunächst in mathematisch-philosophischer Sprache ›räumlich oder zeitlich begrenzt‹, im Gegensatz zu dem häufigeren *unendlich.*

136,33f. *in Harnisch jagen:* (üblicher: *in Harnisch bringen*) erzürnen, eigtl. ›in Kriegsbereitschaft setzen‹; *Harnisch:* Brustpanzer, Rüstung.

137,6 *Staig:* Fem. (im Unterschied zu: *der Steig*); schwäb. für ›ansteigende Fahrstraße‹.

137,16f. *über alle Häuser hinausgeworfen:* schwäb. Redensart: abgeleugnet, verworfen.

137,17 *Postill:* (von lat. *post illa [textus verba]* ›nach jenen [Worten des Textes]‹) Seit 1522 nachweisbar, bezeichnet das Wort die abschnittweise Auslegung eines biblischen Textes, der vorangestellt war (daher der Name).

137,18 *ob:* Nur der deutsche Südwesten benutzte zu Schillers Zeit noch gelegentlich das ältere *ob* für *über.*

137,31 *Hochzeiter:* (obd.) Bräutigam.

137,33 *ins T–ls Namen!:* in des Teufels Namen; man scheute sich, den Namen des Teufels auszusprechen, um diesen nicht herbeizurufen.

138,11f. *Postier dich ums Schloss:* Stelle Posten ums Schloss.

138,22 *Ich kann nicht beten:* vgl. den Monolog des Königs in Shakespeares *Hamlet* III,3.

138,28–30 *Hier nimm … Spott aus mir:* vgl. 1. Sam. 31,4: »Da sprach Saul zu seinem Waffenträger: Zieh dein Schwert aus und erstich mich damit, dass nicht diese Unbeschnittenen kommen und mich erstechen und treiben ihren Spott mit mir. Aber sein Waffenträger wollte nicht, denn er fürchtete sich sehr.« Ähnlich die Szene in Plutarchs *Brutus* LII, als dieser Selbstmord begeht.

139,10f. *Zündet:* (schwäb.) Leuchtet.

139,12 *Er hat das Prävenire gespielt:* (von lat. *praevenire* ›zuvorkommen‹) Er ist uns zuvorgekommen.

139,14–20 *Tot! was? … nicht wieder:* In Leisewitz' *Julius von Tarent* IV,6 ruft Aspermonte ins Ohr des eben gestorbenen Julius den Namen seiner Geliebten und sagt: »Da er das nicht hört, wird er nie wieder hören.« Dann reitet er »nach Ungarn in die Säbel der Ungläubigen«. – Ähnliche Szenen gibt es auch in Klingers *Sturm und Drang* (1776) IV,3 und in Shakespeares *Heinrich VI.* 3,II,2.

Zweite Szene

140,23–25 *Ich hab … nennst:* aus dem Gleichnis vom verlorenen Sohn, Lk. 15,21, aber dort spricht der Sohn den Satz, nicht der Vater.

141,8 *im engen Hause:* im Grab; Schiller verwendet die Metapher auch zweimal in dem Gedicht »Elegie auf den Tod eines Jünglings« (Str. 4 und 5) in der *Anthologie auf Jahr 1782,* sie erscheint aber schon in Goethes *Werther,* 2. Buch, Colmas Gesang aus dem Ossian.

141,8f. *den eisernen Schlaf:* Metapher aus Klopstocks *Messias* VI,288 und XVII,371.

142,7–9 *Wie köstlich … Berge Zion:* vgl. Ps. 133,1 und 3: »Siehe, wie fein und lieblich ist's, dass Brüder einträchtig beieinander wohnen! […] wie der Tau, der vom Hermon herabfällt auf die Berge Zions.«

143,7 *superber:* (von lat. *superbus*) prachtvoll, herausragend.

143,27 *Entlastet mich dieser:* Entlastet mich von dieser.

144,17 *der Kreißenden Stühlen:* Gebärstühlen.

144,31 *Anstoß:* (schwäb.) Anfall, Anfechtung.

144,37–145,1 *ich poche dem Tyrannen Verhängnis:* Die Konstruktion lässt schlecht erkennen, dass das Verhängnis als Tyrann apostrophiert wird, und ist schon früh missverstanden worden: Viele *Räuber-Ausgaben* schreiben »Tyrannenverhängnis«. Der Satz soll heißen: Ich fordere das Verhängnis, diesen Tyrannen, heraus.

145,13 *die Kinder des Lichts:* biblischer Terminus (Eph. 5,9; 1. Thess. 5,5 u. ö.), den Klopstock im *Messias* wieder aufnimmt (II,766).

145,25f. *in die Schanze schlugen:* aufs Spiel setzten. Mhd. *schanze* ist um 1200 von afrz. *cheance* ›Glückswurf, Spiel, Einsatz, Wechselfall‹ entlehnt worden. Seit dem 16. Jh. ist die Redewendung geläufig.

146,2f. *wenn der Erzengel … sollte:* vgl. Offb. 12,7: »Und es erhob sich ein Streit im Himmel: Michael und seine Engel stritten mit dem Drachen.«

146,27 *überdulden:* Vermengung von *überstehen* und *erdulden.*

147,7 *so lehre mich Dido sterben:* vgl. Vergils *Aeneis* IV,642ff.: Dido, die Königin von Karthago, erdolcht sich, als Aeneas, den sie liebt, sie auf Jupiters Befehl verlässt.

147,34 *Schergen:* Gerichtsdiener, Büttel; verächtlich für ›Vollstrecker der Befehle eines Machthabers‹.

147,35 *Nun:* Als Substantivierung von *nun, nu* erscheint

im 17. Jh. nebeneinander *Nun* und *Nu,* später stirbt Ersteres aus.

148,2 f. *Gehet hin zur Rechten und Linken:* vgl. 1. Mose 13,9: »Willst du zur Rechten, so will ich zur Linken.«

148,18 f. *Dein … ist die Rache:* vgl. 5. Mose 32,35.

148,32 *Äquivalent:* (von lat. *aequus* ›gleich‹ und *valere* ›gelten, bedeuten‹) Gegenwert.

148,33 *Harmonie der Welt:* Harmonie (griech.): das Zusammenspiel der Teile zu einem schönen Ganzen. Der griechische Philosoph Pythagoras (um 582 – nach 507 v. Chr.) nahm an, dass die Weltkörper in sphärischer Harmonie um ein zentrales Feuer kreisten und dabei eine für Menschen unhörbare, überaus melodische Musik hervorbrächten.

149,9 *im Rat der himmlischen Wächter:* vgl. Dan. 4,14: »Solches ist im Rat der Wächter beschlossen.«; danach auch Klopstock, *Messias* VI,244.

149,13–19 *Man könnte mich … geholfen werden:* Karls Einlenken in die Welt des Gesetzes, von Schiller selbst in seiner Vorrede als Sieg der Tugend bezeichnet (vgl. UB 15, S. 7), ist inzwischen auch weniger ausschließlich als Umkehr interpretiert worden. Mattenklott plädiert dafür, die Widersprüche des Stücks zwischen Ideal und Verbrechen, »Empörung und Subordination, Revolte und Gesetzesmoral« (S. 177) unaufgelöst stehen zu lassen. »Nicht tilgbar sind vor allem auch die großen Gesten der Revolte, Gebärden des Aufruhrs. Sie erinnern an die Möglichkeit von Freiheit.« (S. 173) Ähnlich Sautermeister (1991, S. 322): »Beide Pole seiner [Karls] Outsider-Existenz, das Es mit seinen destruktiven Wünschen und das moralische Über-Ich mit seinen Skrupeln und Verboten, tragen einen unschlichtbaren Streit aus.«

149,16 *lebendige:* lebende.

II. Die verschiedenen Fassungen der *Räuber*

1. Das ›Schauspiel‹

Schiller veröffentlichte sein Erstlingsstück 1781 anonym, auf eigene Kosten, die ihn als Schulden länger belasteten, und mit dem fingierten Druckort »Frankfurt und Leipzig« unter dem Titel *Die Räuber, Ein Schauspiel* bei Metzler in Stuttgart. Nach dieser Charakterisierung des Dramas durch Schiller selbst wird die Erstausgabe ›Schauspiel‹ genannt. Da sie die dramatischen Intentionen des Verfassers unabhängig von theater- und publikationspolitischen Rücksichten verwirklicht, gilt sie heute als Standardtext des Stückes. Eine »zwote verbesserte Auflage« von ihr, für die Schiller ein kurzes Vorwort schrieb (s. Kap. V,2) und die die berühmte Löwenvignette mit den Worten »in Tirannos« (gegen die Tyrannen) trägt, erschien Anfang 1782 »bei Tobias Löffler« in Mannheim, allerdings wieder mit dem fingierten Druckort »Frankfurt und Leipzig«. Sie weicht von der Erstausgabe textlich kaum ab. Im *Zustand der Wissenschaften und Künste in Schwaben* wurde im September 1782 eine kurze Anzeige abgedruckt, in der die Ausgabe als fehlerhaft angegriffen wird. Diese negative Ankündigung stammt, wenn nicht von Schiller selbst, wahrscheinlich aus seinem Freundeskreis und gibt seine ablehnende Haltung gegenüber der Zweitpublikation wieder. Vgl. zur verlegerischen Geschichte der Erstausgabe der *Räuber* Reinhard Wittmann, *Ein Verlag und seine Geschichte. Dreihundert Jahre J. B. Metzler in Stuttgart*, Stuttgart 1982, S. 300–309.

2. Der unterdrückte Bogen B

Während die Erstausgabe sich im Druck befand, zog Schiller den gesamten zweiten schon ausgedruckten Bogen zurück und gestaltete den Text, Teile der Szenen I,1 und I,2, weitgehend neu. Gegenüber dem ›Schauspiel‹ stellt dieser sogenannte ›unterdrückte Bogen B‹ also eine frühere Gestaltungsstufe dar. Es scheinen vorwiegend künstlerische Erwägungen gewesen zu sein, die Schiller zu der textlichen Änderung bewogen haben. Dem Text des ›unterdrückten Bogens B‹ entsprechen die Seiten 18,26 bis 27,23. Da nur der erste Teil des Bogens auffällig von der Version der Erstausgabe abweicht, werden für den zweiten Teil nur die Varianten ihr gegenüber vermerkt. Statt S. 18,26 bis 22,25 lautete der Text ursprünglich:

»Oder stikt es vielleicht im Resultat dieses Aktus, das doch nichts ist als blinde Folge, eiserne Nothwendigkeit, die man oft so gern wegwünschte, wenn es nicht auf Unkosten von Fleisch und Blut geschehen müßte? Soll ich ihm vielleicht darum gute Worte geben, daß er mich ernährte? Das thut auch jedes Thier – daß er mich erzog? Das ist er als ein Weltbürger verbunden! – Daß er mich liebt? Das ist eine Eitelkeit von ihm, die Schooß-Sünde aller Künstler, die sich in ihrem Werke bewundern, war es auch noch so häßlich – Sehet also, das ist die ganze Hexerey, die ihr in einen religiösen Nebel hüllet, unsere Furchtsamkeit zu mißbrauchen. Soll auch ich mich dardurch ins Bockshorn jagen lassen? – Seichte Träumer mögen sich an der Schaale mästen, mögen in den Vorhöfen der Wahrheit niedersitzen, höhere Geister dringen auf den Kern und die Quelle.
Nun also, mutig ans Werk. Ich will alles um mich her ausrotten, was mich einschränkt, daß ich nicht Herr bin. Herr muß ich seyn, daß ich das mit Gewalt ertrotze, wozu mir Liebenswürdigkeit gebricht. *Ab ins Nebenzimmer.*

Die

Räuber.

Ein Schauspiel

von fünf Akten,

herausgegeben

von

Friderich Schiller.

Zwote verbesserte Auflage.

Frankfurt und Leipzig.

bei Tobias Löffler.

1782.

Titelblatt der zweiten Auflage mit Löwenvignette und »In Tirannos«-Motto

ZWEYTE SCENE.

An den Gränzen von Sachsen.
Schenke.

Karl Moor. Spiegelberg am Tisch.

SPIEGELBERG *setzt sich.* Daß dich die Pest! – Aber ich muß Geld haben, und die Uhr ist doch nur gestolen. Gott weiß wie mirs seyn wird, wenn ich wieder zu ein paar Kreuzer sagen kann: ihr seyd mein! – wir wollens uns wol seyn lassen Moor! So sieh doch nicht so sauer drein, wie der alte Urehni Tobias, als er sich den Schwalbenmist aus den Augen rieb. Wir wollens uns schmecken lassen auf die Uhr. Frisch Mutter – zwey Bouteillen Ungrischen! – So sey doch lustig Moor. Itzt hast du ja Geld im Sack, und sind wir ja Herren. – Auch Schinken dazu Mutter. – Und laß dir nicht bang seyn Bruder; Laß dir keine graue Haare drum wachsen Bruder! Gibt ja noch Narren genug in der Welt, denen man um ihr Geld ihren Steckengaul sattlen kann – sag doch einmal was das für Schmiererey ist? – Glaub, es soll den verlorenen Sohn vorstellen.

MOOR. Ich habs schon lang drum betrachtet, wenigstens die Schweine würd ich nicht hüten, auch keine Träber fressen.

SPIEGELBERG. Mordbleu! ich auch nicht. Lieber stehlen!

MOOR *mit den Füßen stampfend.* Ueber die verfluchte Ungleichheit in der Welt! Das Geld verrostet in den Kisten ausgedörrter Pickelhäringe und Mangel muß Bley an die kühnsten Begierden des Jünglings legen. Kerls, die zehnmal krepiren, eh sie ihre Thaler auszählen, trippelten mir das Haus ab, ein paar elende Schulden einzutreiben – so warm ich ihnen die Hand drückte – Nur noch einen Tag – Umsonst – Bitten! Schwüre! Tränen – prallten ab von ihrer bockledernen Seele!

SPIEGELBERG *trinkt.* Was sagst du Moor? Du hast ganz

recht. Um so ein paar tausend lausige Dukaten *trinkt.* Das heiß ich einen Bettelbuben in die Hölle geworfen.

MOOR. Warum sind Despoten da? Warum sollen sich tausende, und wieder tausende unter die Laune Eines Magens krümmen, und von seinen Blähungen abhängen? – Das Gesetz bringt es so mit sich – Fluch über das Gesetz, das zum Schneckengang verderbt was Adlerflug worden wäre! Das Gesetz hat noch keinen großen Mann gebildet, aber die Freiheit springt über die Pallisaden des Herkommens, und brütet Kolosse und Extremitäten aus. – Ich weis nicht Moriz ob du den Milton gelesen hast – Jener der es nicht dulden konnte daß einer über ihm war, und sich anmaßte den Allmächtigen vor seine Klinge zu fordern, war er nicht ein ausserordentliches Genie? – Er hatte den Unüberwundenen angegriffen, und ob er schon erlag, so hatte er doch seine ganze Kraft erschöpft, und ward doch nicht gedemüthiget, und macht immer neue Versuche bis auf diesen Tag, und alle seine Streiche fallen auf seinen eigenen Kopf zurück, und wird doch nicht gedemüthigt. Dieser ists über den unsere Waschweiber das Kreutz machen –

SPIEGELBERG. Scheußlich anzuschauen vor unsern Kirchthüren mit einem lästerlichen Schwanz, und Bocksfüßen, und einem Horn auf der Glaze.

MOOR. Ein weiterer Kopf, der gemeine Pflichten überspringt um höhere zu erreichen soll ewig unglücklich seyn, wenn die Kanaille die ihren Freund verrieth, und vor dem Feinde floh, auf einem wol angebrachten Seufzer gen Himmel reutet. Wer möchte nicht lieber im Backofen Belials[1] braten mit Borgia[2] und Katilina als mit jedem Alltags-Esel dort droben zu Tische sitzen?

1 Von hebr. *belijaal* ›Bosheit‹, in späteren jüdischen und frühen christlichen Texten Satan als Verderber des Menschen.

2 Cesare Borgia (1475–1507), Sohn Papst Alexanders VI., Inbegriff des skrupellosen Renaissancefürsten, der jede Moral seinen politischen Zwecken unterordnet.

SPIEGELBERG. Geh mir mit dem Schlaraffen Leben – dank du Gott daß der alte Adam den Apfel angebissen hat, sonst wären wir mit sammt unsern Talenten und Geisteskraft auf den Polstern des Müssiggangs vermodert.

MOOR *lacht.* Gelt Moriz das Schäferleben hätte dir nicht behagt – O ich sage dir, wüßt ich nur der Geist Herrmanns wäre nicht ganz ausgestorben in uns! – Stelle mich vor ein Heer Kerls wie ich, und aus Deutschland soll eine Republik werden, gegen die Rom und Athen Nonnenklöster seyn sollen – es ist nichts so unmöglich, das ein Mann nicht zu Stand bringen kann.

SPIEGELBERG *aufspringend.* Bravo! Bravissimo! Du bringst mich eben recht auf das Chapitre. Ich will dir was sagen Moor, das schon lang mit mir umgeht, und du bist der Mann, dem ich das sagen kann – Sauf Bruder sauf – was meinst du, wenn wir uns beschneiden ließen, Juden würden, und das Königreich wieder aufs Tapet brächten?

MOOR. Hahaha! Nun merk ich, warum du schon gegen Dreyviertel Jahr eine hebräische Grammatik herumschleifst.

SPIEGELBERG. S–ßkerl! Just deswegen. Aber sag, ist das nicht ein schlauer und herzhafter Plan? Wir wollen sie im Thal Josaphat[3] wieder versammeln, die Türken aus Asien scheuchen, und Jerusalem wieder aufbauen. Alle alten Gebräuche müssen wieder aus dem Holzbügel[4] hervor. Die Bundslade wird wieder zusammengeleimt. Brandopfer die schwere Meng. Das neue Testament wird hinausvotirt. Auf den Messias wird noch gewartet, oder du, oder ich, oder einer von beyden – –

MOOR. Hahaha!

SPIEGELBERG. Nein! lach nicht. Es ist hol mich der Teufel mein Ernst. Wir sezen dir eine Taxe aufs Schweine-

3 (Hebr.) ›Gott richtet‹. Tal östl. von Jerusalem, wo nach jüdisch-christlicher Lehre das Weltgericht stattfindet.

4 (Schwäb.) Küchenplatz zum Aufbewahren des Feuerholzes.

fleisch, daß fressen kann, wer zahlt, und das muß horrend Geld abwerfen. Mittlerweile lassen wir uns Zedern hauen aus dem Libanon, bauen Schiffe, und schachern mit alten Borden und Schnallen, das ganze Volk.

MOOR. Saubere Nation! Sauberer König!

SPIEGELBERG. Drauf kriegen wir dir die benachbarten Ortschafften, Amoriter, Schwerdstreich, unter den Pantoffel. Dann, must du wissen, wir sind mächtig im Feld, und der Würgengel reutet vor uns Moabiter, Russen, Türken und Jethiter,[5] ohne her, und mäht sie dir nieder wie Spizgras. – Und haben wir erst um uns herum Feyerabend gemacht, so kommen wir uns selbst zwischen Jerusalem und Samaria in die Haare – du, König Moor von Israel, ich, König Spiegelberg von Juda und zausen einander wacker herum im Wald Ephraim, und wer Sieger ist geht her, läßt die Dächer abdecken und beschläft die Kebsweiber des andern, daß da zugaffen alle zwölf Stämme Israel.

MOOR *nimmt ihn lächelnd bey der Hand.* Bruder, mit unsern Donquixotereien ists nun am Ende. Ich bin lang genug herumgeschwärmt, wie ein Spring ins Feld, von nun an wirds nach einer andern Melodie gehen.

SPIEGELBERG. Wie zum Teufel! – du wirst doch nicht gar den verlornen Sohn spielen wollen? ›Ich habe gesündigt im Himmel und vor dir – bin nicht werth‹ – Pfuy! Schäme dich! – das Unglück muß einen großen Mann nicht zur Memme machen.

MOOR. Ich will ihn spielen Moriz, und ich schäme mich nicht. Nenn es Schwäche daß ich meinen Vater ehre – es ist die Schwäche eines Menschen, und wer sie nicht hat, muß entweder ein Gott oder – ein Vieh seyn. Laß mich immer mitten inne bleiben.

SPIEGELBERG. Geh, geh. Du bist nicht mehr Moor.«

5 *Amoriter, Moabiter, Jethiter:* semitische Stämme der alttestamentarischen Zeit, die von den Juden zu verschiedenen Zeiten unterworfen wurden.

S. 23,25; nach *Not.* zusätzlich:

»Siehst du der Hund und ich hatten doppelte Kräffte, wie's galt – Und meynst du, ich hätt nachher wieder über den Graben können? Hundertmal hab ichs probirt und hundertmal bin ich abgeprellt.«

Statt S. 24,6 bis 24,32 folgende Version:

»MOOR *bitter.* Brav Moriz – und wo hast du dergleichen feine Künste gelernt?

SPIEGELBERG. Eben da wo du das Sauffen und Rauffen und Spielen und Kindermachen gelernt hast. Guter Mensch, das lernt sich von selbst. Und wem's hiezu an Kopf mangelt, der soll sich die Lust vergehen lassen ein Spizbub zu seyn. Es sollte mir leyd thun, wenns damit alle wäre.

MOOR *zerstreut.* Wie? Du hast es wol gar noch weiter gebracht?

SPIEGELBERG. Ich glaube gar, du setzest ein Mißtrauen in mich. Wart, laß mich erst warm werden; du sollst Wunder sehen, dein Gehirnchen soll sich im Schädel umdrehen, wenn mein kreisender Witz in die Wochen kommt, *auf den Tisch schlagend.* Aut Caesar, aut nihil![6] Du sollst eifersüchtig über mich werden.

MOOR. Moriz! Wie wird dirs? Moriz!

SPIEGELBERG *steht auf, hitzig.* Ja! Eifersüchtig – gifftig sollst du, sollt ihr alle über mich werden. Ich will Pfiffe ausspinnen, darüber euch der Verstand still stehen soll. – Wie es sich aufhellt in mir! Große Gedanken dämmern auf in meiner Seele! Riesenplane gähren in meinem schöpfrischen Schedel. Verfluchte Schlafsucht! *sich vor'n Kopf schlagend.* Die bisher meine Kräffte in Ketten schlug, meine Aussichten sperrte und spannte; ich erwache, fühle wer ich bin – wer ich werden muß! Geh,

6 (Lat.) Entweder Caesar (= alles) oder nichts. Devise Cesare Borgias, bezogen auf den röm. Staatsmann Gaius Julius Caesar.

laß mich! Ihr aber sollt noch von mir das Gnadenbrod haben.

MOOR. Du bist ein Narr. Der Wein bramarbasirt aus deinem Gehirne.

SPIEGELBERG *hitziger.* Spiegelberg, wird es heißen, kannst du hexen Spiegelberg? Es ist Schade daß du kein General worden bist, Spiegelberg, wird der König sagen, du hättest die Oestreicher durch ein Knopfloch gejagt. Ja, hör ich die Dokters jammern, es ist unverantwortlich daß der Mann nicht die Medizin studirt hat, er hätte wider den Tripper ein Spezifikum erfunden. Ach! und daß er das Kamerale nicht zum Fach genommen hat, werden die Sullys in ihren Kabinetten seufzen, er hätte aus Steinen Louisd'ore hervorgezaubert. Und Spiegelberg wird es heißen in Osten und Westen, und in den Koth mit euch ihr Memmen, ihr Kröten, indeß Spiegelberg mit ausgespreiteten Flügeln zum Tempel des Nachruhms empor fliegt.

MOOR *steht auf, tritt ans Fenster.* Tropf!

SPIEGELBERG *umarmt ihn mit Heftigkeit.* Bruder! Bruder! Itzt wollen wir erst anfangen zu leben. Danks deinem Kopf, daß ich dich brauchen kann. Du hängst dich an den Adler Spiegelberg wie der Zaunkönig und kommst mit ihm zur Sonne.«

Statt S. 25,17 bis 25,19 folgende Version:

»SCHWEIZER *setzt sich an Spiegelbergs Plaz, und trinkt seinen Wein aus.*

SCHWARZ *tritt auf.*

MOOR *fliegt ihm entgegen.* Bruder, Bruder, den Brief! den Brief!

SCHWARZ *lächelnd.* Was für einen Brief? – ich weis von keinem Brief.

MOOR *sucht ihm in den Taschen.* Gib, gib! du hast ihn, must ihn haben. Sah ich dich nicht aus dem Posthaus herausgehen?

SCHWARZ *zu den andern.* Er will uns verlassen. Nicht wahr? ich soll ihm den Brief nicht in die Hände geben?
ALLE. Zerreis ihn, zerreis ihn!
MOOR *greift an den Degen.* Heraus mit, den Augenblick! oder du bist des Todes.«

Statt S. 25,31 bis 25,40 folgende Version:

»SPIEGELBERG *der sich die ganze Zeit über mit den Pantomimen eines Projektmachers im Stubeneck abgearbeitet hat, springt wild auf.* La bourse ou la vie! *und pakt Schweizern an der Gurgel, der ihn gelassen an die Wand wirft, alle lachen – Moor läßt den Brief fallen, und will hinausrennen. Alle fahren auf.*
ROLLER *ihm nach.* Moor! wonaus, Moor? was beginnst du?
GRIMM. Was hat er, was hat er? Er ist bleich wie die Leiche.
MOOR. Verloren, verloren! *rennt hinaus.*«

S. 26,7; nach *führen,* zusätzlich:

»Schon lang hört er auf, dich unter seine Söhne zu zählen, und schämt sich von dir Vater genannt zu werden.«

S. 27,1; nach *Spiegelberg,* zusätzlich:

»Dich nicht, Razmann! dafür steh ich dir –«

Schillers Werke. Nationalausgabe. Begr. von Julius Petersen. Hrsg. von Lieselotte Blumenthal und Benno von Wiese. Bd. 3: Die Räuber. Hrsg. von Herbert Stubenrauch. Weimar: Böhlau, 1953. S. 247–256. [Die Ausgabe wird im Folgenden zitiert als: NA.]

3. Das Mannheimer Soufflierbuch

In dem ›Soufflierbuch‹ ist die authentische Version aufbewahrt, in der *Die Räuber* am 13. Januar 1782 im Mannheimer Nationaltheater uraufgeführt wurden. Der Intendant des Theaters, Wolfgang Heribert von Dalberg (1750–1806), hatte dafür von Schiller gravierende Änderungen des Tex-

tes verlangt, denen dieser nur höchst widerwillig zustimmte (siehe seine Briefe an Dalberg, Kap. IV,3): Aus fünf Akten werden sieben Handlungen; statt in der Mitte des 18. Jahrhunderts spielt das Stück nun am Ende des 15. Jahrhunderts; die lyrischen Einlagen fehlen; der Pater im 2. Akt wird im Personenverzeichnis in »Eine Magistratsperson« umgewandelt und im Text als »Ein Kommissarius« oder »Kommissair« bezeichnet. Pastor Moser im 5. Akt wird gestrichen; Franz will Hermann zum Mord an Karl überreden, aber Hermann lehnt sich auf und bedroht Franz schließlich mit der Pistole; Franz begeht nicht Selbstmord, sondern wird von der Bande gerichtet. Es kommt zu einer Begegnung zwischen Franz und Karl. Amalia wird nicht von Karl erstochen, sondern tötet sich selbst.
Die 6. und 7. Handlung, die die einschneidendsten Änderungen gegenüber dem ›Schauspiel‹ aufweisen und seinem 5. Akt entsprechen, werden hier ungekürzt wiedergegeben:

SECHSTE HANDLUNG

(Aussicht von vielen Zimmern, in Moors Hause)

Szene 1

Franz v. Moor. Im Schlafrok hereingestürzt.
Hernach Daniel.

FRANZ. Verrathen! Verrathen! Geister ausgespien aus Gräbern – Loßgerüttelt das Todenreich aus dem ewigen Schlaf, brüllt wieder mich Mörder! – wer regt sich da?

DANIEL (kömt ängstlich). Seid ihrs, gestrenger Herr, der so gräßlich durch die Gewölbe schreit, daß alle Schläfer auffahren?

FRANZ. Schläfer? Wer heißt euch schlaffen, es soll niemand schlaffen in dieser Stunde. Hörst du? Alles soll auf seyn – in Waffen – alle Gewehre geladen – Sahst du sie dort im Bogengang hinschweben?

DANIEL. Wen, gnädiger Herr?

FRANZ. Wen, wen? So kalt, so leer fragst du, wen? Hat michs doch angepakt wie der Schwindel! Wen? Geister und Teufel! Wie weit ists in der Nacht?

DANIEL. Eben itzt ruft der Wächter zwei an.

FRANZ. Was? will diese Nacht währen biß an den jüngsten Tag? Hörtest du keinen Pferde? Wo ist Karl Tumult in der Nähe? Kein Siegesgeschrey? Kein Geräusch goloppirender –? der Graf, will ich sagen.

DANIEL. Ich weiß nicht mein Gebieter.

FRANZ. Du weißts nicht? Du bist auch unter der Rotte? Ich will dir das Herz aus den Rippen stampfen! mit deinem verfluchten: ich weiß nicht! Was? auch Bettler wider mich verschworen? Himmel, Hölle alles wider mich verschworen?

DANIEL. Mein Gebieter –

FRANZ. Nein! ich zittre nicht! es war ledig ein Traum. Die Toden stehen noch nicht auf. – Wer sagt, daß ich zittre, und bleich bin? Es ist mir ja so leicht, so wohl.

DANIEL. Ihr seid todenbleich, eure Stimme ist bang, und lallet.

FRANZ. Ich bin krank.

DANIEL. O ihr seid ernstlich krank.

FRANZ. Ja freilich, freilich! Das ists alles – Und Krankheit verstöret das Gehirn, und brütet tolle und wunderliche Träume aus – Träume bedeuten nichts nicht wahr? Träume bedeuten nichts. – Ich hatte so eben einen lustigen Traum – (er sinkt ohnmächtig nieder).

DANIEL. Gott, was ist das?

FRANZ (verwirrt). Weg – weg! was rüttelst du mich so, scheußliches Todengeripp? – Die Toden stehen noch nicht auf.

DANIEL. O Gott!

FRANZ (Richtet sich matt auf). Wo bin ich? – Du, was hab ich gesagt? merke nicht darauf, ich hab eine Lüge gesagt; es sei, was es wolle. – Komm, hilf mir auf! – es ist nur ein Anstos von Schwindel – weil ich – weil ich – nicht ausgeschlafen habe.

DANIEL. Ich will Hilfe rufen, ich will Aerzte rufen.

FRANZ. Bleib; du bist ein guter Mann. Laß dir erzälen –

DANIEL. Jezt nicht, ein anderesmal. Ich will euch zu Bette bringen! Ruhe ist euch besser.

FRANZ. Nein, ich bitte dich, laß dir erzälen, und lache mich aus; – Siehe, mir däuchte, ich hätte ein königlich Mahl gehalten, und mein Herz wär guter Dinge, und ich läge berauscht im Rasen des Schloßgartens, und plözlich – plözlich – aber ich sage dir, lache mich aus!

DANIEL. Plözlich?

FRANZ. Plözlich traf ein ungeheurer Donner mein schlummerndes Ohr, ich taumelte behend auf, und siehe, da wars mir, als säh ich aufflammen den ganzen Horizont in feuriger Lohe, und Berge und Städte, und Wälder, wie Wachs im Ofen zerschmolzen, und eine heulende Windsbraut fegte von hinnen: Meer, Himmel und Erde – da erscholls, wie aus ehernen Posaunen.

DANIEL. Ach Gott!

FRANZ. Nicht wahr, das ist tolles Gezeuge?

DANIEL. Gott erbarme sich meiner.

FRANZ. Schneebleich stunden alle Kinder der Erde, ängstlich klopfte die Erwartung in jeglicher Brust. Da war mirs, als hörte ich meinen Namen zuerst genant aus den Wettern des Berges, und mein innerstes Mark gefror in mir, und meine Zähne klapperten laut.

DANIEL. O, Gott vergeb euch!

FRANZ. Das that er nicht; zulezt kam ein alter Mann, schwer gebeugt von Gram, angebissen den Arm von wütendem Hunger, aller Augen wandten sich scheu vor dem Mann, ich kante den Mann, er schnitt eine Loke von seinem silbernen Haupthaar, warf sie hinein, in die Schaale der Sünden. Da hörte ich eine Stimme schallen aus dem Rauche des Felsen: Gnade, Gnade jedem Sünder der Erde und des Abgrundes! Du allein bist verworfen! – (tiefe Pause) Nun, warum lachst du nicht.

DANIEL. Kan ich lachen, wenn mir die Haut schaudert? Träume kommen von Gott.

FRANZ. Pfui doch! pfui doch! sage das nicht! Heiß mich einen Narren, einen aberwizzigen, abgeschmakten Narren! Thue das, lieber Alter! ich bitte dich drum, spotte mich aus!

DANIEL. Träume kommen von Gott. Ich will für euch bethen (ab).

FRANZ. Pöbel-Weißheit, Pöbelfurcht! – es ist ja noch nicht ausgemacht, ob das Vergangene nicht vergangen ist, oder ein Auge findet über den Sternen – Hm! hm! wer raunte mir das ein? rächet denn droben einer über den Sternen? – Nein, nein, Ja, ja! Nein! – wenns aber doch wäre? wehe mir, wenns nachgezählt worden wäre! wenns dir vorgezählt würde, diese Nacht noch! – Warum schauderts mir so durch die Knochen? – Sterben! Warum pakt mich das Wort so? Rechenschaft geben dem Rächer droben über den Sternen – –

Szene 2

Franz v. Moor. Bedienter und Daniel.

BEDIENTER. Amalia ist entsprungen, der Graf ist plözlich verschwunden (ab).

DANIEL. Das ganze Schloß steht in Flammen!

FRANZ. Gehe, laß alle Gloken zusammenläuten! alles soll in die Kirche – auf die Knie fallen alles – bethen für mich – alle Gefangenen sollen seyn loß und ledig – ich will den Armen alles doppelt und dreifach wiedergeben – – ich will – so geh doch – so ruf doch einen Geistlichen, daß er mir meine Sünden hinwegsegne – bist du noch nicht fort? (Das Getümmel wird hörbar)

DANIEL. Wie soll ich das wieder reimen?

FRANZ. Nichts mehr davon! – Sterben siehstu? Sterben?

(Man hört Schweizern draussen toben)

FRANZ. Bethe doch! – Bethe!

DANIEL. Ich sagts euch immer – ihr verachtet das liebe Gebet so – Seht ihrs? was Religion ist –

FRANZ (Umarmt ihn ungestümm). Verzeih, lieber Alter, verzeih – ich will dich kleiden, von Fuß auf – so beth doch – ich will dich zum Hochzeiter machen – ich will – so beth doch – ich beschwöre dich – auf den Knien beschwör ich dich – Ins T-ls Namen! so beth doch!

(Tumult auf den Strassen. Geschrei, Gepolter)

SCHWEIZER (Auf der Gasse). Stürmt! schlagt todt! – brecht ein! Ich sehe Licht, dort muß er seyn!

FRANZ (Auf den Knien). Höre mich bethen, Gott im Himmel! – es ist das erstemal – soll auch gewis nimmer geschehen. – erhöre mich, Gott im Himmel!

DANIEL. Das ist ja gottlos gebethet!

FRANZ (bethet). Ich bin kein gemeiner Mörder gewesen, mein Herrgott – hab mich nie mit Kleinigkeiten abgegeben, mein Herr Gott –

DANIEL. Auch seine Gebethe werden zu Sünden (ab).

FRANZ. Wehe – weh – das ganze Schloß im Brand. Ich kan nicht bethen – hier, hier, (auf Brust und Stirn schlagend) alles so öd – so verdörrt. (steht auf) Sie dringen herauf – belagern die Thüre – warum zag ich so vor dieser bohrenden Spizze? – Die Thür kracht! – stürzt! – unentrinnbar! (er stürzt in die Flammen. Die eindringenden Räuber Ihm nach).

Ende der 6ten Handlung.

SIEBENDE HANDLUNG

(Der Schauplaz wie in der 5ten Handlung)

Szene 1.

Der a. Moor auf einem Stein sitzend. R. Moor gegenüber. Die Räuber hin und her im Walde.

R. MOOR. Er war euch lieb, euer andrer Sohn?

D. A. MOOR. Du weißt es, o Himmel! Warum ließ ich mich doch durch die Ränke eines bösen Sohnes bethören? Der böse Geist fuhr in das Herz meines Franzen; ich traute der Schlange – verloren meine Kinder beide (Er verhüllt sich das Gesicht)

R. MOOR (Geht weit von ihm weg). Ewig verloren!

D. A. MOOR. Oh, ich fühle es tief, was mir Amalia sagte: Vergebens ausstreken deine sterbenden Hände wirst du nach einem Sohne, vergebens wähnen zu umfassen die warmen Hände deines Karls, der nimmermehr an deinem Bette steht. –

R. MOOR (Reicht Ihm die Hand, mit abgewandtem Gesicht).

D. A. MOOR. Wärst du meines Karls Hand! – aber er liegt fern im Grabe – Kein Sohn mehr – kein Sohn mehr, der mir die Augen zudruken könte –

R. MOOR (In heftiger Bewegung). Izt muß es seyn! – itzt – – Und doch – kan ich ihm denn seinen Sohn wieder schenken? – ich kan ihm seinen Sohn doch nicht mehr schenken – Nein, ich wills nicht thun.

D. A. MOOR. Wie, Freund? Was hast du da gemurmelt?

R. MOOR. Dein Sohn – Ja, alter Mann – (stammlend) – dein Sohn – ist – ewig verloren.

D. A. MOOR. Ewig?

R. MOOR (In der fürchterlichsten Beklemmung gen Himmel sehend). O, nur diesmal – Laß meine Seele nicht matt werden – nur diesmal halte mich aufrecht!

D. A. MOOR. Ewig sagst du?

R. MOOR. Frage nichts weiter. Ewig sagt' ich.

D. A. MOOR. Fremdling! Fremdling! warum zogst du mich aus dem Thurme?

R. MOOR. Und wie? – wenn ich izt seinen Segen weghaschte – haschte wie ein Dieb, und mich davon schlich mit der göttlichen Beute – Vater-Segen, sagt man, geht niemals verloren.

D. A. MOOR. Auch mein Franz verloren? –

R. MOOR (Stürzt vor Ihm nieder). Ich zerbrach die Riegel deines Thurms – Gib mir deinen Seegen.

D. A. MOOR (Mit Schmerz). Daß du den Sohn vertilgen willst, Retter des Vaters! – Siehe, die Gottheit ermüdet nicht im Erbarmen, und wir armseeligen Würmer gehen schlaffen mit unserem Groll. (Er legt seine Hand auf des Räubers Haupt) Sei so glüklich, als du dich erbarmest!

R. MOOR (Weichmütig aufstehend). O! wo ist meine Mannheit! Meine Sennen werden schlaff, das Schwerdt sinkt aus meinen Händen – – – Küsse mich göttlicher Greiß!

D. A. MOOR (Drükt Ihn wieder an sein Herz). – Denk, es sei Vaters Kuss; so will ich denken, ich küsse meinen Karl – Du kanst auch weinen?

R. MOOR (Sehr gerührt). Ich dacht', es sei Vaters Kuß! (An seinem Halse. Pause. – Man hört ein verwirrtes Getöse, und erblikt den Schein von Fakeln)

R. MOOR (Springt auf). Horch! die Rache ruft! Sie kommen! (Er wirft einen vollen Blik auf den Alten, und schaut grimmig auf) Flamme mich in tygrische Mordsucht, leidendes Lamm; dir will ich ein Opfer bringen, daß die schauende Sterne über mir sollen dunkel werden, und in Todesschauer erstarren soll die Natur. (Fakeln sichtbarer. Der lerm hörbarer. Wiederholte Pistolenschüsse)

D. A. MOOR. Weh, weh, waß ist das wilde Getöse? – Sinds

die Handlanger meines Sohnes? Wollen sie mich vom Thurm schleppen zum Bloke?

R. MOOR (Auf der anderen Seite. Die Hände gefalten mit Inbrunst). Höre die Andacht des Mordbrenners, Richter im Himmel! – Mach Ihn unsterblich – Raff ihn nicht weg beim ersten Streich – Mach jeden Herzstoß zu einem Labsal, – jeden Schwerdstos zu einem Erquiktrank.

D. A. MOOR. Weh! was murmelst du, Fremdling? – Fürchterlich! Fürchterlich!

R. MOOR. Ich bethe. (Wilde Musik der Kommenden)

D. A. MOOR. O! Auch meines Franzen gedenke in deinem Gebeth.

R. MOOR (mit verbissenem Rasen). Ich gedenke!

D. A. MOOR. Aber ist das der Ton eines Bethers? – Hör auf. – Hör auf! – Mir schaudert vor deiner Andacht.

Szene 2

Schweizer voran. Ein Zug der Räuber. Franz v. Moor in der Mitten kettenschleifend. Grimm, Kosinski. Räuber. Herman.

SCHWEIZER. Triumpf, Hauptman! – Hier ist der Bube! Meine Ehre ist gelößt.

GRIMM. Gerissen aus den Flammen seines Schlosses – Seine Vasallen geflohen –

KOSINSKI. Sein Schloß hinter ihm in Asche – versunken seines Namens Gedächtniß.

(Es erfolgt eine grauenvolle Pause auf dem Schauplaze)

R. MOOR (Tritt langsam hervor. Zu Franz, mit dumpfer gelassener Stimme). Kennst du mich?

FRANZ (steht, den Blik in den Boden gewurzelt, keine Antwort).

R. MOOR (Wie oben, indem er Ihn zu seinem Vater führt). Kennst du diesen?

FRANZ (täumelt durchdonnert zurük). Zermalmet mich, Donner des Himmels! mein Vater!

D. A. MOOR (Wendet sich bebend ab). Geh – Gott vergebe dir – ich vergesse –

R. MOOR (fürchterlich streng). Und mein Fluch hänge sich 1000pfündig an diese Bitte, und lähme ihren Flug zum Erhörer! – Kennst du diesen Thurm?

FRANZ (heftig zu Herman). Was, Ungeheuer! Biß zu diesem Thurm verfolgte dein Familien-Haß meinen Vater?

HERMAN. Bravo! bravo! So ist doch kein Teufel so lüderlich, seinen Vasallen in der lezten Lüge zu verlassen.

R. MOOR. Genug. Diesen Alten führt tiefer in den Wald. Zu dem, was ich itzt thun werde, bedarf ich keiner Vaterthränen.

(Sie führen den Alten, der wie betaubt ist, vom Schauplaz ab)

R. MOOR. Näher, Banditen! (Sie formiren einen halben Mond um die beiden, und hängen schauernd über ihren Flinten) Nun keinen Laut weiter – So wahr ich Vergebung der Sünden hoffe! Dem ersten, der nur die Zunge rührt, eh ichs befehle, kracht diese gezogene Pistole – Stille!

FRANZ (zu Herman im Ausbruch der äussersten Wuth). Ha, Schandbube! daß ich nicht all mein Gift in diesem Schaume auf dein Angesicht geifern kan! – Oh es ist bitter! (weinend in die Ketten beissend)

R. MOOR (In Majestätischer Stellung). Ein Bevollmächtigter des Weltgerichts steh ich da – einen Rechtshandel will ich schlichten, den kein Reiner schlichtet – Sünder sitzen zu Gerichte – Ich, der grösseste oben-an! Dolche seyen die Loose – wer neben diesem nicht rein steht, wie ein Heiliger, trete ab, vom Gerichte, und zerbreche seinen Dolch – laßt fallen!

(Die Räuber werfen alle ihre Dolche unzerbrochen auf die Erde) Sei stolz! du hast heute Missethäter zu Englen gemacht! – Noch einen Dolch vermißt ihr? (Er zieht den seinigen. Pause) Seine Mutter war auch meine Mutter. (zu Schweizer und Kosinski) Richtet ihr! – (Er zerbricht seinen Dolch)

FRANZ (Springt Karln in die Arme). Rette mich von den Klauen der Mordbrenner! Rette mich, Bruder!

R. MOOR (Sehr ernst). Du hast mich zu ihrem Fürsten gemacht!–

FRANZ (fährt erschroken zurük).

R. MOOR. Wirst du mich noch bitten? (trit edel zu Ihm und mit Schmerz) Sohn meines Vaters, du hast mir meinen Himmel gestohlen, diese Sünde sei dir genommen. Ich vergebe dir, Bruder – (Er umarmt Ihn) Richtet ihr! (Eilt ab).

SCHWEIZER. Bin ich doch grau worden in Auftritten des Jammers, und soll nun zum Bettler verarmen an diesem? – Frevelte er nicht an diesem Thurme? richten wir nicht an diesem Thurme –? Dort verfaul er lebendig. Hinunter mit ihm!

ALLE RÄUBER (Bestimmend mit Getöse, auf Franz zustürmend). Hinunter! hinunter! (Franz wird zum Thurme geschleppt und hinabgestossen. Die Räuber gehen zurük)

R. MOOR (kömt nachdenkend zurük). Es ist vollbracht! Lenker der Dinge, habe Dank! Es ist vollendet! (Er verweilt über einem grossen gedanken) – Wenn dieser Thurm wäre das Ziel gewesen, zu dem du mich führtest auf blutvollen Weegen? – wenn ich darum das Haupt der Sünder bin worden? – – – Ewige Vorsicht! Hier schaudre ich, und bethe an! – Wohl, ich vertraue dir, und mach Feyerabend am ziele – In seiner schönsten Schlacht, fällt der Sieger so schön – In diesem Abendroth will ich erlöschen! Laßt mir den Vater kommen!

(Einige Räuber bringen d. a. Moor geführt)

D. A. MOOR. Wohin wollt ihr mit mir? wo ist mein Sohn?

R. MOOR (Mit Würde und Gelassenheit Ihm entgegen). Planet und Sandkorn haben ihren gemessenen Plaz in der Schöpfung. – Auch dein Sohn hat den seinen – Sei ruhig, und setz dich nieder.

D. A. MOOR (Bricht in Thränen aus). Kein Kind mehr? Kein Kind mehr?

R. MOOR. Sei ruhig, und setz dich nieder.

D. A. MOOR. O, der gutherzigen Barbarn! aus dem Thurme reissen sie einen sterbenden Greisen ihn zu grüssen: deine Kinder sind geschlachtet! O ich bitte euch, vollendet eure Barmherzigkeit, und stoßt mich wieder hinunter!

R. MOOR (Ergreift seine Hand mit Heftigkeit, und hält sie mit Wärme gen Himmel). Lästre nicht, alter Mann! Lästre den Gott nicht, vor dem ich heute freudiger bethe. Schlimmere alß du bist haben Ihn heute von Angesicht zu Angesicht gesehen.

D. A. MOOR (scharf). Und würgen gelernt!

R. MOOR. 60jähriger! kein solch Wort mehr. (sanfter und mit Schmerz) Wenn seine Gottheit selbst die S ü n d e r erwärmt, sollen die Heilige sie zurükstossen? Und wo würdest du Worte finden ihm Abbitte zu thun, wenn er dir heute e i n e n S o h n g e t a u f t h ä t t e?

D. A. MOOR (Bitter). Tauft man heute mit Blut?

R. MOOR (Stuzzend). Wie sagst du? Redet dann auch Verzweiflung die Wahrheit? – Ja, alter Mann, auch mit Blut kan die Vorsicht taufen – Mit Blut hat sie dir heute getauft – ihre Weege seltsam und fürchterlich – aber Freudenthränen am Ziele.

D. A. MOOR. Wo werd ich sie weinen?

R. MOOR (der Ihm in die Arme stürzt). Am Herzen deines Karls (große Pause)

D. A. MOOR (Aufstehend über Ihn). Nimm mein Leben zum Dankopfer, o Himmel! – Auch ich kan noch glüklich seyn – Ich verzweifelte an deinem Strale, und bin nun ein Greiß worden in Wollust. – (Im Ausbruch der höchsten Freude) Mein Karl lebt!

R. MOOR. D e i n K a r l lebt! – Dir vorausgeschikt, zum Retter, zum Rächer! (auf den Thurm zeigend) So lohnte dir dein begünstigter Sohn! – (er drüket Ihn mit Wärme an die Brust) So rächet sich dein verlorner Sohn! (Etliche Räuber kommen zurük)

GRIMM. Volk im Wald! Stimmen!

R. MOOR (Fährt auf). Ruft die andern! – (die Räuber ab. Mit sich selber) Es ist Zeit, mein Herz! Den Wollustbecher vom Munde, ehe er vergiftet.

D. A. MOOR. Sind diese Männer deine Freunde? Fast fürchte ich ihre Blike.

R. MOOR. Alles, mein Vater! – dieses frage mich nicht.

Szene 3

Amalia mit fliegenden Haaren. Grimm, Schweizer, Kosinski, Razman. Räuber. Vorige.

Die ganze Bande folgt Amalien und sammelt sich im Hintergrunde.

AMALIA. Die Todten, schreyt man seyen aufferstanden auf seine Stimme – Mein Oheim lebendig – aus diesem Thurme – Karl! – Oheim! wo find ich sie?

R. MOOR (zurükbebend). Wer bringt dies Bild vor meine Augen?

D. A. MOOR (raft sich zitternd auf). Amalia! Meine Nichte! Amalia!

AMALIA (Stürzt dem Alten in die Arme). Dich wieder mein Vater! und meinen Karl, und – alles!

D. A. MOOR. Mein Karl lebt – du – ich – lebt alles! alles! Mein Karl lebt!

R. MOOR (Rasend zu der Bande). Brecht auf, Brüder! Der Erzfeind hat mich verrathen.

AMALIA (Entspringt dem Vater und eilt auf den Räuber zu, und umschlingt Ihn entzükt). Ich hab Ihn! O ihr Sterne! ich hab ihn!

R. MOOR. Reißt sie von meinem Halse! Tödtet sie! tödtet ihn! Mich! Euch! alles! Die ganze Welt geh zu Grunde!

AMALIA. Bräutigam! Bräutigam! du rasest! Ha! Vor Entzükung! Warum bin ich auch so fühllos? Mitten im Wonnewirbel so kalt?

D. A. MOOR. Komt, Kinder! deine Hand, Karl! – deine, Amalia – O ich hofte nie, daß mir vor dem Grabe die Wollust würde! – Ich will sie zusammenfügen auf ewig.

AMALIA. Ewig seyn! Ewig! Ewig mein! Oh ihr Mächte des Himmels! entlasset mich dieser tötlichen Wollust, daß ich nicht unter dem Zentner vergehe!

R. MOOR (Loßgerissen von Amalia). Weg! Weg! – Unglükseeligste der Bräute! – Schau selbst! frage selbst! höre! – Unglükseeligster der Väter! Laß mich immer, ewig davon rennen!

AMALIA. Wohin? was? Liebe! Ewigkeit! Wonne! Unendlichkeit! und du fliehst?

D. A. MOOR. Mein Sohn flieht? mein Sohn flieht?

R. MOOR. Zu spät! Vergebens! – Dein Fluch Vater! – frage mich nichts mehr – ich bin – ich habe – dein Fluch – dein vermeinter Fluch – (gefaßter) So vergeh denn, Amalia! Stirb, Vater! stirb durch mich zum zweitenmale! Diese deine Retter sind Räuber und Mörder! Dein Sohn ist – Ihr Hauptmann!

D. A. MOOR. Gott, meine Kinder! (Er stirbt)

R. MOOR (Wieder eine Eiche rennend). Die Seelen derer, die ich erdrosselte im Genusse der Liebe – derer, die ich zerschmetterte im heiligen Schlaf – derer – hahahaha! Hört ihr den Pulverthurm knallen über dem Stuhl der Gebärerin? Seht ihr die Flammen leken an den Wiegen der Säuglinge? Das ist Brautfakel! das ist Hochzeit-Musik – Oh! er vergißt nicht, – er weiß zu mahnen! Darum von mir die Wonne der Liebe! Darum mir zum Gerichte die Liebe! – Das ist Vergeltung!

AMALIA (Wie erwacht aus einem Donnerschlag. Lallend). Es ist wahr! Herrscher im Himmel! Er sagt: es ist wahr – was hab ich gethan, ich unschuldiges Lamm? – Ich hab diesen geliebt!

R. MOOR. Das ist mehr als ein Mann erduldet. Hab ich

doch den Tod aus mehr denn 1000 Röhren auf mich zupfeiffen gehört, und bin ihm keinen Fußbreit gewichen. Soll ich izt erst lernen beben, wie ein Weib? beben vor einem Weib? – Nein! ein Weib erschüttert meine Mannheit nicht. Blut! Blut! – Es wird vorübergehen. Blut will ich sauffen – und ich poche dem Tyrannen Verhängniß! (Er will davon)

AMALIA (fällt Ihm in die Arme). Mörder! Teufel! Ich kan dich Engel nicht lassen!

R. MOOR (Steht verwundernd still). Träum ich? – Raß ich? Hat die Hölle eine neue Finte ersonnen, ihr satanisches Kurzweil mit mir zu treiben? – Sie liegt am Halse des Mordbrenners!

AMALIA. Ewig! unzertrennlich!

R. MOOR. Noch liebt sie mich! Noch! – Rein bin ich, wie das Licht! – Sie liebt mich mit all meinen Sünden. (In Freude geschmolzen) Die Kinder des Lichts weinen am Halse begnadigter Teufel – Meine Furien erdrosseln hier ihre Schlangen. – Die Hölle ist zernichtet – Ich bin glüklich! (Er verbirgt sein Gesicht an ihrem Busen)

RAZMAN (Grimmig vortretend). Halt ein, Verräther! Gleich laß diesen Arm fahren – oder ich will dir ein Wort sagen, daß dir die Ohren gellen, und deine Zähne vor Entsetzen klappern (er streckt das Gewehr zwischen beide)

GRIMM. Denk an die Böhmischen Wälder! Schau her! Schau! kennst du diese Narben? Mit unserem Herzblut haben wir alle dich zum Leibeignen angekauft – Unser bist du! Und wenn der Erzengel Michael mit dem Moloch ins Handgemeng darüber kommen sollte! Marsch mit uns! Opfer um Opfer! Liebe um Treue! Ein Weib um die Bande!

R. MOOR (läßt Amalia fahren). Es ist aus! – ich wollte umkehren, und zu meinem Vater gehen, aber der im Himmel sagt: Nein. (kalt) Blöder Thor! – – Rolle deine Augen nicht so Amalia – Er bedarf ja meiner nicht – hat er nicht Geschöpfe die Fülle? – Einen kan er so leicht missen; dieser Eine bin ich. Komt, Kameraden! (er dreht sich nach der Bande)

AMALIA (reißt Ihn zurük). Halt! halt! einen Stoß! einen Todesstoß! Neu verlassen! Zieh das Schwerd und erbarme dich.

R. MOOR. Das Erbarmen ist in die Bären gefahren. Ich tödte dich nicht.

AMALIA (seine Knie umfassend). Oh um Gotteswillen! Um aller Erbarmungen willen! ich will ja nicht Liebe mehr, weiß ja wohl, daß droben unsre Sterne feindlich voneinander fliehen – Tod ist meine Bitte nur. Sieh! meine Hand zittert. Ich habe das Herz nicht zu stossen. Mir bangt vor der blitzenden Schneide. Dir ists so leicht, du bist Meister im Morden. Zieh das Schwerd, und ich bin glüklich.

R. MOOR (sehr streng). Willst du allein glüklich seyn? Fort! Ich töde kein Weib.

AMALIA. Ha, Würger! Du kanst nur die Glüklichen töden, die Lebenssatten gehst du vorüber! (flehend gegen die Bande) So erbarmt euch meiner, ihr Schüler des Henkers. Es ist ein so blutdürstiges Mitleid in euren Bliken, das den Elenden Trost ist. Drükt ab. – Euer Meister ist ein feigherziger Praler!
(Grimm und Razman zielen).

R. MOOR (ausser Fassung). Zurük, Harpien! – (er tritt mit Majestät dazwischen) Wag es Einer in mein Heiligthum zu brechen! Sie ist mein! – (indem er sie mit starken Armen umfaßt) – Und nun ziehe an ihr der Himmel, die Hölle an mir – die Liebe über den Eiden! (er hebt sie hoch auf, und schwingt sie in dieser Gruppe unerschroken gegen die ganze Bande) Was die Natur aneinander schmiedet – wer wird es scheiden?

GRIMM, RAZMAN. Wir! (schlagen an)

R. MOOR (bitter lachend). Ohnmächtige! (er läßt Amalia halb entseelt auf den Stein nieder) Blik auf, meine Verlobte! Priesterseegen wird uns nicht vereinen, aber ich weiß etwas besseres. – Schaut diese Schönheit, ihr Männer – (zärtlich traurig) Schmelzt sie Banditen nicht? – Schaut mich an, Banditen – jung bin ich, und liebe. – Hier werd ich geliebt – angebethet. Biß ans Thor des Paradieses bin ich gekommen – (weich und bittend) Sollten mich meine Brüder zurükschleidern? (die Räuber stimmen ein Gelächter an).

R. MOOR (entschlossen). Genug! Biß hieher Natur! Jezt fängt der Mann an! – Auch ich bin der Mordbrenner einer – und (Ihnen mit unbeschreiblicher Hoheit entgegen) Euer Hauptman! – Mit dem Schwerd wollt ihr mit eurem Hauptman rechten, Banditen? (mit gebietender Stimme) Strekt die Gewehre! Euer Herr spricht mit euch! (die Räuber werfen erschroken ihre Waffen zur Erde) Seht, nun seid ihr nichts mehr als Kinder, und ich bin frei. Frei muß Moor seyn, wenn er groß seyn will. Um ein Elisium der Liebe ist mir dieser Triumpf nicht feil. Um ein Weib brech ich den Schwur nicht, den ich euch so feyerlich that – hier bringt sie fort! (die Bande will Amalien fortschleppen).

SCHWEIZER (mitten unter Sie). Wag es keiner, unsers Hauptmans Geliebte zu berühren, wir wollen sie alle zurükgeleiten, da, wo sie hingebracht seyn will (zu Amalia) Weib! wo sollen wir dich hingeleiten?

AMALIA. Zur Ewigkeit! – (sie entreißt einem Räuber den Dolch, und ermordet sich)

SCHWEIZER und GRIMM. Sie hat sich ermordet!

R. MOOR (geht starr auf sie zu, bleibt eine Weile stehen, dann ergreift er ihre Hand). – Amalia!

AMALIA (strekt ihre Hand nach Ihm aus). Folge mir bald nach (sie stirbt).

R. MOOR. Fahre hin, Engels-Seele! – Fahre hin zum Himmel, wohin dir Moor nicht folgen darf – (zu der Bande mit Majestät) Nun, ihr erbärmlichen Gesellen? seht her, – seht! Nicht wahr, so hoch schwindelte eure Schurken-forderung nie? – ein Leben habt ihr mir aufgeopfert – ein Leben, das schon verfallen war – ein Leben voll Abscheulichkeit, und Schande. Hier liegt ein Engel für euch geschlachtet. (wirft den Degen mit Verachtung unter sie) Banditen! wir sind quitt! – über dieser Leiche liegt meine Handschrift zerrissen! – Euch schenk ich die Eurige.

DIE RÄUBER (drängen sich zu). Deine Leibeignen wieder, biß in den Tod!

R. MOOR. Nein, nein! nein! Gewiß sind wir fertig! Leise flistert mein Genius: Geh nicht weiter, Moor! Hier ist der Markstein des Menschen und der deine. Nehmt ihn zurüke diesen Busch! (wirft seinen Federbusch auf die Erde) Wer Lust hat, Hauptman zu seyn, nach mir, mag ihn aufheben.

GRIMM. Ha! Muthloser! wo sind deine hochfliegenden Plane? Sinds Seifenblasen gewesen, die beim Todesröcheln eines Weibes zerplatzen?

R. MOOR (mit Würde). Untersucht nicht, wo Moor handelt, das ist mein lezter Befehl! Komt! schließt einen Kreis um mich, und vernehmet das Testament eures sterbenden Hauptmans. – Ihr seid treu an mir gehangen – treu ohne Beispiel – hätt euch die Tugend so fest verbrüdert, alß die Sünde – ihr wäret Helden worden, und die Menschheit spräch euren Namen mit Wonne. (er heftet einen verweilenden Blik auf die Bande) Grosse Kräfte! Herrliche Keime! Und die guten Geister weinen über ihren Trümmern! Geht hin! opfert ihre Reste dem Staat. Dienet einem Könige, der für die Rechte der Menschheit streitet – Mit diesem Seegen seyd entlassen. (zu Schweizer und Kosinski) Ihr bleibet! (die Räuber gehen langsam und bewegt von der Bühne). Gib mir deine Rechte, Kosinski; Schweizer, deine Linke. (er nimt ihre Hände, und steht mitten zwischen beiden, zu Kosinski) Du bist noch rein, junger Mann – unter den Unreinen der einzige Reine. (zu Schweizern) Tief hab ich diese Hand getaucht ins Blut, – ich bins, der es gethan hat – Mit diesem Händedruk nehm ich zurük, was mein ist. Schweizer, du bist rein. (er hebt ihre Hände mit Innbrunst gen Himmel) Vater im Himmel! Hier geb ich sie dir wieder – Sie werden wärmer an dir hangen, alß deine Niemalsgefallenen. –

SCHWEIZER und KOSINSKI (fallen sich von beiden Seiten herüber um den Hals).

R. MOOR. Izt nicht – Nur izt nicht, meine Lieben. Schonet meines Muthes in dieser richtenden Stunde – Theilt mein Vermögen unter euch, Kinder; werdet gute Bürger, und wenn ihr gegen zehn, die ich zu Grunde richtete, nur einen glüklich macht, so ist meine Seele gerettet. Geht! Kein Lebewol – dort sehen wir uns wieder – oder auch nicht wieder – Fort! schnell! eh ich weich werde.

SCHWEIZER und KOSINSKI (gehen beide mit verhüllten Gesichtern ab).

R. MOOR. Auch ich bin ein guter Bürger, erfüll ich nicht das entsezliche Gesetz, ehr ich es nicht, räch ich es nicht? Es ist beschlossen! – Ich erinnere mich einen armen Schelm gesprochen zu haben, als ich herüberkam, der im Taglohn arbeitet, und eilf lebendige Kinder hat – Man hat 1000 Goldgulden gebothen, wer den grossen Räuber lebendig liefert, dem Mann kan geholfen werden – Er führe mich vor die Richter – ein Glüklicher mehr – Sonne-Untergang. Ich sterbe groß durch eine solche That!

ENDE

Schillers Räuber. Urtext des Mannheimer Soufflierbuches. Hrsg. von Herbert Stubenrauch und Günter Schulz. Mannheim: Bibliographisches Institut, 1959. S. 118–135.

4. Das ›Trauerspiel‹

Im Zusammenhang mit der erfolgreichen Uraufführung des Stücks ließ Schiller 1782 »Mannheim, in der Schwanischen Buchhandlung« eine »Neue für die Mannheimer Bühne verbesserte Auflage« der *Räuber* drucken. Sie orientierte sich am aufgeführten Text, versuchte aber, die schlimmsten Entstellungen durch Rückgriffe auf das ›Schauspiel‹ rückgängig zu machen, und wird wegen des Titels *Die Räuber, ein Trauerspiel* im Unterschied zur Erstausgabe als ›Trauerspiel‹ zitiert. Terminus ante quem für die Publikation ist die erste Rezension, die am 27. Juli 1782 in der *Erfurtischen Gelehrten Zeitung* erschien. Diese Fassung stellt die fünf Aufzüge wieder her, spielt aber weiterhin »in der Zeit als der ewige Landfriede in Deutschland errichtet wurde«. Die Begegnung zwischen Franz und Karl bleibt, aber Karl ersticht Amalia.
Im Folgenden der Schluß des ›Trauerspiels‹, der Schillers Revision gegenüber dem Soufflierbuch zeigt:

DER ALTE MOOR. Gott! Meine Kinder! *Er stirbt!*
AMALIA *stumm und starr wie eine Bildsäule.*
DIE GANZE BANDE *in fürchterlicher Pause.*
RÄUBER MOOR *wider eine Eiche rennend.* Die Seelen derer, die ich erdrosselte im Genusse der Liebe – derer, die ich zerschmetterte im heiligen Schlafe, – derer – Hahaha! hört ihr den Pulverturm knallen über dem Stuhl der Gebärerin? Seht ihr die Flammen lecken an den Wiegen der Säuglinge? Das ist Brautfackel! das ist Hochzeitmusik! – O! er vergißt nicht – er weiß zu mahnen! Darum von mir die Wonne der Liebe! darum mir zum Gerichte die Liebe! – das ist Vergeltung!
AMALIA *wie erwacht aus einem Donnerschlag, lallend.* Es ist wahr! Herrscher im Himmel! Er sagt: es ist wahr! – Was hab ich getan, ich unschuldiges Lamm? – Ich hab diesen geliebt!

RÄUBER MOOR. Das ist mehr, als ein Mann erduldet. Hab ich doch den Tod aus mehr denn tausend Röhren auf mich zupfeifen gehört, und bin ihm keinen Fußbreit gewichen; soll ich itzt erst lernen beben wie ein Weib? beben vor einem Weibe? – Nein! ein Weib erschüttert meine Mannheit nicht, Blut! Blut! – Es wird vorübergehen. Blut will ich saufen – und ich poche dem Tyrannen Verhängnis. *Er will davon.*

AMALIA *fällt ihm in die Arme.* Mörder! Teufel! Ich kann dich Engel nicht lassen.

RÄUBER MOOR *steht verwundernd still.* Träum ich? Ras ich? Hat die Hölle eine neue Finte ersonnen, ihr satanisches Kurzweil mit mir zu treiben? – Sie liegt am Halse des Mordbrenners!

AMALIA. Ewig! Unzertrennlich!

RÄUBER MOOR. Noch liebt sie mich! Noch! – rein bin ich wie das Licht! Sie liebt mich mit all meinen Sünden! *In Freude geschmolzen.* Die Kinder des Lichts weinen am Halse begnadigter Teufel – Meine Furien erdrosseln hier ihre Schlangen – die Hölle ist zernichtet – Ich bin glücklich! *Er verbirgt sein Gesicht an ihrem Busen. Eine Gruppe voll Rührung. Pause.*

GRIMM *grimmig hervortretend.* Halt ein, Verräter! gleich laß diesen Arm fahren – oder ich will dir ein Wort sagen, daß dir die Ohren gellen und deine Zähne vor Entsetzen klappern.

SCHWEIZER *streckt das Schwert zwischen beede.* Denk an die böhmischen Wälder! hörst du? zagst du? An die böhmischen Wälder sollst du denken. Treuloser! wo sind deine Schwüre? Vergißt man Wunden so bald – da wir Glück – Ehre und Leben in die Schanze schlugen für dich? da wir dir stunden wie Mauren – Hubst du da nicht deine Hand zum eisernen Eid auf, schwurst, uns nie zu verlassen, wie wir dich nicht verlassen haben? Ehrloser! Treuvergessener! und du willst abfallen, wenn ein Weib weint?

DIE RÄUBER *durcheinander, reißen ihre Kleider auf.* Schau her! Schau! Kennst du diese Narben? Mit unserm Herzblut haben wir dich zum Leibeignen angekauft – Unser bist du, und wenn der Erzengel Michael mit dem Moloch ins Handgemeng darüber kommen sollte! Marsch mit uns! Opfer um Opfer! Liebe um Treue! Ein Weib um die Bande!

RÄUBER MOOR *läßt Amalien fahren.* Es ist aus! – Ich wollte umkehren und zu meinem Vater gehen; aber der im Himmel sagt: Nein! – Rolle doch deine Augen nicht so, Amalia – Er bedarf ja meiner nicht – Hat er nicht Geschöpfe die Fülle? – Einen kann er so leicht missen. Dieser Eine nun bin ich. Kommt, Kameraden. *Er dreht sich nach der Bande.*

AMALIA *reißt ihn zurück.* Halt! Halt! einen Stoß! Einen Todesstoß! Neu verlassen! Zieh den Degen und erbarme dich.

RÄUBER MOOR. Das Erbarmen ist in die Bären gefahren. Ich töte dich nicht.

AMALIA *seine Knie umfassend.* O um Gotteswillen! um aller Erbarmungen willen! ich will ja nicht Liebe mehr – weiß ja wohl, daß droben unsere Sterne feindlich voneinander fliehen – Tod ist meine Bitte nur. Sieh! meine Hand zittert. Ich habe das Herz nicht – zu stoßen. Mir bangt vor der blitzenden Schneide. Dir ists so leicht, du bist Meister im Morden. Zieh den Degen, und ich bin glücklich.

RÄUBER MOOR *sehr streng.* Willst du allein glücklich sein? Fort! Ich töte kein Weib.

AMALIA. Ha, Würger! du kannst nur die Glücklichen töten, die Lebenssatten gehst du vorüber. *Flehend gegen die Bande.* So erbarmet euch meiner, ihr Schüler des Henkers. Es ist ein so blutdürstiges Mitleid in euren Blicken, das den Elenden Trost ist. Drückt ab – Euer Meister ist ein feigherziger Prahler. *Einige Räuber zielen.*

RÄUBER MOOR *außer Fassung.* Zurück, Harpyien! *Er tritt mit Majestät darzwischen.* Wag es einer, in mein Heiligtum zu brechen! Sie ist mein – *Indem er sie mit starken Armen umfaßt.* Und nun ziehe an ihr der Himmel, die Hölle an mir – Die Liebe über den Eiden! *Er hebt sie hoch auf und schwingt sie in dieser Gruppe unerschrocken gegen die ganze Bande.* Was die Natur aneinander schmiedet – wer wird es scheiden?

RÄUBER *schlagen an.* Wir.

RÄUBER MOOR *bitter lachend.* Ohnmächtige! *Er läßt Amalien halb entseelt auf den Stein nieder.* Blick auf, meine Verlobte! Priestersegen wird uns nicht vereinen, aber ich weiß etwas Bessers. *Er nimmt Amaliens Halstuch hinweg, und entblößt ihr den Busen – zu der Bande gelassener.* Schaut diese Schönheit, ihr Männer – *Zärtlich traurig.* Schmelzt sie Banditen nicht? *Nach einer Pause sanfter.* Schaut mich an, Banditen – Jung bin ich, und liebe – hier werd ich geliebt – angebetet. Bis ans Tor des Paradieses bin ich gekommen – *Weich und bittend.* Sollten mich meine Brüder zurückschleudern?

RÄUBER *stimmen ein Gelächter an.*

RÄUBER MOOR *entschlossen.* Genug! bis hieher Natur! Jetzt fängt der Mann an! – Auch ich bin der Mordbrenner Einer – und *ihnen entgegen mit unbeschreiblicher Hoheit* euer Hauptmann! Mit dem Schwert wollt ihr mit eurem Hauptmann rechten, Banditen? *Mit gebietender Stimme.* Streckt die Gewehre! Euer Herr spricht mit euch!

RÄUBER *werfen erschrocken ihre Waffen zur Erde.*

RÄUBER MOOR. Seht! nun seid ihr nichts mehr als Kinder, und ich – bin frei. Frei muß Moor sein, wenn er groß sein will. Um ein Elysium der Liebe ist mir dieser Triumph nicht feil. *Er zieht den Degen.* Nennt es nicht Wahnwitz, Banditen, was ihr das Herz nicht habt Größe zu nennen. Der Witz der Verzweiflung überflügelt den Schneckengang der ruhigen Weisheit. – Taten, wie diese, überlegt man, wenn sie getan sind – Ich will hernach davon reden. *Er stürzt auf Amalien zu, und wirft sie mit einem Degenstoß nieder.*

RÄUBER *klatschen lärmend in die Hände.* Bravo! bravo! Das heißt seine Ehre lösen wie ein Räuberfürst! Bravo!

RÄUBER MOOR *stellt sich vor Amalien und bewacht sie mit ausgestrecktem Degen.* Nun ist sie mein! – Mein! – Oder die Ewigkeit ist die Grille eines Dummkopfs gewesen. Eingesegnet mit dem Schwert, hab ich heimgeführt meine Braut, vorüber an all den Zauberhunden meines Feindes Verhängnis. *Von ihr weg mit stolzen Schritten.* Noch manchen Tanz darf die Erde um die Sonne tun, eh sie eine zweite Tat wie diese erschwingt. *Zärtlich zu Amalien.* Und er muß süß gewesen sein, der Tod von Bräutigams Händen? Nicht wahr, Amalia?

AMALIA *sterbend im Blut.* Süße. *Sie streckt ihre Hand aus und stirbt.*

RÄUBER MOOR *zu der Bande mit Majestät.* Nun, ihr erbärmlichen Gesellen? Nicht wahr? So hoch schwindelte eure Schurken-Forderung nie? – Ein Leben habt ihr mir geopfert, ein Leben, das schon verfallen war – ein Leben voll Abscheulichkeit und Schande – Ich hab euch einen Engel geschlachtet. *Wirft den Degen mit Verachtung unter sie.* Banditen! Wir sind quitt – Über dieser Leiche liegt meine Handschrift zerrissen – Euch schenk ich die eurige.

RÄUBER *drängen sich zu.* Deine Leibeigenen wieder bis in den Tod.

RÄUBER MOOR. Nein! nein! nein! Gewiß sind wir fertig. Leise flistert mein Genius: »Geh nicht weiter, Moor. Hier ist der Markstein des Menschen – und der Deine.« – Nehmt ihn zurück, diesen blutigen Busch! *Er wirft seinen Busch auf die Erde.* Wer Lust hat, Hauptmann zu sein nach mir, mag ihn aufheben.

RÄUBER. Ha! Mutloser! wo sind deine hochfliegenden Plane? Sinds Seifenblasen gewesen, die beim Todesröcheln eines Weibes zerplatzen?

RÄUBER MOOR *mit Würde.* Untersucht nicht, wo Moor handelt, das ist mein letzter Befehl – Kommt! schließt einen Kreis um mich, und vernehmt das Testament eures sterbenden Hauptmanns. *Er heftet einen verweilenden Blick auf die Bande.* Ihr seid treu an mir gehangen. – Treu ohne Beispiel – hätt euch die Tugend so fest verbrüdert als die Sünde – ihr wäret Helden worden, und die Menschheit spräch eure Namen mit Wonne. Gehet hin, und opfert eure Gaben dem Staate. Dienet einem Könige, der für die Rechte der Menschheit streitet – Mit diesem Segen seid entlassen. *Zu Schweizer und Kosinsky.* Ihr bleibet. *Die übrigen Räuber gehen langsam und bewegt von der Bühne.*

ACHTER AUFTRITT

Räuber Moor. Schweizer. Kosinsky.

RÄUBER MOOR. Gib mir deine Rechte, Kosinsky; Schweizer, deine Linke. *Er nimmt ihre Hände und steht mitten zwischen beiden. Zu Kosinsky.* Du bist noch rein, junger Mann – unter den Unreinen der einzige Reine! *Zu Schweizern.* Tief hab ich diese Hand getaucht in Blut – Ich bins, ders getan hat. Mit diesem Händedruck nehm ich zurück, was mein ist. Schweizer! du bist rein. *Er hält ihre Hände mit Inbrunst gen Himmel.* Vater im Himmel! hier geb ich sie dir wieder – Sie werden wärmer an dir hangen, als deine Niemalgefallenen – das weiß ich gewiß. *Schweizer und Kosinsky fallen sich von beiden Seiten herüber um den Hals.*

RÄUBER MOOR. Itzt nicht – nur itzt nicht, meine Lieben. Schonet meines Muts in dieser richtenden Stunde. – Eine Grafschaft ist mir heute zugefallen – ein Schatz, worauf noch kein Fluch den Harpyienflügel schlug –

Teilt sie unter euch, Kinder, werdet gute Bürger, und wenn ihr gegen zehn, die ich zu Grund richtete, nur einen glücklich macht, so wird meine Seele gerettet. – Geht – kein Lebewohl – dort sehen wir uns wieder – oder auch nicht wieder – Fort! Schnell! Eh ich weich werde.
Beide gehen ab mit verhüllten Gesichtern.

NEUNTER AUFTRITT

Räuber Moor allein, sehr heiter.

Und auch ich bin ein guter Bürger – Erfüll ich nicht das entsetzlichste Gesetz? Ehr ich es nicht? Räch ich es nicht? – Ich erinnere mich, einen armen Offizier gesprochen zu haben, als ich herüberkam, der im Taglohn arbeitet, und eilf lebendige Kinder hat – Man hat hundert Dukaten geboten, wer den großen Räuber lebendig liefert – Dem Mann kann geholfen werden. *Er geht ab.* NA III,231–236.

5. Die geplante Fortsetzung

Wohl der Bühnenerfolg der *Räuber* hat Schiller dazu bewogen, an eine Fortsetzung des Stücks zu denken. Der Gedanke, zum ersten Mal 1784 greifbar, hat ihn offenbar bis zu seinem Tode nicht verlassen, wie Dokumente belegen:

SCHILLER an Dalberg, 24. August 1784:

»Nach dem Karlos gehe ich an den 2ten Theil der Räuber, welche eine völlige Apologie des Verfaßers über den ersten Theil seyn sollen, und worinn alle Immoralität in die erhabenste Moral sich auflösen muß. Auch dieses ist unermeßliches Feld für mich.« NA XXIII,155.

Schiller an Christian Gottfried Körner, 3. Juli 1785:

»[...] und dann bin ich viertens gesonnen, zu den Räubern einen Nachtrag in einem Akt: Räuber Moors leztes Schiksal, herauszugeben, wodurch das Stük neuerdings in Schwung kommen soll.«

Schillers Briefe. Hrsg. von Fritz Jonas. Kritische Gesamtausgabe. Bd. 1. Stuttgart: Deutsche Verlags-Anstalt, 1892. S. 252.

Der Schriftsteller Johann Friedrich Jünger (1759–1797) an Karl L. Rahbeck, 2. August 1786:

»Schiller schreibt nun an einem neuen Stücke: *Des Räubers Moor letzte Schicksale*; es ist bald fertig; denn er hat mir schon zugemuthet, die Revision davon zu unternehmen; doch dieß sey nur sub rosa gesagt, denn wir wollen das Publikum damit überraschen.«

Schillers Persönlichkeit II,73 f.

Caroline von Wolzogen (1763–1847), Schillers Schwägerin, in ihrer Biographie *Schillers Leben* im Zusammenhang mit dem Jahr 1803:

»Einigemal gedachte er auch seines frühern Plans, einen zweiten Theil der Räuber zu geben.«

Caroline von Wolzogen: Schillers Leben verfaßt aus Erinnerungen der Familie, seinen eigenen Briefen und den Nachrichten seines Freundes Körner. Bd. 2. Stuttgart/Tübingen: Cotta, 1830. S. 237.

Wie weit die Pläne zur Fortsetzung der *Räuber* gediehen sind, lässt sich nicht feststellen; erhalten sind im Deutschen Literaturarchiv (Marbach) nur fünf zeitlich nicht fixierbare Planskizzen, von denen die hier abgedruckte den genauesten Entwurf darstellt:

Die Braut in Trauer
oder zweiter Teil der Räuber

Eine Tragödie in fünf Akten

Graf Julian
Xaver, *sein Sohn*
Mathilde, *seine Tochter*
Graf von Dissentis, *bestimmter Bräutigam Mathildens*
[Georg,] *Jäger des Grafen Julian* [= Schweitzer]
Der Geist des Franz Moor
Kosinsky, *ein böhmischer Edelmann*
Die Szene ist auf dem Schloß des Grafen Julian in Savoyen

Eine Gespenstererscheinung und eine Vermählungsfeier eröffnen die Handlung.

Graf Julian (Karl Moor) will seine Tochter Mathilde vermählen. Der Bräutigam ist aus einer Familie, gegen die der Graf etwas Schweres gut zu machen hat, oder er hat sonst ein dringendes Interesse, diese Heirat zu schließen. Mathilde liebt ihren Bräutigam zwar nicht, aber sie hat auch nichts gegen ihn, ihr Herz ist ohne Leidenschaft, und sie unterwirft sich gern dem Wunsch ihres Vaters, der in dieser Heirat eine, ihr nicht begreifliche, Befriedigung findet.

Unter Julians Hausgesinde ist ein Jäger (Schweitzer), auf den er sehr viel hält, der um seine geheimsten Gedanken weiß und an seine Person höchst attachiert ist. Der Jäger ist voll Herzhaftigkeit, ein trefflicher Schütz und hat gleichsam die oberste Aufsicht über alle Diener des Grafen. Er ist mehr der Aufseher und Ratgeber als der Knecht seiner jungen Herrschaft.

Julian hat einen Sohn Xaver, der ins neunzehnte Jahr geht, Mathilde wird achtzehn Jahr alt. – Xaver ist ein leidenschaftlicher und unregiersamer Jüngling, der von seinem Vater kurz gehalten und ihm deswegen aufsätzig wird. Er geht seinen Weg allein, ohne alle kindliche Neigung, nur

Furcht fühlt er vor seinem Vater. Er liebt die Jagd und ist ein wilder trotziger Weidmann. Niemand ist imstand, dies wilde Gemüt zu bändigen, als Mathilde, seine Schwester. Für diese fühlt er eine unglückliche fatale Liebe, welche aber bis jetzt dem Vater verborgen blieb. Doch Mathilde ist mehrmals durch seine Aufwallung geängstigt worden, und Georg der Jäger hat eine böse Ahnung davon. Eben darum treibt er den Grafen, die Vermählung zu beschleunigen.

Diese nahe bevorstehende Vermählung beginnt aber unter den sinistersten Anzeigen. Die Bewohner des Schlosses werden durch seltsame Ereignisse beunruhigt. Einem unter ihnen ist eine Erscheinung begegnet, als es – – –

Diese Vorfälle werden anfangs vor dem Grafen Julian geheim gehalten, und ihm selbst ist noch nichts dergleichen begegnet. Aber Graf Xaver erfährt davon, und seine natürliche Wildheit treibt ihn, die Sache zu erforschen. Er wacht in der gefährlichen Stunde und an dem bezeichneten Ort, und erblickt auch wirklich die Gestalt, unter furchtbaren Nebenumständen. Doch hat er wilden Mut genug, ihr zu Leibe zu rücken und sie anzureden, worauf sie verschwindet. Er ahnet ein Geheimnis, das seinen Vater betreffe, und dringt in den Jäger, es zu erforschen. Georg der Jäger ist Ursache, daß man dem Grafen noch nichts von der Sache entdeckt hat. Xaver ist ungeachtet der schreckenvollen Vision nicht zahmer geworden. Seine wilde Seele fürchtet selbst das Totenreich nicht; er glaubt, es werde jemand aus der Familie sterben und – – –

Eine Nonne kommt zu der jungen Gräfin und bezeugt sich liebkosend gegen sie, doch spricht sie nicht. Sie hat ihr zuerst in der Kapelle des Nonnenklosters begegnet, wo sie oft hinzugehn pflegte. Sie hat neben ihr niedergekniet und gebetet und ist oft still an ihrer Seite gegangen; doch hat sie nie ein Wort aus ihr herausbringen können. Es schien aber, sie wollte, daß Mathilde den Schleier anzöge. Diese liebte die stumme Freundin innig, und ohne im geringsten etwas Arges dabei zu haben, unterhielt sie den Umgang mit ihr.*

Einsmals tritt sie in das Zimmer ihres Vaters und findet dort ein Bild liegen. Wie sie es näher ansieht, ist es die Nonne, sie kann es nicht leugnen. Ihr Vater kommt dazu und findet sie das Bild küssend. Wie er sie darüber befrägt, so erfährt er mit Erstaunen, daß sie das Original zu dem Bilde zu kennen glaube. Seine Neugier wird erregt, er will die Nonne kennenlernen, die seiner Amalie so gleich sein soll; denn dieses Bild ist Amaliens.

Die Frage entsteht: dürfen die zwei Geister einmal zusammen sich finden, und wie werden sie sich da verhalten? Wenn es ist, so ist es in Gegenwart des Grafen, und der Geist der Nonne – – –

Friedrich Schiller: Sämtliche Werke. Auf Grund der Originaldrucke hrsg. von Gerhard Fricke und Herbert G. Göpfert. Bd. 3: Dramatische Fragmente / Übersetzungen / Bühnenbearbeitungen. München: Hanser, 1959. S. 269–271.

* [Am Rande:] Ja die Nonne kommt heimlich zu ihr auf das Schloß und gibt ihr durch Winke zu verstehen, daß sie das Kloster anstatt des Brautkranzes erwählen solle. Wie die Nonne einmal wieder kommt, wird sie durch etwas gehindert, sich zu nähern.

III. Stoffliche Einflüsse

1. Schubarts Erzählung *Zur Geschichte des menschlichen Herzens*

Die wesentlichste Quelle für *Die Räuber* bildet Christian Friedrich Daniel Schubarts (1739–1791) »Geschichtgen« *Zur Geschichte des menschlichen Herzens*, das 1775 im *Schwäbischen Magazin* erschien. Ob die Erzählung auf tatsächliche Vorgänge im Schwaben des 18. Jahrhunderts zurückgeht, ist bis heute umstritten (s. dazu Weltrich I,193–196 und NA III,267–273). Neben der stofflichen Evidenz, die für sich spricht, bestätigen zwei Freunde Schillers während der Karlsschulzeit die Bedeutung der Geschichte für *Die Räuber*:

-s- (s. Kap. I, Anm. zu S. 56,7–58,11): »Fragmente, Schillers Jugendjahre betreffend« in: *Der Freimüthige*, 5. November 1805:

»Doch muß ich hier bemerken, daß Schillern ein von Schubart herrührender Aufsatz im oftgedachten ›Schwäbischen Magazin‹ und zwar im Jahrgange 1775 Seite 30 den ersten Gedanken zu seinen ›Räubern‹ gab.«

Schillers Persönlichkeit. Urtheile der Zeitgenossen und Documente. Tl. 1. Ges. von Max Hecker. Weimar: Gesellschaft der Bibliophilen, 1904. Tl. 2. 3. Ges. von Julius Petersen. Ebd. 1908–09. Tl. 1. S. 124. [Im Folgenden zit. als: Schillers Persönlichkeit.]

Friedrich von Hoven, *Biographie. Von ihm selbst geschrieben*, 1840:

»Schiller [...] schrieb nach mehreren vorhergegangenen andern Versuchen seine ›Räuber‹, wozu ihm den Stoff eine in dem oben erwähnten ›Schwäbischen Magazin‹ befindliche Erzählung gab [...]. Daß er diesen Stoff wählte, war eigentlich ich die Ursache. Ich hatte ihn auf die Erzählung als ein zu einem Drama trefflich geeignetes Sujet aufmerksam gemacht, und meine Idee war darzustellen, wie das Schicksal zur Erreichung guter Zwecke auch auf den schlimmsten Wegen führe, Schiller aber machte die Räuber zum Hauptgegenstand oder, um mich seiner eigenen Worte zu bedienen, zur Parole des Stücks, was ihm bekanntlich von vielen Seiten her übel genommen worden und was ihm auch selbst in der Folge leid gethan zu haben scheint.«

Schillers Persönlichkeit I,143.

Zur Geschichte des menschlichen Herzens

Wann wir die Anekdoten lesen, womit wir von Zeit zu Zeit aus England und Frankreich beschenkt werden, so sollte man glauben, daß es nur allein in diesen Reichen Leute mit Leidenschaften gebe.
Von uns armen Deutschen liest man nie ein Anekdötchen, und aus dem Stillschweigen unserer Schriftsteller müssen die Ausländer schließen, daß wir uns nur maschinenmäßig bewegen, und daß Essen, Trinken, Dummarbeiten und Schlafen den ganzen Kreis eines Deutschen ausmache, worin er so lange unsinnig herumläuft, bis er schwindlicht niederstürzt und stirbt. Allein wann man die Charaktere von seiner Nation abziehen* will, so wird ein wenig mehr Freiheit erfordert, als wir armen Teutschen haben, wo jeder treffende Zug, der der Feder eines offenen Kopfes entwischt, uns den Weg unter die Gesellschaft der Züchtlinge eröffnen kann.
An Beispielen fehlt es uns gewiß nicht, und obgleich wegen der Regierungsform der Zustand eines Teutschen bloß passiv ist, so sind wir doch Menschen, die ihre Leidenschaften haben, und handeln – so gut als ein Franzos oder ein Britte.

* abnehmen, schildern.

Wann wir einmal teutsche Originalromane und eine Sammlung teutscher Anekdoten haben, dann wird es den Philosophen leicht werden, den Nationalcharakter unserer Nation bis auf die feinsten Nuancen zu bestimmen.
Hier ist ein Geschichtchen, das sich mitten unter uns zugetragen hat, und ich gebe es einem Genie preis, eine Komödie oder einen Roman daraus zu machen, wann er nur nicht aus Zaghaftigkeit die Szene in Spanien und Griechenland, sondern auf teutschem Grund und Boden eröffnet.
Ein V … Edelmann, der die Ruhe des Landes dem Lärm des Hofes vorzog, hatte zwei Söhne von sehr ungleichem Charakter.
Wilhelm war fromm, wenigstens betete er, so oft man es haben wollte, war streng gegen sich selber und gegen andere – wann sie nicht gut handelten; war der gehorsamste Sohn seines Vaters, der emsigste Schüler seines Hofmeisters, der ein Zelot[1] war und ein mysanthropischer[2] Verehrer der Ordnung und Ökonomie.
Carl hingegen war völlig das Gegenteil seines Bruders. Er war offen, ohne Verstellung, voll Feuer, lustig, zuweilen unfleißig; machte seinen Eltern und seinem Lehrer durch manchen jugendlichen Streich Verdruß, und empfahl sich durch nichts, als durch seinen Kopf und sein Herz. Dies machte ihn zwar zum Liebling des Hausgesindes und des ganzen Dorfs; seine Laster aber schwärzten ihn an in den Augen seines katonischen[3] Bruders und seines zelotischen Lehrmeisters, der oft vor Unmut über Carls Mutwillen fast in der Galle erstickte.
Beede Brüder kamen auf das Gymnasium nach B … und ihr Charakter blieb sich gleich.

1 Nach dem jüd. Historiker Josephus Flavius die fanatisch antiröm. Partei der Juden im Kampf gegen Rom 67–70 n. Chr.; daher allgemein für: blinder Fanatiker.
2 (Griech.) menschenfeindlich.
3 In der Weise des Cato des Älteren (234–149 v. Chr.), also moralisch strikt bis zur Uneinsichtigkeit.

Wilhelm erhielt das Lob eines strengen Verehrers des Fleißes und der Tugend, und Carl das Zeugnis eines leichtsinnigen, hüpfenden Jünglings.

Wilhelms strenge Sitten litten auch auf der Universität keine Abänderung; aber Carls heftiges Temperament ward vom Strom ergriffen und zu manchem Laster fortgerissen. Er war ein Anbeter der Cythere[4] und ein Schüler des Anakreon[5]. Wein und Liebe waren seine liebste Beschäftigung, und von den Wissenschaften nahm er nur soviel mit, als er flüchtig erhaschen konnte. Kurz, er war eine von den weichen Seelen, welche der Sinnlichkeit immer offen stehen und über jeden Anblick des Schönen in platonisches Entzücken geraten. Der strenge Wilhelm bestrafte ihn, schrieb seine Laster nach Hause und zog ihm Verweise und Drohungen zu. Aber Carl war noch zu flüchtig, um wie eine Moral zu leben, und seine Verschwendung und übermäßige Gutheit gegen arme Studierende versenkte ihn in Schulden, die so hoch anschwollen, daß sie nicht mehr verborgen werden konnten. Dazu kam noch ein unglückliches Duell, das ihm die Gunst seines Vaters entzog und ihn in die Verlegenheit setzte, bei Nacht und Nebel die Akademie zu verlassen. Die ganze Welt lag nun offen vor ihm und kam ihm wie eine Einöde vor, wo er weder Unterhalt noch Ruhe fand.

Der Lärm der Trommel schreckte ihn von seinen Betrachtungen auf, und er folgte der Fahne des Mars. Er ward ein Preuße, und die Schnelligkeit, womit Friedrich sein Heer von einem Wunder zum andern fortriß, ließ ihm nicht Zeit, Betrachtungen über sich selber anzustellen. Carl tat immer brav, und wurde in der Schlacht bei Freiberg verwundet. Er kam in ein Lazarett; ein Extrakt des menschlichen Elends schwebte hier immer vor seinen Augen. Das Ächzen der

4 Insel südl. des Peloponnes; in der Antike der Göttin Aphrodite geweiht.

5 Griech. Lyriker aus dem 6. Jh. v. Chr., der Liebe, Wein und heitere Geselligkeit besang und daher zum Inbegriff des tändelnden Poeten wurde und großen Einfluß auf die Anakreontik des 18. Jh.s hatte.

Kranken, das Röcheln der Sterbenden und der brennende Schmerz seiner eigenen Wunde zerrissen sein zärtliches Herz, und der Geist Carls richtete sich auf, sah mit ernstem Unmut auf seine Laster, verfluchte sie – und dieser Carl entschloß sich, tugendhaft und weise zu werden. Er hatte sich kaum etwas erholt, so schrieb er den zärtlichsten Brief an seinen Vater und bemühte sich, durch das offene Geständnis seiner Laster, durch das traurige Gemälde seines Unglücks, durch Reue und ernste Gelübde die väterliche Vergebung zu erweinen. Umsonst! Der tückische Wilhelm unterschob seinen Brief, und Carl erhielt keine Antwort. Es ward Friede, und das Regiment, worunter Carl stund, wurde abgedankt. Ein neuer Donner in Carls Herz! Doch ohne sich lange der unbarmherzigen Welt zu überlassen, entschloß er sich zu arbeiten. Er vertauschte seine Montur mit einem Kittel und trat bei einem Bauern, anderthalb Stunden von dem Rittersitze seines Vaters, als Knecht in Dienste. Hier widmete er sich mit so vielem Fleiße dem Feldbau und der Ökonomie, daß er das Muster eines fleißigen Arbeiters war. In müßigen Stunden unterrichtete er die Kinder seines Bauern mit dem besten Erfolge. Sein gutes Herz und seine Geschicklichkeit machten ihn zum Lieblinge des ganzen Dorfes. Ja, er wurde unter dem Namen des *guten Hansen* auch seinem Vater bekannt, mit welchem er oft unerkannt sprach, und mit Beifall belohnt wurde. Einstmals war der gute Hans mit Holzfällen im Walde beschäftigt; plötzlich hörte er von ferne ein dumpfes Geräusch. Er schlich mit dem Holzbeil in der Hand hinzu, und – welch ein Anblick! – sah seinen Vater von entlarvten Mördern aus der Kutsche gerissen, den Postillion im Blute liegen, und bereits den Mordstahl auf der Brust seines Vaters blinken. Kindlicher Enthusiasmus entflammte jetzt unsern Karl. Er stürzte wütend unter die Mörder hinein, und sein Beil arbeitete mit so gutem Erfolg, daß er drei Mörder erlegte und den vierten gefangennahm. Er setzte hierauf den ohnmächtigen Vater in die Kutsche und fuhr mit ihm seinem Rittersitz zu.

Wer ist mein Engel?, sagte der Vater, als er die Augen wieder aufschlug. – Kein Engel, erwiderte Hans, sondern ein Mensch hat getan, was er als Mensch seinen Brüdern schuldig ist. – Welcher Edelmut unter einem Zwilchkittel! Aber – sage mir, Hans, hast du die Mörder alle getötet? – Nein, gnädiger Herr, einer ist noch am Leben. – Laß ihn herkommen. – Der entlarvte Mörder kommt, stürzt zu den Füßen des Edelmanns nieder, fleht um Gnade und spricht schluchzend: Ach, gnädiger Herr, nicht ich! ein anderer! So donnere den verfluchten andern heraus, sprach der Edelmann. Wer ist dann der Mitschuldige dieses Mordes? – Ach, ich muß es sagen: der Junker Wilhelm. Sie lebten ihm zu lange, und er wollte sich auf diese verfluchte Weise in den Besitz Ihres Vermögens setzen. Ja, gnädiger Herr, Ihr Mörder ist Wilhelm. – Wilhelm?, sagte der Vater mit dumpfem Tone, schlug die Augen zu und blieb unempfindlich liegen. Hans blieb wie die Bildsäule des Entsetzens vor dem Bette seines Vaters stehen. Nach einigen Augenblicken dieser schrecklichen Unempfindlichkeit erhub der Vater die brechenden Augen und schrie im Tone der Verzweiflung: Keinen Sohn mehr? keinen Sohn mehr? – Ha, jene scheußliche Furie, mit Schlangen umwunden, ist mein Sohn – die Hölle nenne seinen Namen! und jener Jüngling mit Rosenwangen und fühlendem Herzen ist mein Sohn Carl, ein Opfer seiner Leidenschaften – dem Elende preisgegeben! lebt vielleicht nicht mehr! – Ja, er lebt noch, schrie Hans, dessen Empfindungen alle Dämme durchbrachen; er lebt noch und krümmt sich hier vor den Füßen des besten Vaters. Ach, kennen Sie mich nicht? Meine Laster haben mich der Ehre beraubt, Ihr Sohn zu sein! Aber kann Reue, können Tränen – hier sprang der Vater aus dem Bette, hob seinen Sohn von der Erde auf, schloß ihn in seine zitternden Arme, und beede verstummten. – Dies ist die Pause der heftigsten Leidenschaft, die den Lippen Schweigen gebietet, um die Redner des Herzens auftreten zu lassen. – Mein Sohn, mein Carl ist also mein Schutzengel, sagte der Vater, als er zu reden vermochte, und Tränen träufelten auf die braune Stirne des Sohnes herab. – Schlag deine Augen auf, Carl! Sieh deinen Vater Freudentränen weinen. – Aber Carl stammelte nichts als: bester Vater! und blieb an seinem Busen liegen. Nachdem der Sturm der Leidenschaften vorüber war, so erzählte Carl dem Vater seine Geschichte, und beede überließen sich alsdann der Freude, einander wieder gefunden zu haben. Du bist mein Erbe, sagte der Vater, und Wilhelm, diese Brut der Hölle, will ich heute noch dem Arme der Justiz überliefern. Ach Vater, sagte hierauf Carl, indem er sich aufs neue zu den Füßen des Vaters warf, vergeben Sie Ihrem Sohne! Vergeben Sie meinem Bruder! – O welche Güte des Herzens, rufte der entzückte Vater aus; deinem Verleumder, der, wie ich erst kürzlich in seinem Schreibpult fand, deine Briefe vor mir verbarg, diesem Ungeheuer, der in sein eigenes Blut wütete, kannst du vergeben? Nein, das ist zu viel! Doch will ich den Bösewicht den Bissen seines Gewissens preisgeben! Er soll mir aus den Augen, und seinen Unterhalt *deiner Güte* zu danken haben.

Carl kündigte seinem Bruder dies Urteil mit den sanftmütigsten Ausdrücken an und machte ihm zugleich einen hinlänglichen Unterhalt aus. Wilhelm entfernte sich, ohne viel Reue zu äußern, und wohnet seit der Zeit in einer angesehenen Stadt, wo er und sein Hofmeister das Haupt einer Sekte sind, die man die Sekte der Zeloten nennt. Carl aber wohnet noch bei seinem Vater und ist die Freude seines Alters und die Wohllust seiner künftigen Untertanen. Diese Geschichte, die aus den glaubwürdigsten Zeugnissen zusammengeflossen ist, beweist, daß es auch teutsche Blifil* und teutsche Jones* gebe. Nur schade, daß die Anzahl der ersteren so groß unter uns ist, daß man die andern kaum bemerkt. Wann wird einmal der Philosoph auftreten, der sich in die Tiefen des menschlichen Herzens

* Gestalten aus H. Fieldings »Tom Jones« (dem Schubart eine Reihe von Zügen für seine Erzählung entnommen hat).

hinabläßt, jeder Handlung bis zur Empfängnis nachspürt, und alsdann eine Geschichte des menschlichen Herzens schreibt, worin er das trügerische Inkarnat[6] vom Antlitz des Heuchlers hinwegwischt und gegen ihn die Rechte des offenen Herzens behauptet!

Zit. nach: Christian Friedrich Daniel Schubart. Schicksal – Zeitbild. Ausgewählte Schriften von Konrad Gaiser. Stuttgart: Silberburg, 1929. S. 318–323.

2. Das historische Quellenmaterial

Nach Schillers Witwe (*Charlotte von Schiller und ihre Freunde*, Stuttgart 1860, Bd. 1, S. 88) war »die Geschichte des alten Moor nicht erfunden«, sondern hatte »einen wahren Grund«. Gerade in den letzten Jahrzehnten konnte die Forschung die Wahrscheinlichkeit historischer Bezüge verdichten. Günther Krafts Studien weisen u. a. auf Übereinstimmungen zwischen der Räuberbande in Schillers Drama und der »Krummfinger-Balthasar-Bande« aus der Mitte des 18. Jh.s. hin:

»Allein die im folgenden beschriebenen ›Themarer Protokolle‹ lassen erkennen, daß der Wirkungskreis zwischen Rhein, Main und Donau und den Waldgebirgen Thüringens, Frankens und Böhmens eine Einheit darstellte und dieses ›böse Gesindel‹ in Gruppenstärken bis zu 1500 Personen auftrat, wie eine Generalverordnung vom 4. April 1722 des Königlichen und Kurfürstlichen Amtes zu Dresden mitteilt.«

Günther Kraft: Historische Studien zu Schillers Schauspiel *Die Räuber*. Über eine mitteldeutsch-fränkische Räuberbande des 18. Jahrhunderts. Weimar: Arion, 1959. S. 44.

6 (Ital.) Fleischfarbe in der Malerei. Sie soll weggewischt werden, damit die wahre Natur des Heuchlers zum Vorschein kommt.

Auch zum Gesang der Räuber im Schauspiel und zur dortigen Beschreibung des Räuberlebens als »freies Leben voller Wonne« mit »kareßieren, saufen, balgen« finden sich im Protokoll von 1753 mögliche Vorbilder: »das verfallene Schloß, die auf der Erde lagernde Bande, das freie geschlechtliche Verhältnis zueinander, das Balgen um Beute – bis zum Mord, das Hantieren bei Sturm und Wind, das Einladen bei Pfaffen und ›masten Pächtern‹ und die ›ausgebadete Gurgel im Traubensaft‹« (ebd.).
Otto Rohn findet Vorbilder für die Gestalt Spiegelbergs in jüdischen Räuberbanden, die sich im 18. Jahrhundert »in Franken böse hervorgetan« haben (»Ein Schloß in Franken – Mittelpunkt von Schillers Schauspiel *Die Räuber*. Ein Beitrag zur Vorgeschichte dieses Schauspiels«, in: *Alt-Gunzenhausen. Beiträge zur Geschichte der Stadt und Umgebung*, Jg. 1991, H. 46, S. 73–138, hier S. 119).
Das gräflich Moorsche Geschehen stimmt in Teilen überein mit dem Inhalt der »Akte Buttlar« aus den Jahren 1734 bis 1736. Kraft hebt als zentrale Parallelen zwischen Dichtung und Historie die Verbindung einer feudalen Familie mit einer Räuberbande, die Auslösung der Familienkatastrophe durch die Intrige eines Familienmitglieds und das Ereignis willkürlicher, also tyrannischer Rechtsbeugung hervor. Aus der Akte Buttlar ergibt sich folgender historischer Vorgang:

»Major von Buttlar, Schwager des Erhard von Lentersheim aus der Linie *Muhr* – zugleich ›Herr von Alten- und Neuenmuhr‹ – wird des Mordes an Freifrau von Lentersheim-Eyb bezichtigt. Er ließ diesen Mord durch seine Bedienten, die Angehörige der mitteldeutsch-fränkischen Räuberbande waren, ausführen und entlohnte sie nach erfolgter Tat. In der Akte wird von Buttlar als ›Schurke‹ bezeichnet, aber offensichtlich durch seinen in höheren Justizdiensten befindlichen Schwager gedeckt, der das Inquisitionsverfahren entgegen aller Gepflogenheit von Beginn an selbst in die Hand nahm und gewisse Feststellungen einseitig vornahm.«

Günther Kraft: Historische Studien zu Schillers Schauspiel *Die Räuber*. Über eine mitteldeutsch-fränkische Räuberbande des 18. Jahrhunderts. Weimar: Arion, 1959. S. 96.

Die schriftliche und mündliche Überlieferung der Vorfälle an Schiller liegt durch den Anakreontiker Johann Peter Uz (1720–1796) und Schubart nahe; s. dazu Kraft, S. 139–141.

Schon aus dem 19. Jahrhundert stammt die Annahme (vgl. NA III,269), dass sich in den *Räubern* eine zwischen 1760 und 1785 im Haus des Reichsfreiherrn von Sickingen-Sauerberg stattfindende Familientragödie spiegelt, die 1963 Helmut Budenbinder zusammenhängend dargestellt hat (»Das Familiendrama Sickingen. Sein Verlauf und sein möglicher Zusammenhang mit Schillers *Räubern*«, in: *Mitteilungen des historischen Vereins der Pfalz* 61, 1963, S. 161–200). Weil der Vater das Familienvermögen mit alchimistischen Versuchen verschleudert, wird er von seinen Söhnen Heinrich und Wilhelm 20 Jahre lang gefangen gehalten, wobei auch deren besonders grausamer Vetter Franz eine Rolle spielt. Heinrich geht später zum Vater über. An der Aufklärung der Affäre ist der Bruder des Mannheimer Theaterintendanten von Dalberg beteiligt.

3. Der Räuber Roque aus Miguel de Cervantes' *Don Quixote*

Schiller weist in seiner »Selbstrezension« der *Räuber* (s. Kap. V,5) auf »den ehrwürdigen Räuber Roque aus dem Don Quixote« als der Gestalt hin, der Karl Moor neben den Helden Plutarchs »seine Grundzüge« verdankt. Tatsächlich legt die Episode aus Cervantes' Roman, obwohl sie für die Handlung der *Räuber* nichts hergibt, einen atmosphärischen Einfluss auf das Räuberleben in Schillers Stück nahe: Der adlige, sozial gesinnte, gut aussehende, souverän seine Bande beherrschende Roque, der auch von einem Rachebedürfnis an der Gesellschaft geleitet wird, hat eine Ausstrahlung, die an Karl Moor erinnert. Als »gutmütigen katalanischen Buschklepper«, wie Stubenrauch ihn charakterisiert (NA III,267), hat Schiller den Räuber Roque Guiñart ganz gewiss nicht empfunden.

»Dieß war ein Mann von ungefähr vierunddreyzig Jahren, lang, stark, schwarzbraun von Gesicht, und ernsthaft. Er trug ein Panzerhemd, ritt einen starken Gaul, und führte an jeder Seite ein Paar Terzerole. Als er sahe, daß seine Knappen (so nennte er seine Raubgesellen) den armen Sancho ausplündern wollten, rufte er sie ab. Augenblicklich gehorchten sie, und so kam die Geldkatze noch davon. [...]
Indem kam einer von den Freybeutern, der Wache gestanden hatte, und meldete dem Hauptmanne, daß auf der Straße nach Barcelona zu ein großer Trupp Leute herkämen. ›Sind es welche die uns suchen, oder die wir suchen?‹ fragte Roque. – ›Es sind welche, die wir suchen‹, versetzte der Knappe. – ›Wohlan ihr Pursche‹, schrie Roque, ›Alle hinaus und bringt mir sie hieher, aber daß keiner davon entwische.‹ Sogleich zogen sie aus, und Roque blieb allein bey Don Quixote und Sancho, den Fang hier zu erwarten. ›Herr Ritter‹, fieng Roque an, ›unsere Lebensart muß Euch wohl ein wenig seltsam vorkommen. Immer neue Abenteuer und neue Händel, und alle sehr gefährlich. Ich wundere mich nicht, wenn Euch so ein Leben etwas seltsam scheint; denn ich erkenne es selbst für das unruhigste und unsteteste, das man auf der Welt führen kann. Mich hat nichts als Durst nach Rache dazu gebracht; eine Leidenschafft, die das beste und friedlichste Menschen-Herz in die schrecklichsten Labyrinthe führen kann. Ich bin

von Natur mitleidig und sanft, aber, wie gesagt, die Begierde, mich wegen einer empfangenen Beleidigung zu rächen, erstickt alle diese bessern Naturtriebe in mir, und macht, daß ich wider besser Wissen und Gewissen dieß abscheuliche Leben fortführen muß. Ein Abgrund führt immer in den andern, und Sünde hängt immer an Sünde, so daß ich, der ich anfangs nur meine eigene Rache ausführen wollte, jezt sogar auch fremde übernehme. Aber Gott ist langmüthig und gnädig, und mit seiner Hülfe hoffe ich endlich, so tief ich jezt auch in einem Labyrinthe von Verbrechen stecke, doch noch herauszukommen und mich zu retten.‹ Don Quixote erstaunte, den Roque so richtig und gut über seine jetzige Lage sprechen zu hören; denn er hatte unter Leuten, die mit nichts als Rauben und Morden umgiengen, keinen Schatten von einem guten Gedanken vermuthet. [...]

Indem kamen Roques Leute mit ihrem Fange zurück, und brachten zween Edelleute zu Pferde, zween Pilger zu Fuß, eine Kutsche voll Weiber mit sechs Bedienten zu Pferde und zu Fuß, und noch zween Maulthier-Treiber, die zu den Edelleuten gehörten, mit. Die Straßenräuber schloßen ihre Gefangenen in einen Kreis ein, und nun herrschte eine allgemeine Stille, bis endlich Roque Guiñart der Große das Wort nahm. Er fragte die beyden Edelleute: wer sie wären, wohin sie wollten, und was sie von Gelde bey sich hätten? ›Señor‹, versetzte der Eine, ›wir sind beyde Hauptleute von der spanischen Infanterie. Unsere Compagnien stehen in Neapel, und eben wollten wir mit vier Galeeren, die zu Barcelona seegelfertig liegen, dahin abgehen. Von baarem Gelde haben wir ungefähr zwey bis drey hundert Kronen bey uns, und dünken uns damit reich und vergnügt; denn Ihr wißt wohl, Soldaten sammlen nie große Schätze.‹ – ›Und ihr?‹ sagte Roque zu den Pilgrimmen. – ›Señor‹, versetzten diese, ›wir wollten uns eben nach Rom einschiffen, und unsere ganze Baarschafft beläuft sich höchstens auf sechzig Realen.‹ Roque wollte ferner wissen, was für Leute in der Kutsche wären, wohin sie giengen und was sie von Gelde bey sich hätten? Sogleich meldete ihm einer von den Bedienten zu Pferde: es sey die Doña Guiomar de Quiñones, die Gemahlin des Vicariats-Präsidenten zu Neapel mit ihrer kleinen Tochter, einer Kammerjungfer und einer Dueña, zusammen in der Kutsche, und die sechs Bedienten zu Pferde und zu Fuße gehörten ihr auch zu; an Gelde aber hätten sie ungefähr sechs hundert Kronen bey sich. – ›Also hätten wir hier neunhundert Kronen und sechzig Realen‹, sprach Roque Guiñart. ›Ich habe sechzig Soldaten, und rechnet einmal, wie viel da auf Einen kommt; denn ich bin ein schlechter Rechenmeister.‹ – ›Ha!‹ schrien hier die Straßenräuber alle, ›es lebe Roque Guiñart! trotz aller der Hunde, die seinen Untergang wollen.‹ Den beyden Hauptleuten fiel der Muth, die Frau Vicariats-Präsidentin machte jämmerliche Gesichter, und die Pilger kratzten sich hinter den Ohren, da sie sahen, daß es über ihr Geld hergehen sollte. In dieser traurigen Erwartung ließ nun Roque sie eine Weile. Da er aber ihren sichtbaren Kummer nicht muthwillig verlängern wollte, wandte er sich endlich zu den Hauptleuten, und sprach zu ihnen: ›Meine Herren, seyd so gütig und leihet mir nur sechzig Kronen, und die Frau Präsidentin achtzig, damit ich nur meine Leute da bezahlen kann; denn jedes Handwerk muß seinen Mann nähren; alsdann könnt ihr frey und ungehindert Eurer Straße ziehen, und ich will Euch noch oben drein mit einem eigenhändigen Paße versehen, daß Euch keine Unannehmlichkeit wiederfährt, wenn Ihr irgend einer andern Schwadrone von meinen Leuten, die in der Gegend streifen, in die Hände fielet; denn mit meinem Willen soll keinem Soldaten oder einer Dame von Stande Leides wiederfahren.‹ Die beyden Hauptleute dankten dem Roque unendlich für seine Höflichkeit und Freygebigkeit, als wofür sie ihm dieß, daß er ihnen ihr eigen Geld ließ, anrechneten. Die Doña Guiomar de Quiñones wollte schlechterdings aus der Kutsche springen, und dem edlen Roque die Hand küssen;

welches er aber durchaus nicht zuließ, sondern sie vielmehr um Verzeihung bath, daß er ihr habe, vermöge des schlimmen Handwerks das er triebe, beschwerlich fallen müssen. Die Dame befohl sogleich einem ihrer Bedienten die auf sie kommenden achtzig Kronen zu zahlen. Dieß geschah, und die beyden Hauptleute trugen zugleich ihre sechzig bey. Nun wollten auch die beyden Pilger ihr ganzes bisgen Armuth heraushohlen; aber Roque sagte zu ihnen: sie sollten es nur seyn lassen; kehrte sich drauf zu seinen Leuten, und sprach: ›Von diesen hundert und vierzig Kronen soll jeder von euch zwoo haben; es bleiben also zwanzig übrig. Davon gebt zehn diesen beyden Pilgern, und die andern zehn diesem ehrlichen Schildknappen, damit er von diesem Abentheuer auch Gutes sagen kann.‹ Hierauf zog er ein Schreibzeug heraus, welches er immer bey sich führte, schrieb ihnen einen Paß für alle seine untergeordneten Rottenführer, und fertigte sie damit so großmüthig und edel ab, daß sie ihn Alle wegen seines großen, edlen und ganz ungewöhnlichen Betragens eher für einen Alexander, als einen berüchtigten Strassenräuber hielten. Von ungefähr fieng Einer seiner Leute an zu murren, und sagte in seinem gasconisch-catalonischen Rothwelsch: ›Mordio! Unser Hauptmann hätte sich auch besser zu einem Bruder Baarfüßer, als zu einem Freybeuter geschickt. Wenn er inskünftige freygebig seyn will, zum Teufel! so sey er's aus seinem Beutel, und nicht aus unserm.‹ Zum Unglücke hatte er's ein wenig zu laut gesagt, daß es Roque hören mußte. Augenblicklich zog dieser sein Schwerdt und spaltete jenem den Schädel: ›So‹, sprach er, ›züchtige ich Murren und Meuterey.‹ Alle die Andern entsetzten sich darüber, und keiner wagte ein Wort zu sagen, so streng war ihr Gehorsam gegen ihn.«

[Miguel de Cervantes:] Leben und Thaten des weisen Junkers Don Quixote von Mancha. Neue Ausgabe. [Übers. von F. J. Bertuch.] Weimar/Leipzig: Fritsch, 1777. 4. Theil, 28. Kap. S. 414, 426f., 428–433.

4. Der Sonnenwirt

Auf eine weitere Quelle zu den *Räubern* hat FRIEDRICH ABEL (1751–1829), Schillers Philosophieprofessor auf der Karlsschule, hingewiesen, der nach dem Tod des Dichters seine Erinnerungen an ihn aufschrieb: »Die Idee zu diesem Werk gab ihm teils der Räuberhauptmann Roque im Don Quixote, teils die Geschichte des sogenannten Sonnenwirts oder Friedr. Schwans, von dem damals durch ganz Würtemb. viel gesprochen wurde u. über die er auch mich öfters fragte (Mein Vater war der Beamte, unter dem Schwan eingefangen und hingerichtet wurde) u. die er auch, jedoch mit einigen Abänderungen, in einem eigenen Aufsatz bearbeitet hat« (zit. nach Weltrich I,842).

Der Sonnenwirt Friedrich Schwan wurde 1761 hingerichtet. Er hatte anfangs kleinere Vergehen begangen, die so streng bestraft wurden, dass er ein Rachebedürfnis gegenüber den Behörden entwickelte und Anführer einer Räuberbande wurde, die Schwaben unsicher machte. Schiller gestaltete sein Schicksal in der Erzählung *Der Verbrecher aus Infamie*, die er 1786 in der *Rheinischen Thalia* und 1792 noch einmal leicht verändert unter dem Titel *Der Verbrecher aus verlorener Ehre* in den *Kleineren prosaischen Schriften* veröffentlichte. (Vgl. Schiller, *Der Verbrecher aus verlorener Ehre und andere Erzählungen*, Nachw. von Bernhard Zeller, Stuttgart 1964 [u. ö.], Reclams UB Nr. 8891.)

Übrigens hat auch Abel selbst 1787 die Geschichte des Sonnenwirts in seiner *Sammlung und Erklärung merkwürdiger Erscheinungen aus dem menschlichen Leben* bearbeitet.

5. Weitere literarische Einflüsse

Wie in vielen Jugendwerken hat auch in Schillers *Räubern* eine Fülle von literarischen Lektüren ihre Spuren hinterlassen. Einzelne Szenen aus Shakespeares Dramen, aus Plutarchs parallelen Viten großer Griechen und Römer, aus Klopstocks *Messias* und aus den damals brandneuen Stücken der Stürmer und Dränger (Goethe, Klinger, Leisewitz) sind in den *Räubern* kopiert. In den Sacherläuterungen ist am jeweiligen Ort auf sie hingewiesen worden. Die Sprache der Lutherbibel prägt das ganze Stück. Auch die damals skandalösen französischen Werke einer materialistischen Sicht des Menschen (La Mettrie, Helvétius), die die emotionalen und geistigen Züge des Menschen auf physische Phänomene reduzierte, kannte Schiller durch seinen Lehrer Abel. Sie beeinflussten sicher Franz' Philosophie.

Einen Überblick über die literarische Welt, in der Schiller während der Entstehung der *Räuber* lebte, erhält man, wenn man seine bevorzugten Lektüren dieser Zeit aus den vorliegenden Berichten zusammenträgt (s. Kap. IV).

In einer materialreichen Untersuchung (*Der Bruch mit der Vater-Welt. Studien zu Schillers »Räubern«*, Heidelberg 1979) ist Peter Michelsen zum ersten Mal dem wichtigen, aber bisher vernachlässigten Einfluss der von barocken Traditionen beeinflussten herzoglichen Opern- und Ballettbühne in Ludwigsburg und Stuttgart auf den jungen Schiller nachgegangen, der als Karlsschüler viele der Aufführungen miterlebte. Michelsen führt wesentliche Züge in den *Räubern* nicht auf den Einfluss des Sturm und Drang oder Shakespeares zurück, sondern auf Noverres Ballette und die italienische Oper (Theatralik der Gebärden, extrem kontrastierende Charaktere, choreographische Ensembleszenen, rührende »lebende Bilder«, Pausen u. a.) und folgert daraus, dass »die von dem rhetorisch-theatralischen Sprach- und Gebärdenspiel ausgehende emotionale und dramatische Bewegung nicht den Personen eigen ist, nicht ihnen entspringt [...], sondern Teil ist des der jeweiligen Situation gemäßen Ablaufs der gesamtszenischen Bewegung, an der die Personen nur partizipieren, in die sie hineingestellt sind« (Michelsen, S. 66).

IV. Dokumente zur Entstehung und Uraufführung

1. Schillers bevorzugte Lektüren 1773 bis 1780

Schriftliche Antworten FRIEDRICH VON HOVENS an JOHANN WILHELM PETERSEN, 1805; beide waren Miteleven Schillers auf der Karlsschule:

»Frage 1. Bei welcher Gelegenheit und in welchem Jahr ward Schiller mit Klopstocks ›Messias‹ bekannt? [...]
Antwort. Mit Klopstocks ›Messias‹ wurde Schiller erst auf der Solitude bekannt. Dieß mag im Jahr 1774 gewesen sein. Wie, weiß ich nicht genau; vermuthlich geschah es durch Zufall.
[...]
Frage 3. In welchem Jahr fielen ihm Shakespeare's Schauspiele in die Hände? [...]
Antwort. So viel ich weiß, lernte Schiller Shakespeare's Schauspiele schon auf der Solitude kennen. Er las die Wielandsche Übersetzung, die er von Professor Abel entlehnte. [...]
Frage 4. Welches sind die philosophischen Schriften, die Schiller in der Akademie las und studierte?
Antwort. Beinahe ausschließend las Schiller Garve's Schriften und besonders seine Anmerkungen zu Fergusons Grundsätzen der Moralphilosophie. Öfters las er auch in Plutarchs Biographien, die er aber bloß aus der Schirachischen Übersetzung kannte.«

Schillers Persönlichkeit I,85 f.

FRIEDRICH ABEL:

»Fergusons Moralphilosophie war es, die ihn am meisten anzog. [...] Doch allerdings waren es am meisten die schönen Wissenschaften, die Schiller in dieser Periode liebte. Gerstenbergs ›Ugolino‹, ›Götz von Berlichingen‹, Klopstocks ›Messias‹ usw. wurden mit großer inniger Empfindung von ihm gelesen, aber alle diese mußten dem großen Shakespeare weichen, sobald er diesen kennen lernte.«

Schillers Persönlichkeit I,102.

JOHANN WILHELM PETERSEN, 1807:

»Es war zu Ende des Jahrs 1773 oder zu Anfange des folgenden, daß ihm ein Freund mit warmer Theilnahme von Gerstenbergs ›Ugolino‹ sprach und ihm das Stück zu lesen gab. Dieses Trauerspiel [...] bewegte Schillern nicht nur auf das tiefste: es machte einen fortwirkenden Eindruck auf ihn. ›Ugolino‹ und ›Götz von Berlichingen‹ gaben seiner dichtenden Geistesthätigkeit eine andere Richtung: sie hoben ihn gleichsam unwillkürlich in die tragische Laufbahn hinüber. Erst nach vielfachem Lesen und Einprägen dieser Stücke ward er mit Shakespearen bekannt [...]. Shakespeare verdrängte schnell auf eine geraume Zeit hin alle andern Dichter aus Schillers Geiste. [...] Von den neuern deutschen Dichtern zogen ihn außer den angeführten nur wenige an. Unter seine damaligen Lieblingswerke gehörten aber Lessings Schauspiele, die Gedichte des vielversprechenden Friedrich Müllers, des Mahlers, und vornehmlich Leisewitz ›Julius von Tarent‹.«

Schillers Persönlichkeit I,129f.

CAROLINE VON WOLZOGEN, 1830:

»Er las auch in dieser Zeit fleißig historische Werke, vorzüglich die Biographieen Plutarchs; auch philosophische Schriften zogen ihn sehr an, Mendelsohn, Sulzer, Lessing, Herder, vorzüglich Garve, sein damaliger Liebling unter den Philosophen, dessen Anmerkungen zu Ferguson's Moralphilosophie er beinah auswendig wußte. Es verdient

noch bemerkt zu werden, daß er vorzüglich in Luthers Bibelübersetzung die deutsche Sprache studirte. [...]
Man kann sich vorstellen, wie unter den dargestellten Umständen die ›Leiden Werthers‹, die durch die eisernen Pforten der Akademie gedrungen waren, auf Schiller wirken mußten. Dieser Roman ward von ihm und seinen Freunden verschlungen, und, wie dieses in jugendlichen Gemüthern oft der Fall ist, er regte, gleich einem über das Meer fahrenden Sturm, in ihnen den Dichtungstrieb zu schwellenden Wogen auf. [...] Auch ›Siegwart‹ hatte sich eingeschlichen. Dieses einfache herzvolle Gemälde der schönen Jugendliebe zog Schillern sehr an.«

Caroline von Wolzogen: Schillers Leben verfaßt aus Erinnerungen der Familie, seinen eigenen Briefen und den Nachrichten seines Freundes Körner. Bd. 1. Stuttgart/Tübingen: Cotta, 1830. S. 27 und 34.

Vgl. zu dem Thema auch Wolfgang Friedrichs, »Heimliche Lektüre der Karlsschüler«, in: *Schiller und die höfische Welt*, hrsg. von Achim Aurnhammer [u. a.]. Tübingen 1990, S. 127–133.

2. Zur Entstehung

Über die genaue Entstehungsgeschichte der *Räuber* gibt es keine Unterlagen. Von Schiller selbst liegen keine Äußerungen dazu vor, und seine Freunde haben erst später in der Erinnerung an den unterdessen berühmten Dichter Anmerkungen gemacht. Anscheinend hat Schiller mit der Niederschrift 1776 begonnen, die Arbeit dann aber für die Vorbereitung zu seinem medizinischen Examen etwa zwei Jahre ruhen lassen, sodass die Hauptentstehungszeit der *Räuber* in das letzte Jahr auf der Akademie, also 1779/80 fällt. Einblicke in den Entstehensvorgang geben Schillers Schwester und zwei Miteleven:

Christophine Schiller:

»Sein erstes Schauspiel ›Die Räuber‹ entwarf er ebenfalls in den Nebenstunden und größtentheils im Krankenzimmer, das er oft Fieberanfälle wegen wochenlang hüten mußte. Es ist also kein Wunder, wenn in dieser Stimmung, noch unbekannt mit dem Menschen, bei dem Zwang der Verhältnisse in der Phantasie eines Jünglings solche Bilder entstehen mußten, die er im Charakter des Franz Moor darstellte.«

Schillers Persönlichkeit I,27.

Christophine Schiller:

»Die Zöglinge der Akademie durften Abends nur bis zu einer bestimmten Stunde Licht brennen. Da gab sich Schiller, dessen Phantasie in der Stille der Nacht besonders lebhaft war, und der in den Nächten sich gern selbst lebte, was der Tag nicht erlaubte, oft als krank an, um in dem Krankensaale der Vergünstigung einer Lampe zu genießen. In solcher Lage wurden die ›Räuber‹ zum Teil geschrieben. Manchmal visitierte der Herzog den Saal; dann fuhren die ›Räuber‹ unter den Tisch; ein unter ihnen liegendes medizinisches Buch erzeugte den Glauben, Schiller benutze die schlaflosen Nächte für seine Wissenschaft.«

Schillers Leben dokumentarisch in Briefen, zeitgenössischen Berichten und Bildern. Zsgest. von Walter Hoyer. Köln: Kiepenheuer & Witsch, 1967. S. 38.

Karl Heideloff nach Überlieferung seines Vaters Viktor Heideloff, von dem auch die Zeichnung der Szene, wie Schiller die *Räuber* im Bopserwald vorträgt, stammt (vgl. S. 149):

»Da [...] ästhetische Besprechungen im Krankenzimmer bei der ängstlich-strengen Aufsicht zu beschränkt und kärglich waren, so beschloß Schiller mit seinen Camera-

Schiller trägt im Bopserwald *Die Räuber* vor.
Zeichnung von Viktor von Heideloff
(Foto: Deutsches Literaturarchiv / Schiller-Nationalmuseum,
Marbach am Neckar)

den, die Gelegenheit des nächsten Spaziergangs zu benützen, um an einem ruhigen und ungestörten Orte die ›Räuber‹ zur Beurtheilung und zum Genuß, wie Schiller es gerne that, vorzutragen.
Als [...] sie in Begleitung des Hauptmanns und der andern Zöglinge am frühen Morgen eines schönen Sonntags des Mai über die Weinsteige in das sogenannte Bopserwäldchen einen Spaziergang machten, sonderten sich die in den Plan Eingeweihten ihrer Verabredung gemäß von den andern ab, und [...] gingen [...] tiefer in den Wald hinein. Hier lagerten sie sich, ihren Schiller umkreisend, der auf den hervorstehenden Wurzeln eines der stärksten Fichtenbäume Posto gefaßt hatte. [...]
Nach Heideloffs, von Hovens und Schlotterbecks Angabe war Schillers Stimmung während seines Vortrags eine sehr heitere, mit sichtbarem Ausdruck seines behaglichen Gefühls der errungenen Freiheit und der Einsamkeit, in Umgebung des Waldes und der Freundschaft. Seine Declamation war anfänglich eine ruhige. Als er aber zur Stelle der fünften Scene des vierten Acts gelangte, wo Räuber Moor mit Entsetzen seinen todt geglaubten Vater vor dem Thurm anredet, steigerte sie sich in dem Grade, daß seine Freunde, mit gespannter Aufmerksamkeit Aug' und Ohr ihm zugewandt, durch den Ausbruch seines Affects in Bestürzung geriethen, durch die Großartigkeit seiner Arbeit aber in Erstaunen, Bewunderung und in fast endlose Beifallsbezeugungen übergingen.«

Schillers Persönlichkeit II,9 f.

JOHANN WILHELM PETERSEN, 1807:

»Das Hauptwerk, an welchem er diese Jahre über arbeitete, waren die ›Räuber‹. [...] Das Stück ist nicht das Werk Eines Gusses. Schiller arbeitete einzelne Selbstgespräche und Auftritte aus, ehe er das Grundgewebe des Ganzen überdachte, ehe er Anlage, Verwicklung und Entwicklung bestimmt, Schatten und Licht vertheilt und die Formen gehörig an einander gereihet hatte. Was auf diese Weise ausgearbeitet war, ließ er sich theilweise von Bekannten vorlesen, um Eindruck und Wirkung besser beurtheilen zu können. Schiller widmete den ›Räubern‹ jeden Tag wenigstens einige Stunden, und doch wurden sie nach zehnfacher Abänderung nicht früher als im Jahr 1780 vollendet.«

Schillers Persönlichkeit II,5 f.

Da Schiller Ende November / Anfang Dezember 1780 folgenden Brief an Petersen richtet, muss um diese Zeit das Manuskript abgeschlossen sein:

»Liebster Freund
Daß Du siehst wie viel mir an der Herausgabe meines Trauerspiels gelegen ist, und daß Du sie, falls Du, wie ich hoffe, Deine Einwilligung dazu gegeben hättest, um so eifriger betreibst will ich Dich izt schriftlich nochmals an das erinnern, was Du von Hoven schon, nach allen Künsten des überredenden Franzens, gehört haben wirst.
Der erste und wichtigste Grund warum ich die Herausgabe wünsche, ist jener allgewaltige Mammon, dem die Herberge unter meinem Dache gar nicht ansteht – das Geld. Stäudlin hat für einen Bogen seiner *Verse* einen Ducaten von einem *Tübinger* Verleger bekommen, warum sollt ich nicht für mein Trauerspiel, das durch den neuen Zusaz, 12–14 Bogen enggedrukt abgeben wird, von einem Mannheimer nicht eben soviel – nicht mehr bekommen können. Was über 50 Gulden abfällt ist Dein. Du must aber nicht glauben als ob ich Dich dadurch auf einem interessirten Wesen ertappen wollte, (ich kenne Dich ja) sondern das hast Du treu und redlich verdient und kannst brauchen.
Der zweite Grund ist wie leicht zu begreiffen, das Urtheil der Welt, dasjenige was ich und wenige Freunde mit vielleicht übertrieben günstigen Augen ansehen, dem unbe-

stochenen Richter dem Publicum preißzugeben. Dazu kommt noch die Erwartung, die Hoffnung und Begierde, welches alles mir meinen Auffenthalt im Loche der Prüfung, verkürzen und versüßen, und mir die Grillen zerstreuen soll. Ich möchte natürlicherweise auch wißen, was ich für ein Schiksal als Dramatiker, als Autor zu erwarten habe.
Und dann endlich ein dritter Grund, der ganz ächt ist, ist dieser: Ich habe einmal in der Welt keine andre Aussicht als in meinem Fache zu arbeiten. D.h. Ich suche mein Glük und meine Beschäftigung in einem Amt wo ich meine Physiologie und Philosophie durchstudieren und nüzen kan, und wen[n] ich etwas draußen schreibe so ist es in diesem Fache. Schrifften aus dem Felde der Poesie, Tragödien usw. würden mir in meinem Plane, Profeßor in der Physiologie und Medicin zu werden hinderlich seyn. Darum such ich sie hier schon wegzuräumen.
Schreib mir also liebster Freund, ob und wie Du gesonnen bist! Daß es herauskäme ist nicht zu besorgen, meinerseits soll die genaueste Vorsicht beobachtet werden. Und geschieht es – so ist es immer Zeit daß Du Deiner Brüder einen als Autor davon ausstreuen kannst – daß Du Dich selbst nennst will ich Dir nicht zumuthen, auch wär es zu schmeichelhafft von meinem Product gedacht. – Vergiß auch das Geld vor die Bücher nicht, denn ich und Kapff habens wirklich verflucht nöthig. Betreib es ja. 4–5 Gulden kannst Du doch immer davor kriegen.
P. S.
Höre Kerl! wenns reussirt. Ich will mir ein paar Bouteillen Burgunder drauf schmeken laßen.

Leb recht wol.
Schiller.«

NA XXIII,15f.

Im Frühjahr 1781 liegt der im Selbstverlag gedruckte Text vor, denn Schillers Mitschüler und späterer Schwager Wilhelm von Wolzogen schreibt am 28. April 1781 in sein Tagebuch:

»Es ist einer von der Medicinischen Abtheilung den lezten JahresTag aus der Akademie kommen und als Regiments Doktor bey den Regiment Oge [Augé] versorgt worden, von dem hab ich heute ein Schauspiel gelesen. Man sieht sein junges, feuriges, ungebildete Genie ganz und gar darinn; er kann noch einer von den schönen Geistern Deutschlands werden, wenn er es nicht schon ist. Sie haben gewiß noch kein Stük von einen Deutschen gelesen, daß so nach der Art des vergötterten Scheakspears ist als dieses, nur schade, daß einiges unanständige Zeug in einigen Scenen komt, allemal gut angebracht zwar, aber doch immer unanständig.« NA III,289.

Einen Eindruck von der Publikation gibt Friedrich Scharffenstein (1837), der sich allerdings im Hinblick auf die Löwenvignette (s. S. 91) irrt; sie findet sich erst auf dem Titelblatt der zweiten Auflage:

»Nun sollten die ›Räuber‹ edirt werden; eine hochwichtige Angelegenheit, bei der es manche Debatten gab. Zuerst wurde über eine Vignette deliberirt[1] und solche ohne Mühe erfunden: ein aufsteigender zorniger Löwe mit dem Motto ›in Tyrannos‹, was gratis von einem Cameraden aus den Kupferstechern radirt wurde. Nun ging's an den Accord mit einem subalternen Buchdrucker, der, dem Ding nicht trauend, es nicht anders als auf Schillers Unkosten übernahm. Diese Edition, fast Fließpapier, sah aus wie die Mordgeschichten und Lieder aus Reutlingen, die von Hausirern herumgetragen werden. Unbeschreibliche Freude machten die ersten Exemplare; inzwischen, da der

1 beratschlagt.

Kram, der in Gottes Namen und ohne alle Kundschaft veranstaltet worden war, wenig Abgang hatte, sah Schiller nachgerade den Wachsthum des Haufens mit komisch bedenklichen Augen an.
Schiller wohnte in einem kleinen Zimmer [...], wo außer einem großen Tisch, zwei Bänken und der an der Wand hängenden schmalen Garderobe, angestrichenen Hosen etc., nichts anzutreffen war als in einem Eck ganze Ballen der ›Räuber‹, in dem andern ein Haufen Kartoffeln mit leeren Tellern, Bouteillen und dergleichen unter einander. Eine schüchterne stillschweigende Revue dieser Gegenstände ging jedesmal dem Gespräch voran.«

Schillers Persönlichkeit I,162f.

3. Die Uraufführung

Der Kontakt Schillers mit dem Mannheimer Nationaltheater kam nach der Erinnerung des Mannheimer Buchhändlers Schwan, der das ›Trauerspiel‹ verlegte, folgendermaßen zustande:

Christian Friedrich Schwan an Christian Gottfried Körner, 14. Juli 1811:

»Schiller hatte dieses noch in der Carlsschule geschriebene Stück ins geheim bey einem Buchdrucker in Stutgardt drucken lassen. Öffentlich durfte es dort um so weniger erscheinen, da mehrere Hauptrollen darin unverkennbare Characterzüge von einigen Vorgesetzten und Aufsehern in dieser Anstalt enthielten. Durch die von mir schon früher in Mannheim herausgegebene Schreibtafel, zu welcher Schiller nie Beyträge geliefert, so wie auch dadurch, daß ich, wie es allgemein bekannt war, mit dem Mannheimer Deutschen Theater, zu dessen Errichtung ich zufälliger Weise die erste Veranlassung gegeben, wie nicht minder dadurch, daß mich

Das Mannheimer Nationaltheater zur Zeit Schillers

der Kurfürst Karl Theodor nach Braunschweig sandte, um mich mit Lessing über die künftige Einrichtung desselben zu besprechen, war ich vermuthlich Schillern bekant geworden. Er sandte mir daher ein gedrucktes Exemplar von seinen Räubern, mit der Anfrage, ob ich die ganze Auflage nicht als einen Handlungs-Artikel käuflich übernehmen wolle? Ich fand bey Durchlesung desselben so viel innern Gehalt für die Schaubühne, daß ich wünschte, es auf die Mannheimer Bühne zu bringen. Da es aber, so wie ich es aus seinen Händen erhielt, einem neugebornen Kinde glich, daß noch nicht von dem ihm von seinem bisherigen Aufenthalte noch anklebenden Schmutze gesäubert ist, und mitunter auch Scenen enthielt, die ich als Buchhändler dem ehrsamen und gesitteten Publikum verkäuflich anzubieten, für unschicklich hielt, so lehnte ich die käufliche Übernahme von mir ab, schrieb ihm aber dabey, daß ich dieses Stück nicht nur dem Hn. von Dalberg, damaligen Intendanten des Mannheimer Theaters und dem Hn. Otto von Gemmingen, Verfasser des deutschen Hausvaters vorgelesen, sondern wir auch das Urtheil unserer vorzüglichsten Schauspieler, eines Iffland, Böck, usw. darüber vernommen, welches einstimmig dahin ausgefallen, daß die Räuber, wenn sie vom Schmutze gereinigt, und mit einigen Veränderungen, die das Theater-Costüm nothwendig machte, aufgeführt würden, eine große Wirkung machen müßten. Er antwortete mir unverzüglich, daß er, mit den Regeln der Dramaturgie unbekannt, dazu willig und bereit sey; ich möchte nur die Stellen unterstreichen, die uns anstößig wären, und ihm einen Fingerzeig geben, wie gewisse Auftritte für das Costüm des Theaters sowohl, als den Regeln der Schauspielkunst gemäß zu verändern und einzurichten wären. Dieses geschah nun mit Zuziehung der vorhin genannten Personen, und so erhielt dieses Stück die Form und Gestalt, in welcher es in Mannheim zum ersten Male mit dem grösten Beyfall des Publikums aufgeführt wurde.«

Schillers Persönlichkeit II,56 f.

Die tiefgreifenden Änderungswünsche des Mannheimer Intendanten und Schillers aussichtsloser Widerstand dagegen werden durch die Briefe des Dichters an den Ersteren belegt:

17. August 1781:

»Nunmehro bin ich in den Stand gesezt, ernstlich und mit Muße über die Theatralisierung meiner Räuber zu denken, und hoffe die ganze veränderte Auflage innerhalb 14 Tagen zu Stand zu bringen.«

6. Oktober 1781:

»Hier erscheint endlich der *Verlorne Sohn,* oder die umgeschmolzenen Räuber. Freilich habe ich nicht auf den Termin, den ich selbst festsezte, wort gehalten, aber es bedarf nur eines flüchtigen Bliks über die Menge und Wichtigkeit der getroffenen Veränderungen, mich gänzlich zu entschuldigen. Dazu komt noch, daß eine Ruhrepidemie in meinem RegimentsLazaret mich von meinen otiis poeticis[2] sehr offt abrief.
Nach vollendeter Arbeit darf ich Sie versichern, daß ich mit weniger Anstrengung des Geists und gewiß mit noch weit mehr Vergnügen ein neues Stük, ja selbst ein Meisterstük schaffen wollte, als mich der nun gethanen Arbeit nochmals unterziehen. – Hier mußte ich Fehlern abhelfen, die in der Grundanlage des Stüks schon nothwendig wurzeln, hier mußte ich, an sich gute, Züge den Gränzen der Bühne, dem Eigensinn des *Parterre,* dem Unverstand der Gallerie, oder sonst leidigen Convenzionen aufopfern, und einem so durchdringenden Kenner, wie ich in Ihnen zu verehren weiß, wird es nicht unbekannt seyn können, daß es, wie in der Natur, so auf der Bühne für Eine Idee,

2 meinen poetischen Mußestunden.

Eine Empfindung auch nur Einen Ausdruk, Ein Kolorit gibt. Eine Veränderung die ich in *einem* Karakterzug vornehme, gibt offt dem ganzen Karakter, und folglich auch seinen Handlungen, und der auf diesen Handlungen ruhenden Mechanik des Stüks eine andere Wendung. Also Herrmann.
Wiederum stehen die Räuber im Original unter sich in lebhaftem Kontrast, und gewiß wird ein jeder Mühe haben, Vier oder Fünf Räuber contrastieren zu laßen, ohne in einem von ihnen gegen die Delikateße des Schauplazes anzurennen. Als ich es anfangs dachte, und den Plan davon bei mir entwarf dacht ich mir die theatralische Darstellung hinweg – Daher kams, daß Franz als ein *raisonirender* Bösewicht angelegt worden, eine Anlage, die so gewiß sie den denkenden Leser befriedigen wird, so gewiß den Zuschauer der vor sich nicht philosophirt, sondern gehandelt haben will, ermüden und verdrießen muß. In der veränderten Auflage konnt ich diesen Grundriß nicht übern Hauffen werffen, ohne dadurch der ganzen Ökonomie des Stüks einen Stoß zu geben; ich sehe also mit ziemlicher Wahrscheinlichkeit voraus, daß Franz wenn er nun auf der *Bühne* erscheinen wird, die Rolle nicht spielen werde, die er beim Lesen gespielt hat. Dazu kommt noch, daß der hinreißende Strom der Handlung den Zuschauer an den feinen Nüancen vorüberreißt, und ihn also um wenigstens den dritten Theil des ganzen Karakters bringt. Der Räuber Moor, wenn er, wie ich zum voraus versichert bin, seinen Mann unter den H. H.[3] Schauspielern findet, dörfte auf dem Schauplaz Epoche machen, einige wenige Speculationen, die aber auch als unentberlich Farben in dis ganze Gemälde spielen, weggerechnet, ist er ganz Handlung, ganz anschauliches Leben. Spiegelberg. Schweizer. Herrmann, usw. sind im eigentlichen Verstand Menschen für den Schauplaz, weniger *Amalia* und der Vater.

3 Herren; Abkürzung des Plurals.

Ich habe schriftliche, mündliche u[nd] gedrukte Rezensionen zu benuzen gesucht. Man hat mehr von mir gefordert als ich leisten konnte, denn nur dem Verfaßer eines Stüks, zumal wenn er selbst noch Verbeßerer wird, zeigt sich das non plus ultra vollkommen. Die Verbeßerungen sind wichtig, zerschiedene Scenen ganz neu, und meiner Meinung nach, das ganze Stük werth. Darunter gehören: Herrmanns Gegenintriguen, die Franzens Plan untergraben, seine Scene mit diesen, die in der 1sten Ausarbeitung (nach dem vollkommenen Sinn meines Erfurter Rezensenten) gänzlich und sehr unglüklich vergeßen worden. Doch hat mein Rezensent den Ausgang dieser Unterhaltung anders erwartet, aber ich bin überzeugt, mit weniger Gründen, als ich ihn, so wie er izt ist, für Recht hielt. Seine Scene mit Amalien im Garten ist um einen Akt zurükgesezt worden, und meine guten Freunde sagen, daß ich im ganzen Stük keinen beßern Ort dazu hätte wählen können als diesen, keine beßere Zeit als einige Augenblike vor Moors Scene mit Amalien. Franz ist der Menschheit etwas näher gebracht, aber der Weeg dazu ist seltsam. Eine Scene wie seine Verurtheilung im Vten Akt ist meines Wißens auf keinem Schauplaz erlebt, eben so wenig als Amaliens Aufopferung durch ihren Geliebten. Die Katastrophe des Stüks däucht mich nun die Krone deßelben zu seyn. Moor spielt seine Rolle ganz aus, und ich wette, daß man ihn nicht in dem Augenblik vergeßen wird, als der Vorhang der Bühne gefallen ist. Wenn das Stük zu groß seyn sollte, so steht es in der Willkühr des Theaters raisonnements abzukürzen oder hie und da etwas unbeschadet des ganzen Eindruks hinwegzuthun. Aber dawider protestiere ich höchlich daß beim Druken etwas hinweggelaßen wird; denn ich hatte meine guten Gründe zu allem was ich stehen ließ, und soweit geht meine Nachgiebigkeit gegen die Bühne nicht, daß ich Lüken laße, und Karaktere der Menschheit für die Bequemlichkeit der Spieler verstümmele. –

In Absicht auf die Wahl der Kleidung erlauben Sie mir nur die unmaßgebliche Bemerkung; Sie ist in der *Natur* eine Kleinigkeit, niemals auf der *Bühne.* Meines R[äuber] Moors Geschmak darin wird nicht schwer zu treffen seyn, doch bin ich auch auf diese Kleinigkeit äuserst begierig, wenn ich so glüklich bin Zeuge der Vorstellung zu seyn. Einen Busch trägt er auf dem Hut, denn dieses komt namentlich im Stük vor, zu der Zeit da er sein Amt niederlegt. Ich gäbe ihm auch einen Stok zu. Seine Kleidung müßte imer edel ohne Zierung, nachläßig ohne Leichtsinn seyn. Ein vortreflicher junger Componist arbeitet wirklich an einer Simfonie für meinen verlornen Sohn;[4] ich weiß daß sie meisterlich wird. Sobald sie fertig ist, bin ich so frei, sie Ihnen zu offerieren.
Nun entschuldigen Sie auch die ungleiche Handschrift, das Unkorrekte der Schreibart. Ich eilte Ihnen das Stük zu schiken und darum zweierlei Hand, und darum nahm ich mir auch nicht Zeit, daßelbe zu corrigieren. Mein Kopist hat, nach Gewohnheit aller beßerwißenwollender Schreiber, die Orthographie offt erbärmlich mißhandelt.
Schließlich empfehle ich mich und meine Arbeit der Nachsicht eines verehrungswürdigen *Kenners.*

D. Schiller. RMedicus«

3. November 1781:

»Die mit höchster Begierde erwartete Antwort und Kritik meines Verlorenen Sohns habe ich richtig erhalten, und bedaure nur daß die Verzögerung derselben ihren Grund in einer Krankheit gehabt hat, wovon ich E. E. von Herzen befreyht wünsche. Das was Ihnen darin tadelswerth geschienen konnte ich freilich selbsten nicht so leicht finden, weil mir sowol gewiße Theaterbeziehungen unbe-

4 Überliefert sind die »Gesänge zu dem Schauspiel die Räuber« von Johann Rudolph Zumsteeg (1760–1802), der am Musikinstitut der Akademie bis 1781 studierte und zum engeren Freundeskreis Schillers gehörte.

kannt sind, als auch das Stük selbst in einer allzugroßen Nähe steht, daß der kritische Verstand, der sein Objekt nothwendig in perspectivischer Entfernung gestellt haben muß, über viele Nüancen hinweggleitet. Diß einzige kam mir befremdlich für, daß E. E. die poëtische Seite des Stüks in der Umarbeitung ungern vermißen, welche meinem Bedünken nach jederzeit mit Vortheil von einem Theaterstük wegbleiben kann. Das günstige Urtheil über die *Verdammung Franzens* ist mir um so angenehmer, da ich es weniger bei diesem Fall als etwa bei der *Ermordung Amaliens* und ihrer Situation mit dem Räuber im IVten Akt erwartet hätte. Theatralisch mag es immerhin von der auf[f]allendsten Wirkung seyn.
Daß E. E. die Amalia lieber erschießen als erstechen laßen wollen gefällt mir ungemein, und ich willige mit Vergnügen in diese Veränderung. Der Effekt muß erstaunlich seyn, und kömmt mir auch räubermäßiger vor. Was sonstige Abänderungen betrift, so stell ich es dem Gutbefinden E. E. anheim damit zu schalten und zu walten wie Sie wollen. Freilich wünscht ich zuweilen auch ein Wort zur Beleuchtung gewisser Stellen sprechen zu dörfen.
Wenn ich Ihnen auf die Frage: ob das Stük nicht mit Vortheil in spätere Zeiten zurükgeschoben werden könnte, meine unmaßgebliche Meinung sagen darf, so gesteh ich, ich wünschte diese Veränderung nicht. Alle Karaktere sind zu aufgeklärt zu modern angelegt, daß das ganze Stük untergehen würde, wenn die Zeit, worin es geführt wird, verändert würde. Doch meine Meinung ist vielleicht zu einseitig, und soll auch nicht binden. Sonst wüßte ich nichts zur Legitimation meiner Umarbeitung hinzuzusezen, wenigstens nichts was sich leicht in den Gränzen eines Briefs einschränken ließ. Lebendiger und anschauender wäre vielleicht öfters meine Rechtfertigung bei einzelnen Paßagen selbst; denn ich erinnere mich noch wol, daß es mich hie und da eine kleine Anstrengung gekostet hat, so und nicht anders zu handeln.

Übrigens unterwerff ich meine Arbeit gänzlich dem Urtheil der Kenner, und habe also zu der Kritik des Vornehmsten unter diesen kein Wort hinzuzusezen.

Euer Excellenz
ganz unterthäniger
D Schiller.«

12. Dezember 1781:

»Mit der von E. Excellenz in Rüksicht auf den Verlag meines Schauspiels getroffenen Veränderung bin ich vollkommen zufrieden, besonders da ich sehe, daß durch dieselbe zwei von sich sehr verschieden gewesene Interessen vereinigt worden sind, ohne jedoch wie ich hoffe die Folgen und den Success meines Schauspiels zu unterdrüken. E. Excellenz berühren einige *sehr* wichtige Veränderungen die meine Arbeit von Ihren Händen erlitten hat und ich finde diese Sache in ansehung meiner wichtig genug etwas weitläufftig dabei zu seyn. Gleich Anfangs gesteh ich Ihnen aufrichtig, daß ich die Zurüksezung der Geschichte meines Stüks in die Epoche des gestifteten Landfriedens und unterdrükten Faustrechts – die ganze dardurch entsprungene neue Anlage des Schauspiels für unendlich beßer als die *meinige* halte, und halten muß, wenn ich vielleicht dardurch mein ganzes Schauspiel verlieren sollte. Allerdings ist der Einwurf, daß schwerlich in unserm hellem Jahrhundert, bey unserer abgeschliffenen Polizey, und Bestimtheit der Geseze eine solche meisterlose Rotte gleichsam im Schoos der Geseze entstehen noch viel weniger einwurzeln und einige Jahre aufrecht stehen könnte, allerdings ist dieser Vorwurf gegründet, und ich wüßte nichts dagegen zu sezen, als die Freiheit der Dichtkunst, die Wahrscheinlichkeiten der Wirklichen Welt in den Rang der Wahrheit, und die Möglichkeit derselben in den Rang der Wahrscheinlichkeit erheben zu dörfen. Diese Entschuldigung befriedigt allerdings die Größe des Ge-

gentheils nicht. Wenn ich Euer Excellenz aber dieses zugebe, (und ich gebe es mit Wahrheit und ungeheuchelter Überzeugung zu.) Was wird folgen? – Gewiß nichts anders als daß mein Schauspiel einen großen Fehler bei der Geburt bekommen, einen eigentlichen angeborenen Fehler den die Hand der feinsten Chirurgie ewig nicht ausmerzen wird – einen Fehler den es wenn ich so sagen darf, ins Grab mitnehmen muß, weil er in sein Grundwesen verflochten ist, und nicht ohne Destruktion des ganzen aufgehoben werden kann. Ich will mich E. E. näher zu erklären wagen.

I. Sprechen alle meine Personen zu modern, zu aufgeklärt für die damalige Zeit. Der Dialoge ist gar nicht derselbe. Die Simplicitaet, die uns der Verfaßer des Göz v[on] Berlichingen so lebhaft gezeichnet hat, fehlt ganz. Viele Tiraden, kleine und große Züge, Karaktere sogar sind aus dem Schoos unserer gegenwärtigen Welt herausgehoben, und taugten nichts in dem Maximilianischen Alter. Mit einem Wort, es ginge dem Stük wie einem Holzstich den ich in einer Ausgabe des Virgils gefunden. Die Trojaner hatten schöne Husarenstiefel, und der König Agamemnon führte ein paar Pistolen in seinem Hulfter. Ich beginge ein *Verbrechen* gegen die Zeiten Maximilians, um einem *Fehler* gegen die Zeiten Friderichs II. auszuweichen.

II. Meine ganze Episode mit *Amaliens Liebe* spielte gegen die einfache Ritterliebe der damaligen Zeit einen abscheulichen Kontrast. Amalia müßte schlechterdings in ein Ritterfräulein umgeschmolzen werden, und Sie sehen von selbsten, dieser Karakter, diese Gattung Liebe die in meiner Arbeit herrscht ist in das ganze Gemälde der Räuber Moors, ja in das ganze Stük so tief und allgemein hinein kolorirt daß man das ganze Gemäld übermalen muß um es auszulöschen. So verhält es sich auch mit dem ganzen Karakter Franzens, diesem spekulativischen Bösewicht, diesem metaphysisch-spizfündigen Schurken. Ich glaube mit *einem* Wort sagen zu können, diese Versezung meines

Stüks, welche ihm vor der Ausarbeitung den grösesten Glanz und die höchste Vollkommenheit würde gegeben haben, macht es nunmehr, da es schon angelegt und vollendet ist zu einem fehlervollen und anstößigen Quodlibet, zu einer Krähe mit Pfauenfedern.
Verzeihen Euer Excellenz dem Vater diese eifrige Fürsprache für sein Kind. Es sind nur Worte, und allerdings kann jedwedes Theater mit den Schauspielen anfangen was es will, der Autor muß sichs gefallen laßen, und ein Glük ist es für den Verfaßer der Räuber, daß er in die besten Hände gefallen ist. Dieses einige werd ich mir von H. Schwan ausbedingen, daß er es wenigstens nach der 1sten Anlage *drukt.* Auf dem Theater praetendire ich keine Stimme.
Die Zwote Haupt Veränderung mit der Ermordung Amaliens interessirte mich fast noch mehr. Glauben mir E. E. es war dieses derjenige Theil meines Schauspiels der mich am meisten Anstrengung und Ueberlegung gekostet hat, davon das Resultat kein anderes war, als dieses, daß Moor seine Amalie ermorden *muß,* und daß dieses eine *positive Schönheit* seines Karakters ist, die einerseits den feurigsten Liebhaber andernseits den *Banditenführer* mit dem lebhafftesten Kolorit auszeichnet. Doch ich würde die Rechtfertigung dieser Stelle in keinem Briefe erschöpffen. Übrigens sind die wenigen Worte, davon E. E. in Ihrem Briefe Meldung gethan *fürtreflich,* und der ganzen Situation werth. Ich würde stolz darauf seyn, sie gemacht zu haben.
Da mir H. Schwan auch schreibt das Stük würde mit der Musik und den unentbehrlichsten Pausen gegen 5 Stunden spielen, eine zu lange Zeit für ein Stük! so wird eine zweite Beschneidung an demselben vorgenommen werden müßen. Ich wünschte nicht daß jemand anders, als ich, sich dieser Arbeit unterzöge, und ich selbst kann es nicht ohne die Anschauung einer Probe, oder der *ersten* Vorstellung selbst. Wenn es möglich wäre daß E. E. die Generalprobe des Stüks wenigstens zwischen dem 20–30 dieses Monats zu standen brächten, und mir die wichtigsten Unkosten

Der einzige erhaltene Theaterzettel der Uraufführung

einer Reise zu Ihnen vergüteten, so hoffte ich in etlichen Tagen das Interesse des Theaters und das meinige vereinigen, und dem Stük die theatralische Rundung geben zu können, die sich nicht ohne wirkliche Gegenwart bei der Aufführung geben läßt. Überdieses bät ich mir dieser Tage einen gütigsten Aufschluß aus, so würde ich mich auf den Fall vorzusehen wißen.
H. Schwan schreibt mir daß ein Baron v. Gemmingen sich die Müh genomen, und meinem Stük die Ehre gegeben hätte es vorzulesen. Ich höre auch daß dieser H. v. Gemmingen Verfaßer des Teutschen Hausvaters sey. Ich wünschte die Ehre haben diesen Mann zu versichern, daß ich eben diesen Hausvater ungemein gutgefunden, und einen vortreflichen Mann, und sehr schönen Geist darinn bewundert habe. Doch was ligt dem Verfaßer des Teutsch[en] Hausvaters an dem Geschwäz eines jungen Kandidaten? – Übrigens, wenn ich je das Glük habe einem v. Dalberg zu Mannheim meine Wärme und Verehrung zu bezeugen, so will ich mich auch in die Arme jenes drängen und Ihm sagen wie lieb mir solche Seelen sind wie Dalberg und Gemmingen.
Den Gedanken mit dem kleinen Avertissement vor Aufführung des Stüks find ich fürtreflich, und sende daher E. E. in Beilage einen Versuch.
Übrigens hab ich die Ehre mit vollkommener Achtung zu ersterben

E. Excellenz

ganz unterthäniger

Schiller.«

25. Dezember 1781:

»EE. haben mich in Ihrem lezten Brief scharfsinnig genug nach Hauß geschikt, daß ich schweigen und abwarten muß. Scheinbar wenigstens sind Ihre ausgedachten Gründe im höchsten Grade, besonders die aristotelische Philo-

sophie und der Sophistische Geist des damaligen Jahrhunderts in Absicht auf meinen *Franz,* daß ich selbst bald Ihrer Meinung bin. Doch müßte man dem Leser und Zuschauer in Absicht auf dieses einen kurzen Aufschluß im Dialogen selbsten geben. Was die Amalia betrift so glaube ich kommt sehr viel darauf an wie Solche *gespielt* wird, das unschuldige einfache des Betragens amalgamirt sich dann mit dem Text und bildet daraus einen HauptEindruk der nicht anders als vortheilhafft seyn muß.
Auf meinen R[äuber] *Moor* bin ich im höchsten Grade begierig, und von H. Bök, der ihn ja vorstellen soll, hör ich nichts, als gutes. Ich freue mich wirklich darauf wie ein Kind. Ich glaube meine ganze Dramatische Welt wird dabei aufwachen, und mir im ganzen einen größeren Schwung geben, denn es ist das erstemal in meinem Leben, daß ich etwas mehr als Mittelmäßiges hören werde. Für das gütigste Anerbieten einer Reiseunkostenvergütung dank ich gehorsamst, und es soll mir dazu dienen, und mich antreiben irgend ein Verdienst um die Mannheimer Schaubühne zu erwerben.
Daß E E. mit meinem Avertissement zufrieden sind freut mich ungemein, und ich hoffe daß auch dieses etwas zur beßeren Aufnahme beitragen wird.
In Hoffnung einer baldigen Gelegenheit EE. dasjenige mündlich sagen zu können, was ich Ihnen schuldig zu seyn füle habe ich die Ehre mit vollkommenster Hochachtung zu verharren

EE.
unterthäniger Diener
D. Schiller«

NA XXIII,19,20–28.

Die Uraufführung, eines der sensationellsten Ereignisse der deutschen Theatergeschichte, fand Sonntag, den 13. Januar 1782, zur Eröffnung des Karnevals statt. Schiller war, ohne vom Herzog die Genehmigung zu dieser ›Auslandsreise‹ zu haben, heimlich nach Mannheim gekommen und saß im Zuschauerraum. Im Folgenden Eindrücke von dem Ereignis. Der spätere Berliner Theaterintendant August Wilhelm Iffland (1759–1815), damals 23 Jahre alt, glänzte in der Rolle des Franz, deren berühmtester Darsteller er jahrzehntelang blieb.

Christian Friedrich Schwan an Christian Gottfried Körner, 14. Juli 1811:

»Als alles zur ersten Aufführung bereit war, lud ich Schillern ein, wenn er irgend abkommen könne, der Vorstellung persönlich beyzuwohnen. Er kam in Begleitung seines Freundes Petersen und stieg bey mir ab. Er war heimlich, ohne Erlaubniß des Herzogs abgereiset, in der Hoffnung, daß seine Abwesenheit durch die Vorkehrungen, die er getroffen, verschwiegen bleiben werde. Man räumte ihm eine eigene Loge ein, wo er unbemerkt und unerkannt sehen und fühlen könne, was sein Stück auf der Bühne für Wirkung thue. Da er aber die Unvorsichtigkeit begangen, bey seiner Ankunft seinen Namen am Thore anzugeben, so ward es gleich in der ganzen Stadt bekannt, Schiller, der Verfasser der Räuber sey selbst da.«

Schillers Persönlichkeit II,58.

Andreas Streicher, 1836:

»Endlich kam auch der so heftig gewünschte und ersehnte Tag heran, wo er seinen verlornen Sohn, wie er anfangs die Räuber benennen wollte, in der Mitte Januars 1782 auf dem Theater in Mannheim darstellen sah. Aus der ganzen Umgegend, von Heidelberg, Darmstadt, Frankfurt, Mainz, Worms, Speyer usw. waren die Leute zu Roß und zu Wagen herbeigeströmt, um dieses berüchtigte Stück, das eine außerordentliche Publizität erlangt hatte, von Künstlern

August Wilhelm Iffland als Franz Moor
(Foto: Goethe-Museum, Düsseldorf)

aufführen zu sehen, die auch unbedeutende Rollen mit täuschender Wahrheit gaben und nun hier um so stärker wirken konnten, je gedrängter die Sprache, je neuer die Ausdrücke, je ungeheurer und schrecklicher die Gegenstände waren, welche dem Zuschauer vorgeführt werden sollten. Der kleine Raum des Hauses nötigte diejenigen, welchen nicht das Glück zuteil wurde, eine Loge zu erhalten, ihre Sitze schon mittags um ein Uhr zu suchen und geduldig zu warten, bis um fünf Uhr endlich der Vorhang aufrollte. [...] Die ersten drei Akte machten die Wirkung nicht, die man im Lesen davon erwartete; aber die letzten drei enthielten alles, um auch die gespanntesten Forderungen zu befriedigen.«

Andreas Streicher: Schillers Flucht von Stuttgart und Aufenthalt in Mannheim von 1782 bis 1785. Hrsg. von Paul Raabe. Stuttgart: Reclam, 1968. (Universal-Bibliothek. 4652 [3].) S. 36f.

August Wilhelm Iffland, 1798:

»Die ›Räuber‹ wurden im Jahre 1782 zum ersten Male gegeben. Der Freiherr von Dalberg tat alles mögliche, dieses Talent [Schiller] zu ehren. Die Vorstellung wurde an Dekorationen, Kostüme, Fleiß und Genie auf eine bewundernswürdige Art gegeben. Wenn Böck auch nicht ganz das Ideal des Karl Moor erreicht hat, so waren doch viele Szenen, besonders die mit Amalien im vierten Akt, und ganz vorzüglich die Szene am Turm, sein Triumph. Das Publikum, Akteur und Statisten wurden mit ihm fortgerissen in dem allgewaltigen Feuerstrome. Stärker konnte der Dichter nicht gefühlt haben, als er ihn wiedergab. Franz Moor war für mich ein eignes Fach, in dem es mir, glaub ich, gelungen ist, Neuheit und Kraft zu entwickeln.«

August Wilhelm Iffland: Meine theatralische Laufbahn. Mit Anmerkungen und einer Zeittafel von Oscar Fambach. Stuttgart: Reclam, 1976. (Universal-Bibliothek. 5853 [2].) S. 56.

Nach Aussage eines Augenzeugen der ersten Vorstellung:

»Das Theater glich einem Irrenhause, rollende Augen, geballte Fäuste, stampfende Füße, heisere Aufschreie im Zuschauerraum! Fremde Menschen fielen einander schluchzend in die Arme, Frauen wankten, einer Ohnmacht nahe, zur Thüre. Es war eine allgemeine Auflösung wie im Chaos, aus deßen Nebeln eine neue Schöpfung hervorbricht!«

Anton Pichler: Chronik des Großherzoglichen Hof- und National-Theaters in Mannheim. Mannheim: Bensheimer, 1879. S. 67f.

Der Herzog belegte Schillers unerlaubte Entfernung aus Stuttgart mit einem vierzehntägigen Arrest und dem Verbot, mit dem ›Ausland‹ in Beziehung zu treten. Wenig später führte die ›Graubünder-Affäre‹ (s. Kap. I, Anm. zu 57,29f.) dazu, dass der Herzog Schiller auch noch das Schreiben literarischer Texte untersagte. Auf solche Weise handgreiflich auf den Unterschied zwischen seinem eingeschränkten Leben als Regimentsmedikus und herzoglicher Untertan und seinem Ruhm als Furore machender junger Autor hingewiesen und in der unerträglichen Aussicht, auf die Literatur mindestens in der näheren Zukunft verzichten zu müssen, emigrierte Schiller heimlich am Abend des 22. September 1782 in Streichers Begleitung. Er hoffte, mit neuen Theaterstücken seinen Erfolg in Mannheim fortsetzen zu können. »Die Räuber«, schrieb er 1784 (s. Kap. V, 6), »kosteten mir Familie und Vaterland.«
Vgl. zum Darstellungsstil, zur Dekoration und zu den Kostümen der Uraufführung »Mannheimer Soufflierbuch«, S. 151–178.
Schiller selbst sah sein *Räuber*-Drama nur noch einmal, am 16. April 1796 in Weimar. Aber nach dem späteren Bericht des Augenzeugen Ludwig Friedrich Göritz verließ er das Theater »mürrisch und kränker« (zit. nach Oellers, S. 135).

V. Selbstzeugnisse Schillers

1. Unterdrückte Vorrede

Sie wurde während des Druckvorgangs der ersten Ausgabe der *Räuber* von Schiller zurückgezogen und gegen die neue Vorrede ausgetauscht.

»Es mag beym ersten *in die Hand nehmen* auffallen, daß dieses Schauspiel niemals das Bürgerrecht auf dem Schauplaz bekommen wird. Wenn nun dieses ein unentbehrliches Requisitum zu einem Drama seyn soll, so hat freilich das meinige einen grossen Fehler mehr.
Nun weiß ich aber nicht, ob ich mich dieser Forderung so schlechtweg unterwerffen soll. Sophokles und Menander mögen sich wohl die sinnliche Darstellung zum Haupt-Augenmerk gemacht haben, denn es ist zu vermuthen, daß diese sinnliche Vorbildung erst auf die Idee des Dramas geführt habe: in der Folge aber fand sichs, daß schon allein die Dramatische Methode auch ohne Hinsicht auf theatralische Verkörperung, vor allen Gattungen der rührenden und unterrichtenden Poesie einen vorzüglichen Werth habe. Da sie uns ihre Welt gleichsam gegenwärtig stellt, und uns die Leidenschafften und geheimsten Bewegungen des Herzens in *eigenen Aeusserungen* der Personen schildert, so wird sie auch gegen die beschreibende Dichtkunst um so mächtiger würken, als die lebendige Anschauung kräfftiger ist, denn die historische Erkenntniß. Wenn der unbändige Grimm in dem entsezlichen Ausbruch: *Er hat keine Kinder*[1]: aus Makduff redet, ist diß nicht wahrer und Herzeinschneidender als wenn der alte Diego seinen Sakspiegel herauslangt, und sich auf offenem Theater begucket?

1 Shakespeare, *Macbeth* IV,3.

o Rage! o Desespoir![2]

Wirklich ist dieses große Vorrecht der Dramatischen Manier, die Seele gleichsam bey ihren verstohlensten Operationen zu ertappen, für den Franzosen durchaus verloren. Seine Menschen sind, (wo nicht gar Historiographen und Heldendichter ihres eigenen hohen Selbsts) doch selten mehr als eißkalte Zuschauer ihrer Wuth, oder altkluge Professore ihrer Leidenschafft.

Wahr also ist es, daß der ächte Genius des Dramas, welchen Schakespear, wie Prospero seinen Ariel[3] in seiner Gewalt mag gehabt haben, daß sage ich der wahre Geist des Schauspiels tiefer in die Seele gräbt, schärffer ins Herz schneidet, und lebendiger belehrt als Roman und Epopee, und daß es der sinnlichen Vorspiegelung gar nicht einmal bedarf uns diese Gattung von Poesie vorzüglich zu empfehlen. Ich kann demnach eine Geschichte Dramatisch abhandeln, ohne darum ein Drama schreiben zu wollen. Das heißt: Ich schreibe einen *dramatischen Roman,* und kein theatralisches Drama. Im ersten Fall darf ich mich nur den allgemeinen Gesezen der Kunst, nicht aber den besondern des Theatralischen Geschmacks unterwerffen.

Nun auf die Sache selbst zu kommen, so muß ich bekennen, daß nicht sowohl die körperliche Ausdehnung meines Schauspiels, als vielmehr sein Innhalt ihm Siz und Stimm auf dem Schauplaze absprechen. Die Oekonomie desselben machte es nothwendig daß mancher Karakter auftreten mußte, der das feinere Gefühl der Tugend beleidigt, und die Zärtlichkeit unserer Sitten empört. (Ich wünschte zur Ehre der Menschheit, daß ich hier nichts denn Karrikaturen geliefert hätte, muß aber gestehen, so fruchtbarer meine Weltkenntniß wird, so ärmer wird mein Karrikaturen-Register,) Noch mehr – Diese unmoralische Karaktere mußten von gewissen Seiten glänzen, ja offt von

2 Corneille, *Der Cid* I,5.

3 Figuren aus Shakespeares *Sturm.*

Seiten des Geists gewinnen, was sie von Seiten des Herzens verlieren. Jeder Dramatische Schriftsteller ist zu dieser Freiheit berechtigt, ja so gar genöthigt, wenn er anders der getreue Kopist der wirklichen Welt seyn soll. Auch ist, wie Garve lehrt, kein Mensch durchaus unvollkommen: auch der Lasterhaffteste hat noch viele Ideen, die richtig, viele Triebe die gut, viele Thätigkeiten, die edel sind. Er ist nur minder vollkommen.

Man trifft hier Bösewichter an, die Erstaunen abzwingen, ehrwürdige Mißethäter, Ungeheuer mit Majestät; Geister, die das abscheuliche Laster reizet, um der Grösse willen, die ihm anhänget, um der Krafft willen, die es erfordert, um der Gefahren willen, die es begleiten. Man stößt auf Menschen, die den Teufel umarmen würden, weil er der Mann ohne seines Gleichen ist; die auf dem Weg zur höchsten Vollkommenheit die unvollkommensten werden, die unglückseligsten auf dem Wege zum höchsten Glück, wie sie es wähnen. Mit einem Wort, man wird sich auch für meine Jago's[4] interessiren, man wird meinen Mordbrenner bewundern, ja fast sogar lieben. Niemand wird ihn verabscheuen, jeder darf ihn bedauren. Aber eben darum möchte ich selbst nicht gerathen haben, dieses mein Trauerspiel auf der Bühne zu wagen. Die Kenner die den Zusammenhang des Ganzen befassen, und die Absicht des Dichters errathen, machen immer das dünnste Häuflein aus. Der Pöbel hingegen (worunter ich s. v. v.[5] nicht die Mistpantscher allein, sondern auch und noch vielmehr manchen Federhut, und manchen Tressenrok, und manchen weissen Kragen zu zählen Ursache habe,) der Pöbel, will ich sagen, würde sich durch eine schöne Seite bestechen lassen, auch den häßlichen Grund zu schäzen, oder wohl gar eine Apologie des Lasters darinn finden, und seine eigene Kurzsichtigkeit den armen Dichter

4 *Jago:* Figur aus Shakespeares *Othello*.
5 *Sit venia verbo* (lat.): man verzeihe das Wort.

entgelten lassen, dem man gemeiniglich alles nur nicht Gerechtigkeit, wiederfahren läßt.
Es ist das ewige Da capo mit Abdera und Demokrit, und unsere gute Hippokrate müßten ganze Plantagen Nießwurz erschöpffen, wenn sie diesem Unwesen durch einen heilsamen Kräutertrank abhelffen wollten. Noch so viele Freunde der Wahrheit und Tugend mögen zusammenstehen ihren Mitbürgern auf offener Bühne Schule zu halten, der Pöbel hört nie auf Pöbel zu seyn, und wenn Sonne und Mond sich wandeln, und Himmel und Erde veralten wie ein Kleid, die Narren bleiben immer sich selbst gleich, wie die Tugend. Mort de ma vie sagt Herr Eisenfresser das heiß ich einen Sprung! Fy – Fy flistert die Mamsell, die Coeffure der kleinen Sängerin war viel zu altmodisch – Sacre dieu sagt der Friseur, welche göttliche Simfonie! da führen die Deutsche Hunde dagegen! – Sternhagelbataillon, den Kerl hättest du sehen sollen das rosenfarbene Mädel hinter die spanische Wand schmeissen, sagt der Kutscher zum Laquaien, der sich vor Frieren und Langeweile in die Komödie eingeschlichen hatte – Sie fiel recht artig, sagt die gnädige Tante recht gustös sur mon honneur (und spreitet ihren damastenen Schlamp weit aus) – was kostet Sie diese Eventaille[6] mein Kind? – Und auch mit viel Expression viel Submission – Fahr zu Kutscher! –
Nun gehe man hin und frage! – Sie haben die Emilia[7] gespielt. –
Diß könnte mich allenfalls schon entschuldigen, daß mirs gar nicht darum zu thun war, für die Bühne zu schreiben. Nicht aber das Auditorium allein, auch selbst das Theater schrökte mich ab. Wehe genug würde es mir thun, wenn ich so manche lebendige Leidenschafft mit allen Vieren zerstampfen, so manchen großen und edlen Zug erbärmlich maßakriren, und meines Räubers Majestät in der Stel-

6 *Éventail* (frz.) Fächer.
7 Lessings *Emilia Galotti*.

lung eines Stallknechts müßte erzwingen sehen. Ich würde mich übrigens glücklich schätzen, wenn mein Schauspiel die Aufmerksamkeit eines deutschen Roscius[8] verdiente. Schließlich will ich nicht bergen, daß ich der Meinung bin, der Applausus des Zuschauers sey nicht immer der Maaßstab für den Werth eines Dramas. Der Zuschauer vom gewaltigen Licht der Sinnlichkeit geblendet, übersieht offt eben sowohl die feinsten Schönheiten, als die untergeflossenen Flecken, die sich nur dem Auge des bedachtsamen Lesers entblößen. Vielleicht ist das gröste Meisterstük des brittischen Aeschylus nicht am meisten beklatscht worden, vielleicht muß er in seiner rohen scythischen Pracht denen à la mode (verschönerten oder verhunzten?) Kopien von Gotter, Weisse und Stephanie weichen.
So viel von meiner Versündigung gegen den Schauplaz – Eine Rechtfertigung über die Oekonomie meines Schauspiels selbst würde wohl keine Vorrede erschöpffen. Ich überlasse sie daher ihrem eigenen Schiksal, weit entfernt meine Richter mit zierlichen Worten zu bestechen wenn ich ihre Strenge zu befürchten fände, oder auf Schönheiten aufmerksam zu machen, wenn ich irgend welche darinn gefunden hätte.
Geschrieben in der Ostermesse.
1781. Der Herausgeber.«

NA III,243–246.

2. »Vorrede zur zwoten Auflage«

»Die achthundert Exemplarien der ersten Auflage meiner Räuber sind bälder zerstreut worden, als alle Liebhaber zu dem Stük konnten befriedigt werden. Man unternahm daher eine zwote, die sich von der ersten an Pünktlichkeit des Druks, und Vermeidung derjenigen Zweideutigkeiten

8 Quintus Roscius Gallus, berühmter röm. Schauspieler im 1. Jh. v. Chr.

ausnimmt, die dem feinern Theil des Publikums auffallend gewesen waren. Eine Verbesserung in dem *Wesen* des Stüks die den Wünschen meiner Freunde und Kritiker entspräche, durfte die Absicht dieser Auflage nicht seyn. Es sind dieser zwoten Auflage zerschiedene Klavierstüke zugeordnet, die ihren Werth bei einem grossen Theil des Musikliebenden Publikums erheben werden. Ein Meister sezte die Arien die darinn vorkommen in Musik, und ich bin überzeugt, daß man den Text bei der Musik *vergessen* wird.

Stuttgardt den 5. Jan. 1782.

D. Schiller.«

NA III,9.

3. »Der Verfasser an das Publikum«

auf dem Theaterzettel zur Uraufführung
(vgl. die Abbildung auf S. 165)

»Die Räuber – das Gemählde einer verirrten grosen Sele – ausgerüstet mit allen Gaben zum Fürtrefflichen, und mit allen Gaben – verloren – zügelloses Feuer und schlechte Kameradschaft verdarben sein Herz, rissen ihn von Laster zu Laster, bis er zulezt an der Spize einer Mordbrennerbande stand, Gräuel auf Gräuel häufte, von Abgrund zu Abgrund stürzte, in alle Tiefen der Verzweifelung – doch erhaben und ehrwürdig, gros und majestätisch im Unglück, und durch Unglück gebessert, rückgeführt zum Fürtrefflichen. – Einen solchen Mann wird man im Räuber Moor beweinen und hassen, verabscheuen und lieben.
Franz Moor, ein heuchlerischer, heimtückischer Schleicher – entlarvt, und gesprengt in seinen eigenen Minen.
Der alte Moor, ein allzu schwacher nachgebender Vater, Verzärtler, und Stifter vom Verderben und Elend seiner Kinder.

In Amalien die Schmerzen schwärmischer Liebe, und die Folter herrschender Leidenschaft.
Man wird auch nicht ohne Entsezen in die innere Wirthschaft des Lasters Blicke werfen, und wahrnehmen, wie alle Vergoldungen des Glücks den innern Gewissenswurm nicht tödten – und Schrecken, Angst, Reue, Verzweifelung hart hinter seinen Fersen sind. – Der Jüngling sehe mit Schrecken dem Ende der zügellosen Ausschweifungen nach, und der Mann gehe nicht ohne den Unterricht von dem Schauspiel, daß die unsichtbare Hand der Vorsicht, auch den Bösewicht zu Werkzeugen ihrer Absicht und Gerichte brauchen, und den verworrensten Knoten des Geschicks zum Erstaunen auflösen könne.«

4. »Monument Moors des Räubers«

Vollendet!
Heil dir! Vollendet!
Majestätischer Sünder!
Deine furchtbare Rolle vollbracht.

Hoher Gefallener!
Deines Geschlechts Beginner und Ender!
Seltner Sohn ihrer schröklichsten Laune,
Erhabner *Verstoß* der Mutter Natur!

Durch wolkigte Nacht ein prächtiger Bliz!
Hui! hinter ihm schlagen die Pforten zusammen!
Geizig schlingt ihn der Rachen der Nacht!
Zuken die Völker
Unter seiner verderbenden Pracht!
Aber Heil dir! vollendet!
Majestätischer Sünder!
Deine furchtbare Rolle vollbracht!

Modre – verstieb
In der Wiege des offnen Himmels!
Fürchterlich jedem Sünder zur Schau,
Wo dem *Thron gegenüber*
Heißer Ruhmsucht *furchtbare Schranke* steigt!
Siehe! der Ewigkeit übergibt dich die Schande!
Zu den Sternen des Ruhms
Klimmst du auf den Schultern der Schande!
Einst wird unter dir auch die Schande zerstieben,
Und dich reicht – die Bewunderung.

Nassen Auges an deinem schauernden Grabe
Männer vorüber –
Freue dich der Thräne der Männer,
Des Gerichteten Geist!
Nassen Auges an deinem schauernden Grabe
Jüngst ein Mädchen vorüber,
Hörte die furchtbare Kunde
Deiner Thaten vom steinernen Herold,
Und das Mädchen – freue dich! freue dich!
Wischte die Thräne nicht ab.
Ferne stand ich – sah die Perle fallen,
Und ich rief ihr: Amalia!

Jünglinge! Jünglinge!
Mit des *Genies* gefährlichem Aetherstral
Lernt behutsamer spielen.
Störrig knirscht in den Zügel das Sonnenroß,
Wie's am Seile des Meisters
Erd und Himmel in sanfterem Schwunge wiegt,
Flammts am kindischen Zaume
Erd und Himmel in lodernden Brand!
Unterging in den Trümmern
Der muthwillige Phaethon.

Kind des himmlischen Genius,
Glüendes thatenlechzendes Herz!
Reizet dich das Mal meines Räubers?
War wie du glüenden thatenlechzenden Herzens,
War wie du des himmlischen Genius Kind.
Aber du lächelst und gehst –
Dein Blik durchfliegt den Raum der Weltgeschichte,
Moorn den Räuber findest du nicht –
Steh und lächle nicht Jüngling!
Seine Sünde lebt – lebt seine Schande,
Räuber Moor nur – ihr Name nicht.

Vom Verfasser der Räuber

Anthologie auf das Jahr 1782. [Hrsg. von Friedrich Schiller.] Tobolsko [= Stuttgart 1782]. S. 177–180.

5. Selbstrezension und Bericht zur Uraufführung

In seinem Brief an Dalberg wenige Tage nach der Uraufführung (17. Januar 1782) kündigte Schiller an:

»E.E. werden mir erlauben, wenn ich die *Vorstellung der Räuber zu Mannheim* nach meinen dabei angestelten Beobachtungen weitläufftig zergliedere, und in einer *Abhandlung über das Schauspiel* öffentlich der Welt bekannt mache. Ich werde hier die drei treflichen Spieler H. Iffland, H. Boek, und H. Beil vorzüglich zu karakterisieren suchen, nemlich in so weit ich aus den Rollen die sie spielten auf sie schließen darf. Ich werde mir die Freiheit nehmen über die Gränzen des Dichters und Spielers zu reden, und in einigen Situationen mehreres Licht auf meinen eigenen Text werffen, wo ich glaube daß er auf eine andere Art als ich mir dachte begriffen worden. Auf diese Abhandlung also, die nächstens fertig werden, und E. Excellenz zugeschikt werden soll berufe ich mich und breche ab, mit der einzigen Vorerklärung, daß ich als Verfaßer des Stüks ohnstreitig ein parteiischer und vielleicht allzustrenger Richter bin.«

NA XXIII,30.

Er verwirklichte den Plan im 1. Stück des *Wirtembergischen Repertoriums*, Ostern 1782, trennte aber die Rezension des Stücks von der der Aufführung. Im 3. Stück der Zeitschrift, Frühjahr 1783, teilte er mit, »daß die Kritik über die Räuber [...] von dem Verfasser dieses trefflichen Schauspiels Herrn D. Schiller selbst ist« (NA XXII,385).

Die Räuber
Ein Schauspiel, von Friedrich Schiller
1782
(Ich nehme es nach der neuesten Theaterausgabe, wie es bisher auf der Nationalbühne zu Mannheim ist vorgestellt worden.)

Das einzige Schauspiel auf wirtembergischen Boden gewachsen. Die Fabel des Stücks ist ohngefähr diese: Ein fränkischer Graf, Maximilian von Moor, ist Vater von zween Söhnen, Karl und Franz, die sich an Charakter sehr unähnlich sind. Karl, der ältere, ein Jüngling voll Talenten und Edelmut, gerät zu Leipzig in einen Zirkel lüderlicher Brüder, stürzt in Exzesse und Schulden, muß zuletzt mit einem Trupp seiner Spießgesellen aus Leipzig entfliehen. Unterdes lebte Franz, der jüngere, zu Hause beim Vater, und da er heimtückischer schadenfroher Gemütsart war, wußte er die Zeitungen von den Lüderlichkeiten seines Bruders zu seinem eigenen Vorteil zu verschlimmern, seine reuvollen und rührenden Briefe zu unterdrücken, andere nachteiligen Inhalts unterzuschieben und den Vater dergestalt gegen den Sohn zu erbittern, daß er ihm den Fluch gab und ihn enterbte.
Karl, durch diesen Schritt zur Verzweiflung gebracht, verwickelt sich mit seinen Gefährten in ein Räuberkomplott,

wird ihr Anführer und führt sie in böhmische Wälder. Der alte Graf hatte eine Nichte im Hause, die den jungen Grafen Karl schwärmerisch liebte. Dieses Mädchen kämpfte mit allen Waffen der Liebe gegen den Zorn des Vaters und hätte auch durch zudringliches Bitten zuletzt ihren Zweck erreicht, wenn nicht Franz, der von diesem Schritt alles zu besorgen hatte, der neben dem noch Absichten auf Amalien hegte, durch eine ersonnene List alles vereitelt hätte. Nämlich er unterrichtete einen seiner Vertrauten, der noch einen Privatgroll auf den alten und jungen Grafen gefaßt hatte, unter dem vorgeblichen Namen eines Freunds von Karln die erdichtete Zeitung vom Tod dieses letztern zu bringen, und versah ihn hiezu mit den tüchtigsten Dokumenten. Der Streich gelang, die Trauerpost überraschte den Vater auf dem Krankenbett und wirkte so stark auf seinen geschwächten Körper, daß er in einen Zustand verfiel, den jedermann für den Tod erklärte – Aber es war nur eine tiefe Ohnmacht. – Franz, der sich durch boshafte Streiche zu den abscheulichsten Verbrechen erhärtet hatte, benutzte diesen allgemeinen Wahn, vollzog das Leichenbegängnis und brachte den Vater mit Hülfe seines gedungenen Handlangers in einen abgelegenen Turm, ihn alldort, ferne von Menschen, Hungers sterben zu lassen, und trat sodenn in den vollkommensten Besitz seiner Güter und Rechte.

Unterdessen hatte sich Karl Moor an der Spitze seiner Rotte durch außerordentliche Streiche weit und breit ruchtbar und furchtbar gemacht. Sein Anhang wuchs, seine Güter stiegen, sein Dolch schröckte die kleinere Tyrannen und autorisierten Beutelschneider, aber sein Beutel war der Notdurft geöffnet, und sein Arm zu ihrem Schutze bereit. Niemals erlaubte er sich spitzbübische Dieberei, sein Weg ging gerade, er hätte sich bälder zehen Mordtaten als einen einzigen Diebstahl vergeben. Das Gerücht seiner Taten foderte die Gerechtigkeit auf; er wurde in einem Walde, wo hinein er sich nach einem Hauptstreich mit seiner ganzen Bande geworfen hatte, umringt, aber der zur Verzweiflung gehetzte Abenteurer schlug sich mit wenigem Verlust herzhaft durch und entrann glücklich aus Böhmen. Itzt verband sich ein flüchtiger edler Böhme mit ihm, den sein widriges Geschick mit der bürgerlichen Gesellschaft entzweit hatte, dessen unglückliche Liebesgeschichte die schlafende Erinnerung der seinigen wieder aufweckte und ihn zu dem Entschluß bewog, Vaterland und Geliebte wiederzusehen, welchen er auch schleunig ins Werk setzte.

Hier eröffnet sich die zweite Epoche der Geschichte. Franz Moor genoß indes in aller wollüstigen Ruhe die Frucht seiner Büberei; nur Amalia stemmte sich standhaft gegen seine wollüstige Bestürmungen. Karl erscheint unter einem vorgeblichen Namen – Wilde Lebensart, Leidenschaft und lange Trennung hatten ihn unkenntlich gemacht, nur die Liebe, die sich niemals verleugnet, verweilt über dem sonderbaren Fremdling. Sinnliches Anschauen überwältigt die Erinnerung, Amalia fängt an ihren Karl in dem Unbekannten zu lieben – und zu vergessen, und liebt ihn doppelt, eben da sie ihm untreu zu werden fürchtet. Ihr Herz verrät sich dem seinigen, das seinige dem ihrigen, und der scharfsichtigen Furcht entrinnt keines von beiden. Franz wird aufmerksam, vergleicht, errät, überzeugt sich, und beschließt das Verderben des Bruders. Zum zweitenmal will er den Arm seines Handlangers dingen, der aber, durch seinen Undank beleidigt, mit angedrohter Entdeckung der Geheimnisse von ihm abspringt. Franz, selbst zu feig einen Mord auszuführen, verschiebt die unmenschliche Tat. Unterdes war schon der Eindruck von Karl so tief in das Herz des Mädchens gegangen, daß ein Heldenentschluß auf Seiten des ersten vonnöten war, ihn zu vertilgen. Er mußte die verlassen, von der er geliebt war, die er liebte und doch nicht mehr besitzen konnte; er floh, nachdem sie ihn erkannt, zu seiner Bande zurück. Er traf diese im nächstgelegenen Wald. Es war der nämliche, worin sein Vater im Turme verzweifelte, von dem reuigen und rachsüchtigen Hermann (so hieß Franzens Vertrauter) kümmerlich genährt. Er findet seinen Vater, den er mit Hülfe seiner Raubwerkzeuge befreit. Ein Detachement von Räubern muß den abscheulichen Sohn herbeiholen, der aus dem Brand seines Schlosses, worein er sich aus Verzweiflung gestürzt hatte, mühsam errettet wird. Karl läßt ihn durch seine Bande richten, die ihn verurteilt, in dem nämlichen Turme zu verhungern. Nun entdeckt sich Karl seinem Vater, doch seine Lebensart nicht. Amalia war dem fliehenden Geliebten in den Wald nachgeflohen und wird hier von den streifenden Banditen aufgefangen und vor den Hauptmann gebracht. Karl ist gezwungen sein Handwerk zu verraten, wobei der Vater für Entsetzen stirbt. Auch itzt ist ihm seine Amalia noch treu. Er ist im Begriff der Glücklichste zu werden, aber die schwürige Bande steht wider ihn auf und erinnert ihn an den feierlich geschwornen Eid. Karl, auch im größesten Bedrängnis noch Mann, ermordet Amalien, die er nicht mehr besitzen kann, verläßt die Bande, die er durch dieses unmenschliche Opfer befriedigt hat, und geht hin, sich selbst in die Hände der Justiz zu überliefern.

Man findet aus diesem Generalriß des Stücks, daß es an wahren dramatischen Situationen ungemein fruchtbar ist, daß es selbst aus der Feder eines mittelmäßigen Schriftstellers nicht ganz uninteressant fließen, daß es in den Händen eines bessern Kopfs ein Originalstück werden müsse: fragt sich nun, wie hat es der Dichter bearbeitet?

Zuerst denn von der Wahl der Fabel. Rousseau rühmte es an dem Plutarch, daß er erhabene Verbrecher zum Vorwurf seiner Schilderung wählte*. Wenigstens dünkt es mich, solche bedürfen notwendig einer ebenso großen

* Schriften von H. P. Sturz. In den Denkwürdigkeiten von Rousseau.

Dosis von Geisteskraft als die erhabene Tugendhafte, und die Empfindung des Abscheus vertrage sich nicht selten mit Anteil und Bewunderung. Außer dem daß im Schicksal des großen Rechtschaffenen, nach der reinsten Moral, durchaus kein Knoten, kein Labyrinth stattfindet, daß sich seine Werke und Schicksale notwendiger Weise zu voraus bekannten Zielen lenken, welche beim ersten zu ungewissen Zielen durch krumme Mäander sich schlängeln (ein Umstand, der in der dramatischen Kunst alles ausmacht), außer dem daß die hitzigsten Angriffe und Kabalen des Lasters nur Binsengefechte gegen die siegende Tugend sind, und wir uns so gern auf die Partie der Verlierer schlagen, ein Kunstgriff, wodurch Milton, der Panegyrikus der Hölle, auch den zartfühlendesten Leser einige Augenblicke zum gefallenen Engel macht, außer dem sage ich, kann ich die Tugend selbst in keinem triumphierendern Glanze zeigen, als wenn ich sie in die Intrigen des Lasters verwickle und ihre Strahlen durch diesen Schatten erhebe, denn es findet sich nichts Interessanteres in der moralisch ästhetischen Natur, als wenn Tugend und Laster an einander sich reiben.

R ä u b e r aber sind die Helden des Stücks, Räuber, und einer, der auch Räuber niederwägt, ein s c h l e i c h e n d e r Teufel. Ich weiß nicht, wie ich es erklären soll, daß wir um so wärmer sympathisieren, je weniger wir Gehilfen darin haben; daß wir dem, den die Welt ausstößt, unsere Tränen in die Wüste nachtragen; daß wir lieber mit Crusoe auf der menschenverlassenen Insel uns einnisten, als im drängenden Gewühle der Welt mitschwimmen. Dies wenigstens ist es, was uns in vorliegendem Stück an die so äußerst unmoralische Jaunerhorden festbindet. Eben dieses eigentümliche Korpus, das sie der bürgerlichen Gesellschaft gegenüber formieren, seine Beschränkungen, seine Gebrechen, seine Gefahren, alles lockt uns näher zu ihnen, aus einer unmerkbaren Grundneigung der Seele zum Gleichgewicht meinen wir durch unsern Beitritt, welches zugleich auch unserm Stolze schmeichelt, ihre leichte unmoralische Schale so lang beschweren zu müssen, bis sie waagrecht mit der Gerechtigkeit steht. Je entferntern Zusammenhang sie mit der Welt haben, desto nähern hat unser Herz mit ihnen. – Ein Mensch, an den sich die ganze Welt knüpft, der sich wiederum an die ganze Welt klammert, ist ein Fremdling für unser Herz. – Wir lieben das Ausschließende in der Liebe und überall.

Der Dichter führte uns also in eine Republik hinein, auf welcher, als auf etwas Außergewöhnlichem, unsere Aufmerksamkeit weilet. Wir haben eine so ziemlich vollständige Ökonomie der ungeheuersten Menschenverirrung, selbst ihre Quellen sind aufgedeckt, ihre Ressorts angegeben, ihre Katastrophe ist entfaltet. Allerdings würden wir vor dem kühnen Gemälde der sittlichen Häßlichkeit zurücktreten, wofern nicht der Dichter durch etliche Pinselstriche Menschlichkeit und Erhabenheit hineingebracht hätte. Wir sind geneigter den Stempel der Gottheit aus den Grimassen des Lasters herauszulesen, als ebendenselben in einem regelmäßigen Gemälde zu bewundern; eine Rose in der sandigten Wüste entzückt uns mehr als deren ein ganzer Hain in den hesperischen Gärten. Bei Verbrechern, denen das Gesetz als Idealen moralischer Häßlichkeit die Menschheit abgerissen hat, erheben wir auch schon einen geringern Grad von Bosheit zur Tugend, so wie wir im Gegenteil all unsern Witz aufbieten, im Glanz eines Heiligen Flecken zu entdecken. Kraft eines ewigen Hangs, alles in dem Kreis unserer Sympathie zu versammeln, ziehen wir Teufel zu uns empor und Engel herunter. Noch einen zweiten Kunstgriff benutzte der Dichter, indem er dem weltverworfenen Sünder einen schleichenden entgegensetzte, der seine scheußlichern Verbrechen mit günstigerem Erfolge und weniger Schande und Verfolgung vollbringt. Auf diese Art legen wir nach unserer strengen Gerechtigkeitsliebe mehr Schuld in die Schale des

Begünstigten und vermindern sie in der Schale des Bestraften. Der erste ist um so viel schwärzer, als er glücklicher, der zweite um so viel besser, als er unglücklicher ist. Endlich hat der Verfasser vermittelst einer einzigen Erfindung den fürchterlichen Verbrecher mit tausend Fäden an unser Herz geknüpft: – Der Mordbrenner liebt und wird wieder geliebt.
Räuber Moor ist nicht Dieb, aber Mörder. Nicht Schurke, aber Ungeheuer. Wofern ich mich nicht irre, dankt dieser seltene Mensch seine Grundzüge dem Plutarch und Cervantes*, die durch den eigenen Geist des Dichters nach Shakespearischer Manier in einem neuen, wahren und harmonischen Charakter unter sich amalgamiert sind. In der Vorrede zum ersten Plan ist der Hauptriß von diesem Charakter entworfen. Die gräßlichsten seiner Verbrechen sind weniger die Wirkung bösartiger Leidenschaften als des zerrütteten Systems der guten. Indem er eine Stadt dem Verderben preisgibt, umfaßt er seinen Roller mit ungeheuerm Enthusiasmus; weil er sein Mädchen zu feurig liebt, als sie verlassen zu können, ermordet er sie; weil er zu edel denkt, als ein Sklave der Leute zu sein, wird er ihr Verderber; jede niedrige Leidenschaft ist ihm fremde; die Privaterbitterung gegen den unzärtlichen Vater wütet in einen Universalhaß gegen das ganze Menschengeschlecht aus. »Reue und kein Erbarmen! – Ich möchte das Meer vergiften, daß sie den Tod aus allen Quellen saufen.« Zu groß für die kleine Neigung niederer Seelen, Gefährten im Laster und Elend zu haben, sagt er zu einem Freiwilligen: »Verlaß diesen schrecklichen Bund! – Lern erst die Tiefe des Abgrunds kennen, eh du hineinspringst. – Folge mir! mir! und mach dich eilig hinweg.« Eben diese Hoheit der Empfindungen begleitet ein unüberwindlicher Heldenmut

* Jedermann kennt den ehrwürdigen Räuber Roque aus dem Don Quixote. [Vgl. Kap. III,3.]

und eine erstaunenswerte Gegenwart des Geistes. Man erblicke ihn, umzingelt in den böhmischen Wäldern, wie er sich aus der Verzweiflung seiner Wenigen eine Armee wirbt – den großen Mann vollendet ein unersättlicher Durst nach Verbesserung und eine rastlose Tätigkeit des Geists. Welches drängende Chaos von Ideen mag in dem Kopfe wohnen, der eine Wüste fodert sich zu sammeln und eine Ewigkeit sie zu entwickeln! – Das Aug wurzelt in den erhabenen armen Sünder, wenn schon lange der Vorhang gefallen ist, er ging auf wie ein Meteor, und schwindet wie eine sinkende Sonne.

Einen überlegenden Schurken, dergleichen Franz, der jüngere Moor, ist, auf die Bühne zu bringen – oder besser (der Verfasser gesteht, daß er nie an die Bühne dachte) ihn zum Gegenstand der bildenden Kunst zu machen, heißt mehr gewagt, als das Ansehen Shakespeares, des größten Menschenmalers, der einen Jago und Richard erschuf, entschuldigen; mehr gewagt, als die unglückseligste Plastik der Natur verantworten kann. Wahr ist es – so gewiß diese letztere an lächerlichen Originalen auch die luxurierendste Phantasie des Karikaturisten hinter sich läßt; so gewiß sie zu den bunten Träumen des Narrenmalers Fratzen genug liefert, daß ihre getreuesten Kopisten nicht selten in den Vorwurf der Übertreibung verfallen: so wenig wird sie jedennoch diese Idee unsers Dichters mit einem einzigen Beispiel zu rechtfertigen wissen. Dazu kommt, wenn auch die Natur nach einer hundert- und tausendjährigen Vorbereitung so unbändig über ihre Ufer träte, wenn ich dies auch zugeben könnte, sündigt nicht der Dichter unverzeihlich gegen ihre ersten Gesetze, der dieses Monstrum der sich selbst befleckenden Natur in eine Jünglings-Seele verlegt? Noch einmal zugegeben, es sei so möglich – wird nicht ein solcher Mensch erst tausend krumme Labyrinthe der Selbstverschlimmerung durchkriechen, tausend Pflichten verletzen müssen, um sie gering schätzen zu lernen – tausend Rührungen der zum

Vollkommenen strebenden Natur verfälschen müssen, um sie belachen zu können? – Mit einem Wort, wird er nicht erst alle Auswege versuchen, alle Verirrungen erschöpfen müssen, um dieses abscheuliche non plus ultra mühsam zu erklettern? Die moralischen Veränderungen kennen ebensowenig einen Sprung als die physischen; auch liebe ich die Natur meiner Gattung zu sehr, als daß ich nicht lieber zehenmal den Dichter verdamme, eh ich ihr eine solche krebsartige Verderbnis zumute. Mögen noch so viel Eiferer und ungedungene Prediger der Wahrheit von ihren Wolken herunterrufen: Der Mensch neigt sich ursprünglich zum Verderblichen: ich glaub es nicht, ich denke vielmehr überzeugt zu sein, daß der Zustand des moralischen Übels im Gemüt eines Menschen ein schlechterdings gewaltsamer Zustand sei, welchen zu erreichen zuvörderst das Gleichgewicht der ganzen geistigen Organisation (wenn ich so sagen darf) aufgehoben sein muß, so wie das ganze System der tierischen Haushaltung, Kochung und Scheidung, Puls und Nervenkraft durcheinander geworfen sein müssen, eh die Natur einem Fieber oder Konvulsionen Raum gibt. Unserm Jüngling, aufgewachsen im Kreis einer friedlichen, schuldlosen Familie – woher kam ihm eine so herzverderbliche Philosophie? Der Dichter läßt uns diese Frage ganz unbeantwortet; wir finden zu all denen abscheulichen Grundsätzen und Werken keinen hinreichenden Grund, als das armselige Bedürfnis des Künstlers, der, um sein Gemälde auszustaffieren, die ganze menschliche Natur in der Person eines Teufels, der ihre Bildung usurpiert, an den Pranger gestellt hat.

Es sind nicht sowohl gerade die Werke, die uns an diesem abgrundbösen Menschen empören – es ist auch nicht die abscheuliche Philosophie – es ist vielmehr die Leichtigkeit, womit ihn diese zu jenen bestimmt. Wir hören vielleicht in einem Kreis Vagabunden dergleichen ausschweifende Bonmots über Moralität und Religion – unser inneres Gefühl empört sich dabei, aber wir glauben noch immer unter Menschen zu sein, solang wir uns überreden können, daß das Herz niemals so grundverderbt werden kann, als die Zunge es auf sich nimmt. Wiederum liefert uns die Geschichte Subjekte, die unsern Franz an unmenschlichen Taten weit hinter sich lassen*, und doch schüttelt uns dieser Charakter so sehr. Man kann sagen: Dort wissen wir nur die Fakta, unsre Phantasie hat Raum solche Triebfedern darzu zu träumen, als nur immer dergleichen Teufeleien wohl nicht entschuldigen, doch begreiflich machen können. Hier zeichnet uns der Dichter selbst die Schranken vor, indem er uns das Triebwerk enthüllt, unsre Phantasie wird durch historische Fakta gefesselt, wir entsetzen uns über den gräßlichen Sophismen, aber noch scheinen sie uns zu leicht und luftig zu sein, als daß sie zu wirklichen Verbrechen – darf ich sagen? – erwärmen könnten. Vielleicht gewinnt das Herz des Dichters auf Unkosten seiner dramatischen Schilderei; tausend Mordtaten zu geloben, tausend Menschen in Gedanken zu vernichten ist leicht, aber es ist eine herkulische Arbeit, einen einzigen Totschlag wirklich zu begehen. Franz sagt uns in einem Monologen einen wichtigen Grund: »Verflucht sei die Torheit unsrer Ammen und Wärterinnen, die unsre Phantasie mit schrecklichen Märchen verderben und gräßliche Bilder von Strafgerichten in unser weiches Gehirnmark drücken, daß unwillkürliche Schauer die Glieder des Mannes noch in frostige Angst rütteln, unsre kühnste Entschlossenheit sperren« usf. Aber wer weiß es nicht, daß eben diese Spuren der ersten Erziehung in uns unvertilgbar sind? In der neuen Auflage des Stücks hat sich der

* Man erzählt von einem Spitzbuben in unsern Gegenden, der mit Gefahr seines Lebens Personen, die er nicht einmal kannte, auf die abscheulichste Weise massakrierte. – Wiederum von einem andern, der, ohne einigen Mangel an Nahrungsmitteln zu haben, die Kinder der Nachbarschaft an sich lockte und verzehrte.

Dichter gebessert. Der Bösewicht hat seinen Helfershelfer verloren und ist gezwungen seine eigenen Hände zu brauchen – »Wie? wenn ich selbst hinginge und ihm den Degen in den Leib bohrte hinterrücks? – Ein verwundeter Mann ist ein Knabe – frisch! ich wills wagen! *Er geht mit starken Schritten fort, bleibt aber plötzlich in schreckhafter Erschlaffung stehen.* Wer schleicht hinter mir? – Gesichter, wie ich noch keine sah! – Schneidende Triller! *er läßt den Dolch aus dem Kleide fallen* durch meine Knochen Zermalmung! – Nein! ich wills nicht tun« usf. Der größeste Weichling kann Tyrann und Mörder sein, aber er wird seinen Bravo an der Seite haben und durch den Arm eines im Handwerk erhärteten Buben freveln. Oft ist dies Feigheit, aber laufen nicht auch Schaueranwandlungen der wiederkehrenden Menschheit mit unter?
Dann sind auch die Raisonnements, mit denen er sein Lastersystem aufzustutzen versteht, das Resultat eines aufgeklärten Denkens und liberalen Studiums. Die Begriffe, die sie voraussetzen, hätten ihn notwendig veredeln sollen, und bald verleitet uns der Dichter die Musen allgemein zu verdammen, die zu dergleichen Schelmereien jemals die Hände führen konnten.
Doch Klag und kein Ende! Sonst ist dieser Charakter, so sehr er mit der menschlichen Natur mißstimmt, ganz übereinstimmend mit sich selbst; der Dichter hat alles getan, was er tun konnte, nachdem er einmal den Menschen überhüpft hatte; dieser Charakter ist ein eigenes Universum, das ich gern jenseits der sublunarischen Welt, vielleicht in einen Trabanten der Hölle, einquartiert wissen möchte; seine untreue Seele schlüpft geschmeidig in alle Masken und schmiegt sich in alle Formen: beim Vater hört man ihn beten, schwärmen neben dem Mädchen, und neben dem Handlanger lästern. Kriechend, wo er zu bitten hat, Tyrann, wo er befehlen kann. Verständig genug, die Bosheit eines andern zu

verachten, nie so gerecht, sie bei sich selbst zu verdammen. An Klugheit dem Räuber überlegen, aber hölzern und feig neben dem empfindsamen Helden. Vollgepfropft von schweren entsetzlichen Geheimnissen, daß er selbst seinen Wahnwitz für einen Verräter hält. »*Nachdem er aus einer Raserei, die sich in Ohnmacht verlor, zu sich selbst gebracht ward.* Was hab ich gesagt? Merke nicht drauf, ich hab eine Lüge gesagt, es sei was es wolle.« Endlich in der unglücklichen Katastrophe seiner Intrige, wo er menschlich leidet? – Wie sehr bestätigt dies die allgemeine Erfahrung wieder! – wir rücken ihm näher, sobald er sich uns nähert; seine Verzweiflung fängt an, uns mit seiner Abscheulichkeit zu versöhnen: Ein Teufel, erblickt auf den Foltern der ewigen Verdammnis, würde Menschen weinen machen; wir zittern für ihn und über eben das, was wir so heißgrimmig auf ihn herabwünschten. Selbst der Dichter scheint sich am Schluß seiner Rolle für ihn erwärmt zu haben: er versuchte durch einen Pinselstrich ihn auch bei uns zu veredeln: »Hier! nimm diesen Degen. Hurtig! Stoß mir ihn rücklings in den Leib, daß nicht diese Buben kommen und treiben ihren Spott aus mir.« Stirbt er nicht bald wie ein großer Mann, die kleine kriechende Seele!

Es findet sich in der ganzen Tragödie nur ein Frauenzimmer, man erwartet also billig im Charakter dieser Einzigen gewissermaßen die Repräsentantin ihres ganzen Geschlechts. Wenigstens wird die Aufmerksamkeit des Zuschauers und Lesers um so unverwandter auf ihr haften, je einsamer sie im Kreise der Männer und Abenteurer steht, wenigstens wird man von den wilden stürmischen Empfindungen, worin uns die Räuberszenen herumwerfen, in ihrer sanften weiblichen Seele auszuruhen gedenken. Aber zum Unglück wollte uns der Dichter hier etwas Außerordentliches zukommen lassen, und hat uns um das Natürliche gebracht. Räuber war einmal die

Parole des Stücks, der lärmende Waffenton hat den leisern Flötengesang überstimmt. Der Geist des Dichters scheint sich überhaupt mehr zum Heroischen und Starken zu neigen als zum Weichen und Niedlichen. Er ist glücklich in vollen saturierten Empfindungen, gut in jedem höchsten Grade der Leidenschaft, und in keinem Mittelweg zu gebrauchen. Daher schuf er uns hier ein weibliches Geschöpf, wobei wir, unbeschadet all der schönen Empfindungen, all der liebenswürdigen Schwärmerei, doch immer das vermissen, was wir zuerst suchen: das sanfte, leidende, schmachtende Ding – das Mädchen. Auch handelt sie im ganzen Stück durchaus zu wenig, ihr Roman bleibt durch die drei ersten Akte immer auf eben derselben Stelle stehen (so wie, beiläufig zu sagen, das ganze Schauspiel in der Mitte erlahmt). Sie kann sehr artig über ihren Ritter weinen, um den man sie geprellt hat, sie kann auch den Betrüger aus vollem Halse heruntermachen, der ihn weggebissen hat, und doch auf ihrer Seite kein angelegter Plan, den Herzeinzigen entweder zu haben, oder zu vergessen, oder durch einen andern zu ersetzen; ich habe mehr als die Hälfte des Stücks gelesen und weiß nicht, was das Mädchen will, oder was der Dichter mit dem Mädchen gewollt hat, ahnde auch nicht, was etwa mit ihr geschehen könnte, kein zukünftiges Schicksal ist angekündiget oder vorbereitet, und zudem läßt ihr Geliebter bis zur letzten Zeile des – dritten Akts kein halbes Wörtchen von ihr fallen. Dieses ist schlechterdings die tödliche Seite des ganzen Stücks, wobei der Dichter ganz unter dem Mittelmäßigen geblieben ist. Aber vom vierten Akt an wird er ganz wieder er selbst. Mit der Gegenwart ihres Geliebten fängt die interessante Epoche des Mädchens an. Sie glänzt in seinem Strahle, erwärmt sich an seinem Feuer, schmachtet neben dem Starken, und ist ein Weib neben dem Mann. Die Szene im Garten, welche der Verfasser in der neuen Auflage verändert liefert, ist ein wahres Gemälde der weiblichen Natur und ungemein treffend für die drangvolle Situation. Nach einem Selbstgespräch, worin sie gegen die Liebe zu Karln (der unter einem fremden Namen ihr Gast ist) als gegen einen Meineid kämpft, erscheint er selbst:

»RÄUBER MOOR. Ich kam, um Abschied zu nehmen. Doch Himmel! Auf welcher Wallung muß ich Ihnen begegnen?

AMALIA. Gehen Sie, Graf – Bleiben Sie – Glücklich! Glücklich! wären Sie nur jetzt nicht gekommen! Wären Sie nie gekommen!

R. MOOR. Glücklich wären Sie dann gewesen? – Leben Sie wohl.

AMALIA. Um Gottes willen! bleiben Sie – Das war nicht meine Meinung! *Die Hände ringend.* Gott! und warum war sie es nicht? – Graf! was tat Ihnen das Mädchen, das Sie zur Verbrecherin machen? Was tat Ihnen die Liebe, die Sie zerstören?

R. MOOR. Sie ermorden mich, Fräulein!

AMALIA. Mein Herz so rein, eh meine Augen Sie sahen! – O daß sie verblindeten, diese Augen, die mein Herz verkehrt haben!

R. MOOR. Mir! Mir diesen Fluch, mein Engel! Diese Augen sind unschuldig wie dies Herz.

AMALIA. Ganz seine Blicke! – Graf! ich beschwöre Sie, kehren Sie diese Blicke von mir, die mein Innerstes durchwüten! – Ihn – Ihn selbst heuchelt sie mir in diesen Blicken vor, Phantasie die Verräterin – Gehen Sie! Kommen Sie in Krokodilgestalt wieder, und mir ist besser.

R. MOOR *mit dem vollen Blick der Liebe.* Du lügst, Mädchen.

AMALIA *zärtlicher.* Und solltest du falsch sein, Graf? Solltest du kurzweilen mit meinem schwachen weiblichen Herzen? – Doch wie kann Falschheit in einem Auge wohnen, das seinen Augen aus dem Spiegel gleicht! –

Ach! und erwünscht! wenn es auch wäre! Glücklich! wenn ich dich hassen müßte! – Weh mir! wenn ich dich nicht lieben könnte!

R. MOOR *drückt ihre Hand wütend an den Mund.*

AMALIA. Deine Küsse brennen wie Feuer.

R. MOOR. Meine Seele brennt in ihnen.

AMALIA. Geh – noch ist es Zeit! Noch! – Stark ist die Seele des Manns! – Feure auch mich an mit deinem Mut, Mann mit der starken Seele!

R. MOOR. Dein Zittern entnervt den Starken. Ich wurzle hier – *das Haupt an ihre Brust gedrückt* und hier will ich sterben.

AMALIA. Weg! laß mich! – Was hast du gemacht, Mann? – Weg mit deinen Lippen! – Gottloses Feuer schleicht in meinen Adern. *Sie sträubt sich ohnmächtig gegen seine Bestürmungen.* Und mußtest du kommen aus fernen Landen, eine Liebe zu zerstören, die dem Tode trotzte? *Sie drückt ihn fester an die Brust.* Gott vergebe dirs, Jüngling!« usf.

Der Ausgang dieser Szene ist höchst tragisch, so wie sie überhaupt zugleich die rührendste und entsetzlichste ist. Der Graf hat ihr den Trauring, den sie ihm vor vielen Jahren gegeben, an den Finger gespielt, ohne daß sie ihn erkannt hätte. Nun ist er mit ihr am Ziele – wo er sie verlassen und sich ihr zu erkennen geben soll. Eine Erzählung ihrer eigenen Geschichte, die sie für eine andere auslegt, war sehr interessant. Sie verteidigt das unglückliche Mädchen. Die Szene endet also:

»R. MOOR. Meine Amalia ist ein unglückliches Mädchen.

AMALIA. Unglücklich! daß sie dich von sich stieß!

R. MOOR. Unglücklicher, weil sie mich zwiefach umwindet.

AMALIA. O dann gewiß unglücklich! – Das liebe Mädchen. Sie sei meine Schwester, und dann noch eine bessere Welt –

R. MOOR. Wo die Schleier fallen und die Liebe mit Entsetzen zurückprallt – Ewigkeit heißt ihr Name – Meine Amalia ist ein unglückliches Mädchen.

AMALIA *etwas bitter.* Sind es alle, die dich lieben und Amalia heißen?

R. MOOR. Alle – wenn sie wähnen einen Engel zu umhalsen, und ein Totschläger in ihren Armen liegt. – Wehe meiner Amalia! Sie ist ein unglückliches Mädchen.

AMALIA *im Ausdruck der heftigsten Rührung.* Ich beweine sie!

R. MOOR *nimmt stillschweigend ihre Hand und hält ihr den Ring vor die Augen.* Weine über dich selber *und stürzt hinaus.*

AMALIA *niedergesunken.* Karl! Himmel und Erde!«

Noch wär ein Wort über die zweideutige Katastrophe der ganzen Liebesgeschichte zu sagen. Man frägt, war es tragisch, daß der Liebhaber sein Mädchen ermordet? War es in dem gegebenen Falle natürlich? War es notwendig? War kein minder schrecklicher Ausweg mehr übrig? – Ich will auf das letzte zuerst antworten: Nein! – Möglich war keine Vereinigung mehr, unnatürlich und höchst undramatisch wär eine Resignation gewesen. Zwar vielleicht diese letzte möglich und schön auf Seiten des männlichen Räubers – aber wie äußerst widrig auf Seiten des Mädchens! Soll sie heimgehen und sich trösten über das, was sie nicht ändern kann? Dann hätte sie nie geliebt. Soll sie sich selbst erstechen? Mir ekelt vor diesem alltäglichen Behulf der schlechten Dramatiker, die ihre Helden über Hals über Kopf abschlachten, damit dem hungrigen Zuschauer die Suppe nicht kalt werde. Nein, man höre vielmehr den Dichter selbst und beantworte sich dann gelegenheitlich auch die übrige Fragen. R. Moor hat Amalien auf einen Stein gesetzt und entblößt ihr den Busen.

[Es folgen die im vorliegenden Band S. 120, Z. 15 bis S. 121, Z. 3 wiedergegebenen Passagen, wobei Schiller sein eigenes Trauerspiel etwas ungenau zitiert]

Die Räuber preisen den Sieg ihres Fürsten. Aber nun seine Empfindungen nach der Tat.

[Hier folgen, ebenfalls mit leichten Abweichungen, die S. 121, Z. 6–26 wiedergegebenen Passagen.]

Offenbar krönt diese Wendung das ganze Stück und vollendet den Charakter des Liebhabers und Räubers. Schlechter bin ich mit dem Vater zufrieden. Er soll zärtlich und schwach sein, und ist klagend und kindisch. Man sieht es schon daraus, daß er die Erfindungen Franzens, die an sich plump und vermessen genug sind, gar zu einfältig glaubt. Ein solcher Charakter kam freilich dem Dichter zu statten, um Franzen zum Zweck kommen zu lassen, aber warum gab er nicht lieber dem Vater mehr Witz, um die Intrigen des Sohnes zu verfeinern? Franz muß allem Ansehen nach seinen Vater durchaus gekannt haben, daß er es für unnötig hielt, seine ganze Klugheit an ihm zu verschwenden? Überhaupt muß ich in der Kritik dieses letztern noch nachholen, daß sein Kopf mehr verspricht, als seine Intrigen erfüllen, welche, unter uns gesagt, abenteuerlich grob und romanhaft sind. So mischt sich in die Bedauernis über den Vater ein gewisses verachtendes Achselzucken, das sein Interesse um vieles schwächt; so gewiß zwar eine gewisse Passivität des Beleidigten unsern Grimm gegen den Beleidiger mehr erhitzt als eine Selbsttätigkeit des erstern, so gehört doch immer ein Grad von Hochachtung gegen ihn dazu, um uns für ihn zu interessieren – und wenn diese Hochachtung nicht auf intellektuelle Vollkommenheiten geht, worauf geht sie sonst? – Auf die moralischen? – Aber man weiß, wie genau sich diese letztern mit den ersten amalgamieren müssen, um anziehend zu sein. Überdies ist der alte Moor

mehr Betschwester als Christ, der seine religiösen Sprüche aus seiner Bibel herzubeten scheint. Endlich springt der Verfasser mit dem armen Alten gar zu tyrannisch um, und, unsrer Meinung nach, hätte dieser, wenn er auch dem zweiten Akte entronnen wäre, durch das Schwert des vierten fallen sollen. – Er hat ein gar zähes Froschleben, der Mann! das freilich dem Dichter recht a propos kommen mochte. – Doch der Dichter ist ja auch Arzt und wird ihm schon Diät vorgeschrieben haben.
In den kontrastierenden Charakteren der Räuber Roller, Spiegelberg, Schufterle, Kosinsky, Schweizer ist der V. glücklicher gewesen. Jeder hat etwas Auszeichnendes, jeder das, was er haben muß, um auch noch neben dem Hauptmann zu interessieren, ohne ihm Abbruch zu tun. Der Rolle Herrmanns, die im ersten Plan höchst fehlerhaft war, ist in der zweiten Auflage eine vorteilhaftere Wendung gegeben. Es ist eine interessante Situation, wie sich in der Mitte des vierten Akts die beiden Schurken an einander zerschlagen. So wie sich der Charakter Hermanns erhob, wurde der Charakter des alten Daniels in Schatten gestellt.
Die Sprache und der Dialog dörften sich gleicher bleiben und im ganzen weniger poetisch sein. Hier ist der Ausdruck lyrisch und episch, dort gar metaphysisch, an einem dritten Ort biblisch, an einem vierten platt. Franz sollte durchaus anders sprechen. Die blumigte Sprache verzeihen wir nur der erhitzten Phantasie, und Franz sollte schlechterdings kalt sein. Das Mädchen hat mir zu viel im Klopstock gelesen. Wenn man es dem Verfasser nicht an den Schönheiten anmerkt, daß er sich in seinen Shakespeare vergafft hat, so merkt man es desto gewisser an den Ausschweifungen. Das Erhabene wird durch poetische Verblümung durchaus nie erhabener, aber die Empfindung wird dadurch verdächtiger. Wo der Dichter am wahrsten fühlte und am durchdringendsten bewegte, sprach er wie unser einer. Im nächsten Drama

erwartet man Besserung, oder man wird ihn zu der Ode verweisen.
Gewisse historische Beziehungen finde ich nicht ganz berichtigt. In der neuen Auflage ist die Geschichte in die Errichtung des teutschen Landfriedens verlegt worden. Das Stück war in der Anlage der Charaktere und der Fabel modern zugeschnitten, die Zeit wurde verändert, Fabel und Charaktere blieben. So entstand ein buntfärbiges Ding, wie die Hosen des Harlequins, alle Personen sprechen um viel zu studiert, itzt findet man Anspielungen auf Sachen, die ein paar hundert Jahre nachher geschahen oder gestattet werden durften.
Auch sollte durchgängig mehr Anstand und Milderung beobachtet sein. Laokoon kann in der Natur aus Schmerz brüllen, aber in der anschaulichen Kunst erlaubt man ihm nur eine leidende Miene. Der V. kann vorwenden: ich habe Räuber geschildert, und Räuber bescheiden zu schildern wär ein Versehen gegen die Natur – Richtig, Herr Autor! Aber warum haben Sie denn auch Räuber geschildert?
Nun das Stück von Seiten seiner Moral? – Vielleicht findet der Denker dergleichen darin (besonders wenn er sie mitbringt), Halbdenkern und ästhetischen Maulaffen darf man es kühnlich konfiszieren.
Endlich der Verfasser – man frägt doch gern nach dem Künstler, wenn man sein Tableau umwendet – Seine Bildung kann schlechterdings nur anschauend gewesen sein; daß er keine Kritik gelesen, vielleicht auch mit keiner zurecht kommt, lehren mich seine Schönheiten und noch mehr seine kollossalischen Fehler. Er soll ein Arzt bei einem Wirtembergischen Grenadier-Bataillon sein, und wenn das ist, so macht es dem Scharfsinn seines Landesherrn Ehre: So gewiß ich sein Werk verstehe, so muß er starke Dosen in Emeticis[9] eben so lieben als in Aesthe-

9 *Emetica:* Brechmittel.

ticis, und ich möchte ihm lieber zehen Pferde als meine Frau zur Kur übergeben.

K....r.

NA XXII,115–131.

Anhang über die Vorstellung der Räuber

Das Stück ist zu verschieden malen in Mannheim gespielt worden. Ich hoffe meine Leser zu verbinden, wenn ich ihnen einen Brief mitteile, den mir mein Korrespondent, der dem Schauspiel zu Gefallen dahin abgereist war, auf Ansuchen darüber geschrieben hat.

Worms, den 15. Jenner – 82.

Vorgestern endlich ging die Vorstellung der *Räuber* des Hrn. Schillers vor sich. Ich komme soeben von der Reise zurück, und noch warm von dem Eindruck, setze ich mich nieder, Ihnen zu schreiben. Nun erst muß ich erstaunen, welche unübersteiglich scheinende Hindernisse der Hr. Präsident von Dalberg besiegen mußte, um dem Publikum das Stück auftischen zu können. Der Hr. Verfasser hat es freilich für die Bühne umgearbeitet, aber wie? Gewiß auch nur für die, die der tätige Geist Dalbergs beseelt; für alle übrige, die ich wenigstens kenne, bleibt es, nach wie vor, ein unregelmäßiges Stück. Unmöglich wars, bei den fünf Akten zu bleiben; der Vorhang fiel zweimal zwischen den Szenen, damit Machinisten und Schauspieler Zeit gewännen, man spielte Zwischenakte, und so entstanden sieben Aufzüge. Doch das fiel nicht auf. Alle Personen erschienen neu gekleidet, zwei herrliche Dekorationen waren ganz für das Stück gemacht, Hr. Danzi hatte auch die Zwischenakte neu aufgesetzt, so daß nur die Unkosten der ersten Vorstellung hundert Dukaten betrugen. Das Haus war ungewöhnlich voll, daß eine große Menge abgewiesen wurde. Das Stück spielte ganze vier Stunden, und mich deucht, die Schauspieler hatten sich noch beeilet.

Doch – Sie werden ungeduldig sein, vom Erfolge zu hören. Im ganzen genommen, tat es die vortrefflichste Wirkung. Hr. Boeck, als Räuberhauptmann, erfüllte seine Rolle, so weit es dem Schauspieler möglich war, immer auf der Folter des Affekts gespannt zu liegen. In der mitternächtlichen Szene am Turm hör ich ihn noch, neben dem Vater knieend, mit aller pathetischen Sprache den Mond und die Sterne beschwören – Sie müssen wissen, daß der Mond, wie ich noch auf keiner Bühne gesehen, gemächlich über den Theaterhorizont lief und nach Maßgab seines Laufs ein natürliches schröckliches Licht in der Gegend verbreitete. – Schade nur, daß Hr. Boeck für seine Rolle nicht Person genug hat. Ich hatte mir den Räuber hager und groß gedacht. Hr. Iffland, der den Franz vorstellte, hat mir (doch entscheidend soll meine Meinung nicht sein) am vorzüglichsten gefallen. Ihnen gesteh ich es, diese Rolle, die gar nicht für die Bühne ist, hatt ich schon für verloren gehalten, und nie bin ich noch so angenehm betrogen worden. Iffland hat sich in den letztern Szenen als Meister gezeigt. Noch hör ich ihn in der ausdrucksvollen Stellung, die der ganzen laut bejahenden Natur entgegenstund, das ruchlose *Nein* sagen und dann wiederum, wie von einer unsichtbaren Hand gerührt, ohnmächtig umsinken: »Ja! Ja! – droben einer über den Sternen!« – Sie hätten ihn sollen sehen auf den Knieen liegen und beten, als um ihn schon die Gemächer des Schlosses brannten – Wenn nur Hr. Iffland seine Worte nicht so verschlänge und sich nicht im Deklamieren so überstürzte! Teutschland wird in diesem jungen Mann noch einen Meister finden. Hr. Beil, der herrliche Kopf, war ganz Schweizer. Hr. Meyer spielte den Hermann unverbesserlich, auch Kosinsky und Spiegelberg wurden sehr gut getroffen. Madame Toskani gefiel, mir zum mindesten, ungemein. Ich fürchtete anfangs für diese Rolle, denn sie ist dem Dichter an vielen Orten mißlungen. Toskani spielte durchaus weich und delikat, auch wirklich mit Ausdruck in den tragischen Situationen, nur zu viel Theater-Affektationen und ermüdende weinerlich klagende Monotonie. Der alte Moor konnte unmöglich gelingen, da er schon von Haus aus durch den Dichter verdorben ist.

Wenn ich Ihnen meine Meinung teutsch heraussagen soll – dieses Stück ist dem ohnerachtet kein Theaterstück. Nehme ich das Schießen, Sengen, Brennen, Stechen und dergleichen hinweg, so ist es für die Bühne ermüdend und schwer. Ich hätte den Verfasser dabei gewünscht, er würde viel ausgestrichen haben, oder er müßte sehr eigenliebig und zäh sein. Mir kam es auch vor, es waren zu viele Realitäten hineingedrängt, die den Haupteindruck belasten. Man hätte drei Theaterstücke daraus machen können, und jedes hätte mehr Wirkung getan. Man spricht indes langes und breites davon. Übermäßige Tadler und übermäßige Lober. Wenigstens ist dies die beste Gewähr für den Geist des Verfassers. Bald werden wir es gedruckt haben. Hr. Hofkammerrat Schwan, der zur Aufnahme des Stücks sehr viel beigetragen hatte und ein eifriger Liebhaber davon ist, wird es herausgeben.

Ich habe die Ehre zu sein usf.

N.

NA XXII,309–311.

6. Ankündigung der *Rheinischen Thalia*

Im Spätherbst 1784 verschickte Schiller die Ankündigung seiner neuen Zeitschrift und kam darin in folgender Passage noch einmal auf die *Räuber* zurück.

»Ich schreibe als Weltbürger, der keinem Fürsten dient. Frühe verlor ich mein Vaterland, um es gegen die große Welt auszutauschen, die ich nur eben durch die Fernröhre kannte. Ein seltsamer Mißverstand der Natur hat mich in meinem Geburtsort zum Dichter verurteilt. Neigung für Poesie beleidigte die Gesetze des Instituts, worin ich erzogen ward, und widersprach dem Plan seines Stifters. Acht Jahre rang

mein Enthusiasmus mit der militärischen Regel; aber Leidenschaft für die Dichtkunst ist feurig und stark, wie die *erste* Liebe. Was sie ersticken sollte, fachte sie an. Verhältnissen zu entfliehen, die mir zur Folter waren, schweifte mein Herz in eine *Idealenwelt* aus – aber unbekannt mit der *wirklichen*, von welcher mich eiserne Stäbe schieden – unbekannt mit den *Menschen* – denn die vierhunderte, die mich umgaben, waren ein *einziges* Geschöpf, der getreue Abguß eines und eben dieses Modells, von welchem die plastische Natur sich feierlich lossagte – unbekannt mit den Neigungen freier, sich selbst überlassener Wesen, denn *hier* kam nur *eine* zur Reife, eine, die ich jetzo nicht nennen will; jede übrige Kraft des Willens erschlaffte, indem eine einzige sich konvulsivisch spannte; jede Eigenheit, jede Ausgelassenheit der tausendfach spielenden Natur ging in dem regelmäßigen Tempo der herrschenden Ordnung verloren – unbekannt mit dem schönen Geschlecht, die Tore dieses Instituts öffnen sich, wie man wissen wird, Frauenzimmern nur, ehe sie anfangen interessant zu werden, und wenn sie aufgehört haben es zu sein – unbekannt mit Menschen und Menschenschicksal mußte mein Pinsel notwendig die mittlere Linie zwischen Engel und Teufel verfehlen, mußte er ein Ungeheuer hervorbringen, das zum Glück in der Welt nicht vorhanden war, dem ich nur darum Unsterblichkeit wünschen möchte, um das Beispiel einer Geburt zu verewigen, die der naturwidrige Beischlaf der *Subordination* und des *Genius* in die Welt setzte. – Ich meine die ›Räuber‹.
Dies Stück ist erschienen. Die ganze sittliche Welt hat den Verfasser als einen Beleidiger der Majestät vorgefodert. – Seine ganze Verantwortung sei das *Klima*, unter dem es geboren ward. Wenn von allen den unzähligen Klagschriften gegen die Räuber eine einzige *mich* trifft, so ist es diese, daß ich zwei Jahre vorher mich anmaßte, Menschen zu schildern, ehe mir noch einer begegnete.
Die Räuber kosteten mir Familie und Vaterland – –«

NA XXII,93f.

VI. Dokumente zur Aufführungsgeschichte

Das frühe Bühnenschicksal der *Räuber*, die als skandalumwittertes Stück ungeheures Aufsehen erregten und an vielen Orten schnell, erfolgreich und in unterschiedlichen Fassungen nachgespielt wurden, diskutiert Gertrud Rudloff-Hille (*Schiller auf der deutschen Bühne seiner Zeit*, Berlin/Weimar 1969). Danach ein paar bemerkenswerte Beispiele:

Im von Dalberg abgelehnten, aber von Schiller beabsichtigten zeitgenössischen Kostüm wurden sie zuerst in Leipzig am 20. September 1782 aufgeführt.

Offenbar um sich gegen den Vorwurf zu schützen, Unmoral und politischen Sprengstoff zu propagieren, setzte man in München am 26. Januar 1784 auf den Theaterzettel folgenden Text: »Gegenwärtiges Schauspiel ist nichts weniger als eine Vertheidigung derjenigen Handlungen, die Folgen des übelverstandenen freyen Willens sind, sondern vielmehr die vollständigste Anatomie des menschlichen Herzens, die gründlichste Untersuchung ihrer geheimsten Wirkungen. Zur Vollkommenheit derselben gehörte nun freylich, daß mancher auffallende Charakter erscheinen müste, und um das Herz des Menschen ganz zu entfalten, muste natürlich das Laster in seiner höchsten Stufe, in seiner ganzen Blöse auftretten. [...]« (S. 37 f.)

Bei einer Aufführung in Lauchstädt am 14. Juli [dem Datum des Sturms auf die Bastille!] 1795 wurde im vorwiegend von Studenten besetzten Theater »das Räuberlied [...], nachdem es mit der größten Andacht angehört war, da capo gesungen, und nun sang das ganze Publikum einstimmig mit einer wahren Ehrfurcht mit« (S. 40).

In Leipzig blieb das Stück nach den ersten Vorstellungen bis 1801 verboten »wegen eines kurz nach der damaligen Aufführung entdeckten jugendlichen Beginnens, Einiges daraus frevelhaft zu realisiren« (S. 39); vgl. im vorliegen-

den Band S. 207 zu den dafür verantwortlichen, aus heutiger Sicht eher harmlosen Ereignissen.
»In Hamburg war 1802 das Kostüm der Räuber ›halb altdeutsch, halb altfranzösisch‹, wie [C. L.] Costenoble [in seinen Tagebüchern] berichtet. Sämtliche Räuber hatten altmodische Fräcke an und Schärpen umgebunden, auf dem Kopf trugen sie runde Hüte. ›Alle sahen aus wie reisende Zahnärzte‹« (S. 36).

Von den mit den Aufführungen der ersten hundert Jahre verbundenen Zensurproblemen gibt HEINRICH HUBERT HOUBEN (1875–1945) einen Eindruck:

»Ihre Wiener Erstaufführung erlebten sie 1784, also zwei Jahre nach der Mannheimer Uraufführung, auf dem Kärntnertortheater, wo sonst meist Hofoper, Ballett und Singspiel heimisch waren. Der Lustspieldichter Johann Rautenstrauch hatte Schillers Erstling ›bearbeitet‹ und mit Rücksicht auf das vierte Gebot den Vater Moor, so versichert wenigstens der Wiener Schriftsteller Castelli, in einen – Oheim verwandelt! ›Der Oheimmord‹, über den Karl Moor im 4. Akt bei Öffnung des Hungerturmes schaudert, muß eine erschütternde Wirkung gehabt haben! ›Schweizer, so ist noch kein Sterblicher geehrt worden, wie du: räche meinen – Oheim!‹ Nur in dieser und ähnlichen Verballhornungen durften die ›Räuber‹ bis 1850 auf den Wiener Nebenbühnen erscheinen. Der dortige Zensor, Regierungsrat Hägelin, hatte sich in seiner Zensurdenkschrift vom Jahre 1795 gegen sie ausgesprochen, indem er das Urteil eines ›einsichtigen dramatischen Kunstrichters‹ zu seinem eigenen machte: ›Unwesen, wie der ältere [gemeint ist wohl der jüngere, Franz] Moor, siehet der Mittelschlag von Menschen mit pharisäischer Gleichgültigkeit an, dancket Gott, daß er ihn nicht gemacht hat, wie einen von diesen, und findet keine Anwendung, keine Brauchbarkeit auf und für sich darin. Das hier aufgestellte Bild der Habsucht ist zur Ehre der Mensch-

heit so ideal, so sehr von der Alltagsstraße entfernt, daß man es bey der Analisierung durch die Darstellung für ein Wesen anderer Art hält, und er uns nicht einmal den ganzen Abscheu einflößet, den wir bey näherer Annäherung zur gewöhnlichen menschlichen Natur nothwendig davor gehegt haben würden.‹ Also, war die Folgerung des Zensors, solche übertriebenen Stücke, die den ›höchsten Grad des Schlechten oder Guten‹ darstellen, verfehlen den moralischen Erziehungszweck des Theaters. Gräßliche und unnatürliche Verbrechen sollen überhaupt nicht aufgeführt werden. ›Schon grobe Mißhandlungen der Eltern sind bedenklich; sie gehen auch gegen den guten Geschmack.‹ Außerdem wimmelte das Stück im einzelnen von Dingen, die nie an das Ohr eines gesitteten Wiener Theaterbesuchers dringen durften. Das Renommieren der Räuber mit ihren Schandtaten im Nonnenkloster, ihre Blasphemien, die Anklagen Karl Moors gegen Gott und die Welt waren unbedingt verboten. ›Gott‹, so bestimmte ja der Zensurkatechismus, ›darf als Urheber der Natur nie auf eine entschiedene Art zum Urheber des Übels gemacht werden‹; Flüche und Verwünschungen mußten entsprechend gemildert werden, und Ausdrücke wie Sackerment usw. waren strengstens verpönt. [...]
Schlimmer noch als Rautenstrauch wirtschaftete mit den ›Räubern‹ der Berliner Theaterdichter Karl Plümicke. Er degradierte Franz Moor zu einem Halbbruder Karls, zu einem Bastard; ein Schurke wie er durfte kein rechtmäßiger Grafensproß sein, dafür aber mußte sich die – Gottlob tote – Gräfin v. Moor einen Ehebruch zuschieben lassen, und Karl Moor fiel durch den Dolch Schweizers. In dieser Verbesserung gingen die ›Räuber‹ am 1. Januar 1783 über die Bretter des Döbbelinschen Theaters in der Behrenstraße zu Berlin und erregten dennoch stürmischen Jubel, so daß sie fünfzehnmal schnell hintereinander wiederholt werden mußten. In dieser Bearbeitung wurde Schillers Erstling am 5. März 1784 sogar in Stuttgart aufgeführt

und erlebte sechs Darstellungen. Vielleicht gab ein Gastspiel Ifflands dazu Anlaß, und der gestrenge Herzog drückte ein Auge zu; der große Erfolg eines seiner Karlsschüler mochte ihn schließlich mit dessen subordinationswidrigem Wesen versöhnt haben. [...]

Ein anderer Bearbeiter, namens Thomas, trieb es noch ärger. Er brachte die Tragödie zu einem gemütlichen Ende: Nur Franz Moor war und blieb tot; den Vater, Amalie, Schweizer, Karl, alle ließ er am Leben, Karl und die Räuber umkehren, Amalie mit ihrem Geliebten glücklich werden, den Alten ins Kloster gehen und die übrigen in die weite Welt. An diesem beruhigenden Ausgang sollen sich die Biederleute in Stralsund und Rostock weidlich ergötzt haben. [...] Aus dieser reumütigen Umkehr machte eine Frau v. Wallenrodt 1801 sogar ein eigenes Drama ›Karl Moor und seine Genossen nach der Abschiedsszene beim alten Thurm‹, die Räuber entwickeln sich alle zu Engeln und werden begnadigt. Schon 1785 hatte ein Unbekannter es sogar fertig gebracht, die Räuber ganz aus dem Stück hinauszuwerfen und in Leipziger Studenten zu verwandeln. [...] In Danzig legte sich die Polizei ins Mittel und verbot die ›Räuber‹ als ein ›unmoralisches, sittenbeleidigendes Stück‹. –

In Leipzig, berichtet der Schillerbiograph Brahm, ereignete es sich, daß, während man auf der Bühne die ›Räuber‹ spielte – die dortige Uraufführung fand am 20. September 1782 statt –, in der Stadt sowohl wie im Theater Kollegen des Schufterle feste Griffe in fremdes Eigentum taten, ›welches natürlich viel Gerede verursachte und den dortigen Magistrat bewog, die fernere Aufführung des Stückes zu verbieten‹. In Leipzig spielte man Anfang des neunzehnten Jahrhunderts nicht die ›Räuber‹, sondern einen abgeschwächten ›Carl Moor‹. Als der Wiener Polizeipräsident v. Sumerau 1808 die Aufführung des bearbeiteten ›Carl Moor‹ ausnahmsweise wieder gestattete, berief er sich darauf, daß dieser Titel auch am Dresdner Hoftheater

gebräuchlich sei; bei der ersten dortigen Aufführung 1782 hatte der echte Titel keinen Anstoß erregt. Selbst die weimarischen Schauspieler durften 1801 in Lauchstädt nur einen ›Carl Moor‹ spielen. Den Sommer zuvor war ihnen auch das verboten worden. –
Jahre hindurch hatte man Schillers ›Räuber‹ immerhin auf den kleineren Theatern Wiens ihr Wesen treiben lassen, selbst die Furcht vor der Revolution hatte vor diesem Meisterwerk die Segel gestrichen. Natürlich waren nur die früheren, von der Zensur genehmigten Bearbeitungen erlaubt. 1804 wurde Freiherr v. Sumerau Präsident der Polizei- und Zensurhofstelle, und eine seiner ersten Regierungshandlungen als Theaterzensor war ein Verbot der ›Räuber‹, die, wie er am 31. August 1805 zu Protokoll gab, ›als ein unmoralisches, alle Bande der Gesellschaft auflösendes, höchst gefährliches Theaterstück, weder nach der Idee des Verfassers noch in irgend einer Umarbeitung zur theatralischen Vorstellung geeignet‹ seien. Kurz vor seiner Amtsentsetzung (20. Juli 1808) aber steckte er ein Loch zurück. Die adligen Unternehmer, die seit 1807 das Hoftheater, das Kärtnertortheater und das an der Wien gepachtet hatten, ließen im Juni 1808 das Stück neu bearbeiten und baten dringend um die Erlaubnis zur Aufführung, ›da vorzüglich bei der jetzt eingetretenen Sommerzeit für gute und interessante Spektakel gesorgt werden muß‹. Dieser Notschrei der Kavaliere machte Eindruck. Zwar habe sich ›von jeher die allgemeine Stimme gegen diese Jugendarbeit Schillers erhoben‹, antwortete Sumerau am 13. Juli, aber er sei doch einem Versuch nicht abgeneigt, ›ob dieses Stück nicht einen widrigen Eindruck auf das Publikum zurücklasse‹. Einige Änderungen wurden noch verlangt, der Titel nach sächsischem Muster in ›Carl Moor‹ verwandelt, und in dieser Gestalt wurde das Stück erlaubt. [...] Von einem ›widrigen Eindruck‹ der ›Räuber‹ melden die Akten der Polizeihofstelle nichts, und der Versuch wurde ebenfalls auf der Leopoldstädter und Josefstädter

Bühne gemacht, ohne daß die Ruhe der Kaiserstadt dadurch gestört wurde. Natürlich war alles Revolutionäre aus der Dichtung beseitigt. U. a. war während der Regierungszeit des Kaisers Franz (1792–1835) die Frage des Räubers Schweizer an seinen Kollegen Roller, als sie den Absagebrief des ›zuckersüßen Brüderchens‹ Franz Moor an Karl lasen: ›Franz heißt die Canaille?‹ streng verboten, denn, meinte ein Zensor, ›das könnte als eine Anspielung auf – Se. Majestät den Kaiser genommen werden‹! –

[...]

Nach der allgemcinen Zensurverschärfung, die 1819 mit den Karlsbader Beschlüssen einsetzte, verschwanden auch die ›Räuber‹ wieder von den Theatern Wiens und Berlins. Hier wurden sie schon 1825 vom Grafen Brühl, anscheinend in ihrer echten Fassung, wiederhervorgeholt, obgleich der König sie nicht leiden konnte [...]; noch 1838 durfte Karl Seydelmann seine Glanzrolle Franz Moor in Berlin nicht vorführen, eben dieser Abneigung des Königs wegen. [...] In Wien durften die ›Räuber‹ erst am 10. September 1830 ›in ganz neuer Gestalt‹ im Theater an der Wien wieder aufleben. Eine neue ›Bearbeitung‹ des Theaterdirektors Carl befriedigte endlich das durch die Julirevolution besonders empfindsam gewordene moralische Bedürfnis des Zensors.

Den von Carl ›verplümickten‹ Räuberhauptmann (des Ausdrucks »verplümicken« bedient sich schon Frh. v. Knigge 1793: ›Ueber Schriftsteller und Schriftstellerey‹, S. 248) ereilte die verdiente Strafe; seinen Entschluß, sich freiwillig dem Richter zu stellen, wie der Dichter das gewollt hatte, konnte er am Ende auf dem Wege zum Amt noch bereuen. Der Direktor Carl hatte ihm dieses Hinterpförtchen verrammelt: nach seiner ›Bearbeitung‹ fiel Karl Moor am Schluß schwer verwundet den verfolgenden Soldaten in die Hände, während seine Komplizen in Ketten gelegt wurden. Fiat justitia, pereat mundus – Gerechtigkeit, und wenn auch die Welt zugrunde geht – wenigstens die Welt des Dichters!

Die Angst der Polizei in den aufgeregten Zeiten des Vormärz hatte dann Schillers Jugendwerk auch in den haarsträubendsten moralischen Bearbeitungen längst wieder von den Wiener Bühnen verbannt, die Aufführung war noch 1847 dem Theaterdirektor Pokorny verweigert worden, und selbst durch die nur kurze Zeit offene Tür der Zensurfreiheit des Jahres 1848 war es noch nicht auf die Hofbühne gelangt.«

Heinrich Hubert Houben: Verbotene Literatur von der klassischen Zeit bis zur Gegenwart. Dessau/Bremen: Schünemann, [2]1925. S. 532–536.

Die *Räuber*-Aufführungen der letzten hundert Jahre belegen durch die unterschiedlichen, ja gegensätzlichen Inszenierungen die stimmungsmäßige und geistige Vielfalt, den atemberaubenden dramatischen Schwung und die immer neue Herausforderung von Schillers Erstling; sie umfassen die ganze Spannweite von beinah text- und kostümtreuer Inszenierung bis zu radikaler Vergegenwärtigung. Die Räuberbande in Heimkehreruniformen oder Bluejeans, als Rocker oder Terroristen; Spiegelberg als Trotzki oder SDS-Ideologe oder auch gespielt von einer Frau; der vierte und fünfte Akt als Traum Karls oder das ganze Stück als Aufführung der Karlsschüler in ihrem Schlafsaal, wobei ein Karlsschüler die Amalia spielt – das Stück wurde auf die unterschiedlichste Weise realisiert. Peter Zadeks Inszenierung als Comicstrip-Version 1966 in Bremen mit den Räubern »in grellen Horrorfilm- oder Western-Kostümen« (Piedmont, »Schillers Räuber auf der Bühne«, S. 137) galt als so kühn, dass sie nur in Spätvorstellungen gezeigt wurde. Die am meisten beachtete Inszenierung in der DDR wurde 1971 in der Ost-Berliner Volksbühne gezeigt. Manfred Karge und Matthias Langhoff eröffneten die Aufführung mit einer Demonstration und bezogen überhaupt die Räuber-Handlung »mit halbem Blick auf die studentische Protestbewegung in West-Deutschland« (ebd., S. 126) und ihr Scheitern.

Im Folgenden als Beispiele Charakterisierungen von drei der besonders umstrittenen oder beachteten Inszenierungen.

Erwin Piscator, 1926

Die berühmt-berüchtigste *Räuber*-Inszenierung in der ersten Hälfte des 20. Jahrhunderts hatte am 11. September 1926 in der Gast-Regie von Erwin Piscator im Berliner Theater am Gendarmenmarkt Premiere. Es war die erste radikale Modernisierung des Stücks. In dieser marxistisch inspirierten Version mit textlichen Umstellungen und Kürzungen übersetzte der Regisseur die Handlung in die Nachkriegswirklichkeit: Die Räuber trugen eine Mischung aus Proletarierkluft und alten Uniformen; die Räuberszenen spielten in einem von Stacheldraht durchzogenen Gelände; Spiegelberg wurde in der Maske Trotzkis zum politischen Agitator und zur zentralen Figur. Räuber Moor stellt sich nicht den Autoritäten, sondern wird von der Bande als Verräter der Revolution umgebracht. Die konservative Presse hielt das Ganze für ein Sakrileg: »Herr Piscator [...] gehört mehr in den roten Frontkämpferbund zum Arrangieren von Umzügen als ans Staatstheater zum Umbringen von Klassikern« (Paul Fechter in der *Deutschen Allgemeinen Zeitung* vom 13. September 1926, zit. nach: Heinrich Goertz, *Erwin Piscator in Selbstzeugnissen und Bilddokumenten*, Reinbek bei Hamburg 1974. S. 47 f.).

Ernst Bloch (1885–1977) hielt derlei für einen Irrweg:

»Jedoch gibt es nicht leicht einen abgeschmackteren Unsinn, als Hamlet im Frack zu spielen oder [...] den ersten Akt von ›Hoffmanns Erzählungen‹ in eine Chromnickel-Bar zu legen. Oder auch Schillers Räubern Proletenkluft anzulegen und Spiegelberg eine Trotzki-Maske. All das ist ein snobistischer, mindestens übertriebener Rückschlag gegen die ohnehin längst abgelaufene historisierende Theaterspielerei.«

Ernst Bloch: Das Prinzip Hoffnung. Bd. 1. Frankfurt a. M.: Suhrkamp, 1967. S. 494 f. –

Bertolt Brecht (1898–1956) bezeichnete Piscators Inszenierung in einem Gespräch mit Herbert Jhering etwa 1929 als »hoffnungsvolle[n] Versuch«: »Man sah plötzlich wieder eine Möglichkeit. Schiller blühte ordentlich wieder auf; [...]«. Aber später, in seinem *Messingkauf* (1939/40), distanzierte er sich davon:

»Wichtig ist, daß man, wenn man ändert, den Mut und die Geschicklichkeit haben muß, genügend zu ändern. Ich erinnere mich an eine Aufführung der Schillerschen ›Räuber‹ im Theater des Piscator. Das Theater fand, daß Schiller einen der Räuber, Spiegelberg, als Radikalsten für das Publikum ungerechterweise unsympathisch gemacht habe. Er wurde also sympathisch gespielt, und das Stück fiel buchstäblich um. Denn weder Handlung noch Dialog gaben Anhaltspunkte für Spiegelbergs Benehmen, die es als ein sympathisches erscheinen ließen. Das Stück wirkte reaktionär (was es nicht ist, historisch gesehen), und Spiegelbergs Tiraden wirkten nicht revolutionär. Nur durch sehr große Änderungen, die mit historischem Gefühl und viel Kunst hätten vorgenommen werden müssen, hätte man eine kleine Aussicht gehabt, Spiegelbergs Ansichten, die radikaler sind als die der Hauptperson, als die fortgeschritteneren zu zeigen.«

Bertolt Brecht: Gesammelte Werke. Bd. 16: Schriften zum Theater 2. Frankfurt a. M.: Suhrkamp 1967. (werkausgabe edition suhrkamp.) S. 605. –

Karl Kraus (1874–1936) nahm die Aufführung zum Anlass, einen langen Artikel gegen Piscator zu schreiben: »Mein Vorurteil gegen Piscator« (1927). Er verriss die Inszenierung:

»Denn das verstehen sie unter ›Herausschälung des Zeitgehalts‹, ›Transponierung ins Heutige‹, unter ›geschichtlich-politischer Erweiterung des Themas‹, das ist ihnen der ›grandiose Aufriß‹ oder wie die Redensarten sonst lauten, die in der kritischen Schnauze Platz haben. Wenn das Zeitbedürfnis schon im Totschlag der Formen befriedigt ist, dann freilich haben diese neuberlinischen Szenereien eine Vollkommenheit des Stils erreicht, die eine Weiterentwicklung nicht mehr zuläßt. Aber das Zeitgemäße an all dem ist nichts als dessen Möglichkeit, als die Wehrlosigkeit der im Geldbetrieb ramponierten Großstadtnerven gegenüber den Ersatzkünsten eines Theaters, mit dem die Literaten Schindluder spielen. Seitdem es aufgehört hat, auf den Beinen der schauspielerischen Persönlichkeit zu stehen, bedarf es der Prothesen, die ihm die ›Regie‹ beistellt. [...] Denn dieser auftrumpfende Flachsinn macht ja nicht nur ein Geschäft damit, sondern auch eine Doktrin daraus, den Zeitwert des Kunstwerks in seiner Eignung zu erkennen, sich von der Kommishand, die danach greift, ›aktualisieren‹ zu lassen. An den ›Räubern‹, zu deren Schutz immerhin kulturelle Pietät dem Gelüste zu wehren hätte, ist eine Arbeit verrichtet worden, die dem Erneuerer weniger den Vorwurf einträgt, daß er Schiller verkürzt als daß er dessen Namen stehen gelassen hat: keinem Hörer wäre es eingefallen, ein Plagiat zu vermuten.«

Karl Kraus: Werke. Bd. 9: Unsterblicher Witz. Hrsg. von Heinrich Fischer. München: Kösel, 1961. S. 186 f.

Erwin Piscator (1893–1966) selbst schrieb 1929 im Rückblick über seine Intentionen:

»Spiegelberg war der Mann, der mir in den ›Räubern‹ den Film ersetzte, die Weltkugel und das laufende Band, das war mein dramaturgischer Trick, mein Regulativ, mein Barometer. An diesem Männchen hatte ich die ›Frechheit‹, zu prüfen, ob Karl Moor nicht doch vielleicht ein romantischer Narr und die ihn umgebende Räuberbande keine Kommunisten, sondern eben nur Räuber in des Wortes wahrster Bedeutung sind, allerdings mit allen Finessen eines dichterischen Gehirns ausgestattet. Diesen dramaturgischen Salto mortale hat keiner verstanden. Allerdings habe ich einen großen Fehler gemacht: nur diesen Mann hätte ich in seinem etwas zeitlosen Cut, seiner schmutzigbraunen Melone und mit einem Chaplinstöckchen durch das Stück gehen lassen sollen, während alle anderen nicht mit ›zeitlosen Kostümen‹, wie es geschah, sondern historischen, wie es die Schuljungen kennen, hätten ausgestattet sein müssen. Seltsam, wie ernsthaft dieser kleine Mann wurde, dieser eigentliche Schillersche Bösewicht, als ich den ideologischen Verbindungsfäden, die ihn mit seinen Gefährten und seiner Umwelt verbanden, nachging. Wie tragisch wurde er, dem alle humoristischen und ›schurkischen‹ Arabesken abgeschnitten worden waren, wie führte er, der keinen reichen Vater auf einem herrschaftlichen Schloß hinter sich hatte, der kein ›schöner‹ Held mit tenoraler Stimme und großem Pathos war, der nicht die äußerlichen Fähigkeiten eines ›beliebten‹ Führers hatte, seine Revolution durch! Wie hart und unerbittlich zwingt ihn das Schicksal mit allen nur erdenklichen Mitteln, seinen Weg mit letzter Konsequenz bis zu Ende zu gehen. Er wurde ein Vertreter unserer harten sozialen Lage, der Verbindungsmann vom Heute zum Gestern. Er entlarvt das Schillersche Pathos, er entlarvt den schwachen ideologischen Hintergrund, aber er ehrt seinen Dichter, indem er – gerade er – heute noch lebt, während die Welt, die ihn umgibt, gestorben ist. Gewiß tönen die herrlichen Schillerschen Passagen, das Räuberlied wie eine wundersame Musik. Das Schloß: eine Simultanbühne, Burg, Besitz und Macht, darin sich die Monologe zum Terzett aus Haß, Rache, Liebe, Treue und Reue – wie in der Großen Oper – verbinden. Auch dies alles gewinnt Eigenwert und

Raum, berauscht und drängt das Blut zum Herzen. Kunst! Ja, und echter, echter Schiller, wunderbarster deutscher Dramatiker! In ›Die Räuber‹ und in ›Kabale und Liebe‹ ist er der bürgerliche Revolutionär, und für das heutige Bürgertum deshalb viel zu revolutionär. Auch dann noch geladen, wenn ich die Sonde Spiegelberg nicht an ihn gelegt hätte, um noch viele Generationen der bürgerlichen Gesellschaft mit seinem Atem anzublasen, daß sie aus den Pantinen kippen. Nur eben für das Proletariat ist der Mann schon 100 Jahre tot.«

Erwin Piscator: Das Politische Theater. Neubearb. von Felix Gasbarra. Mit einem Vorw. von Wolfgang Drews. Reinbek bei Hamburg: Rowohlt, 1963. S. 88f. –

Gustaf Gründgens, 1944 und 1951

Unter schwierigsten Umständen hatten die *Räuber* am 24. Juni 1944 in der Regie von Gustaf Gründgens im Berliner Schauspielhaus am Gendarmenmarkt Premiere – nach der Verkörperung mehrerer Schillerscher Gestalten seine erste *Inszenierung* eines Schiller-Stücks. Ein aufschlußreiches Dokument dazu bildet der Brief des NSDAP-Reichstagsabgeordneten Hans Fabricius an den Intendanten. Der Jurist Fabricius hatte schon 1934 mit seinem Buch *Schiller als Kampfgenosse Hitlers. Nationalsozialismus in Schillers Dramen* (Berlin-Schöneberg) durch ideologische Missinterpretationen aller Dramen Schillers den Klassiker für die Nazis vereinnahmt.

Berlin NW 7, den 30. Juli 1944

Sehr geehrter Herr Generalintendant!
Am 14. Juli sah ich im Schauspielhaus am Gendarmenmarkt Ihre packende Inszenierung von Schillers »Räubern«.
Es war vielleicht die beste Räuberaufführung, die ich je gesehen habe. Bedauert habe ich nur, daß aus der Rolle

des *Spiegelberg* – ich glaube mit Ausnahme der Zitierung des Josephus – alle Stellen gestrichen waren, in denen Schiller auf die jüdische Rasse Spiegelbergs anspielt.
In den Räuberbanden des 18. Jahrhunderts spielten ja, wie historisch feststeht, Juden eine bedeutende Rolle. Darum lag es nahe, daß auch der junge Schiller wenigstens einen von seinen Räubern als Juden zeichnete. Interessanter Weise wählte er hierzu die verderbliche Gestalt, die es in raffinierter Weise fertig bringt, junge deutsche Studenten unter Ausnutzung und Irreführung ihrer idealistischen Gesinnung zur Gründung einer Räuberbande zu überreden.
Den Charakter dieses jüdischen Gauners hat Schiller überaus rasseecht dargestellt; Spiegelbergs Feigheit, sein Geltungstrieb, seine Weltverbesserer-Pose, sein Internationalismus (der sich mit zionistischen, national-jüdischen Anwandlungen durchaus verträgt), sein Antimilitarismus, sein sexueller Zynismus, sein demoralisierender Einfluß, sein auf Mord sinnender Haß gegen das echte Führertum Karls – das alles sind Wesenszüge, die aus der selbsterlebten Geschichte der letzten 30 bis 40 Jahre als typisch jüdisch nur zu gut in Erinnerung sind.
[...]
Wenn man sich in den Zeiten der Judenemanzipation und der Judenherrschaft begreiflicherweise gescheut hat, Spiegelberg nach dem Willen des Dichters als Juden auf die Bühne zu bringen, so dürfte heute, wo sich das nationalsozialistische Deutschland in einem Kampf auf Leben und Tod mit dem Weltjudentum befindet, aller Anlaß bestehen, diesen Verbrecher so darzustellen wie ihn Schiller haben wollte: Als Juden. In der Aufführung des Schauspielhauses ist jedoch, wenn ich mich recht erinnere, sogar der Feigheitsausbruch Spiegelbergs in der Kampfszene und die köstliche Zurechtweisung, die Schweizer dieser jüdischen Erbärmlichkeit erteilt, gestrichen. Das deutsche Theaterpublikum hat m. E. ein Anrecht darauf, daß eine

politisch so hoch interessante und hoch aktuelle Angelegenheit bei einer Schiller-Aufführung im 5. Jahre unseres Krieges gegen das Weltjudentum nicht einfach unter den Tisch fällt. Ich suche vergebens nach Gründen, warum dies dennoch geschieht. Für einen guten Schauspieler wäre es m. E. eine sehr lohnende Aufgabe, den Spiegelberg einmal – ohne jede kitschige Übertreibung oder Karikierung aber lebensecht – als Juden vom Schlage etwa eines Kurt Tucholsky auf die Bühne zu stellen.

Heil Hitler!
gez. Dr. Fabricius
Reichstag Abgeordneter

Zit. nach: Edda Kühlken: Die Klassiker-Inszenierungen von Gustaf Gründgens. Meisenheim a. Gl.: Hain, 1972. (Deutsche Studien. 15.) S. 163–165.

Gründgens' Nachkriegsinszenierung vom 13. September 1951 zur Eröffnung des neuen Düsseldorfer Schauspielhauses gelang es, die Aktualität der Substanz des Stückes auch ohne die in den letzten Jahrzehnten oft so oberflächliche Transposition des Äußerlichen in die Gegenwart zu betonen. Der Intendant selbst spielte den Franz Moor. Dazu schrieb der Kritiker Karl Heinrich Ruppel (1900–1980):

»Was hat Sartre eigentlich entdeckt, was es bei Schiller – diesem frühen Schiller – nicht schon lange gibt? Den Menschen in der ›extremen Situation‹? Sie ist in den ›Räubern‹ Bild für Bild gegeben. Die radikale Verzweiflung an einem Leben, das sich, wie man es auch betrachtet, als absurd erweist? Auch hier handelt jeder der beiden ungleichen Brüder Moor. Die Angst, als die das Sein und Dasein des Menschen bestimmende Macht? Sie treibt Karl und seine Genossen, die als ›Libertiner‹ Bekenner der absoluten Freiheit und damit gleichsam Vorläufer der Existentialisten sind, in das Kollektivverbrechen und den intellektuellen Terroristen Franz in das individuelle. Was die Düsseldorfer ›Räuber‹-Aufführung noch über ihren eminenten künstlerischen Rang hinaus so erregend macht, ist die Aufdeckung dieser Zeitbezüge durch den Dramaturgen, Regisseur und Schauspieler Gründgens. Das ist etwas ganz anderes als die nach dem Krieg eine Zeitlang beliebt gewesene billige Aktualisierung, die in Schillers zwischen rebellierendem Moralismus und Kolportage ebenso unbedenklich wie genial balancierendem Jugendwerk eine Art Heimkehrerstück, ein Drama der Entwurzelten und ein Dokument der sozialen Anklage sah. Gründgens stellt die ›Räuber‹ in eine viel weiter und tiefer reichende Beziehung zu unserer Zeit, indem er die beklemmende Gleichartigkeit des Lebensgefühls aufspürt, das den Menschen, zumal den jungen, in Anarchie und Nihilismus treibt. Es kommt ihm gar nicht darauf an, in seiner Inszenierung zu ›motivieren‹ oder irgend etwas ›verständlich‹ zu machen, was die Brüder Karl und Franz von Moor und ihren ›Fall‹ dem Zuschauer, wie man so sagt, menschlich näher bringen könnte; was er zeigt, ist gerade das völlig Unglaubliche, ist wie in ›Ödipus‹ oder ›Lear‹ die absurde Situation an sich: mit solchen Bocksprüngen der Vernunft schafft das Leben seine Tragödien, mit solchen ›Bocksgesängen‹ deklamiert es sich. In dieser faszinierenden Düsseldorfer ›Räuber‹-Inszenierung steht Friedrich Schiller genau zwischen Shakespeare und Sartre.«

Süddeutsche Zeitung. 15./16. 9. 1951. Zit. nach: Schiller spielen. Stimmen der Theaterkritik 1946–1985. Hrsg. von Ferdinand Piedmont. Darmstadt: Wissenschaftliche Buchgesellschaft, 1990. S. 25.

Hans Lietzau, 1968

Die Lietzau-Inszenierung im Münchner Residenztheater vom 7. Dezember 1968 zeichnete sich entgegen dem Trend dieser Jahre zu radikaler Um- und Neudeutung der kulturellen Tradition durch ihre Nähe zum Schillerschen Text aus und erschien als »gewollt apolitische Parabel« (Piedmont, »Schillers Räuber auf der Bühne«, S. 125) mit einem »Optimum moderner Theaterrealisierung« (ebd., S. 132). Vielleicht wurde sie gerade deshalb viel beachtet. »Lietzau [gab] das Ganze [...] in Ausschnitten als ein Mosaik szenischer Höhepunkte auf kahler, weit geöffneter, in Dunkel oder Dämmer getauchter Bühne, die mit Hilfe einer raffinierten Lichtregie fließende Übergänge erlaubte« (ebd., S. 131). Der Dramaturg der Aufführung, Ernst Wendt (1937–1986), erläutert die Absicht der Inszenierung:

»Wie begegnen wir den ›alten‹ Stücken? Die Inszenierung der ›Räuber‹ hat versucht, diese für die fortwirkende Existenz des Theaters entscheidende Frage in sich aufzunehmen. An manchen Punkten der Aufführung ist das Erstaunen bei der Begegnung mit dem alten Text selber sogar thematisch geworden. Noch das fertige Produkt von zehn Wochen Arbeit birgt das Erschrecken über Schillersche Sätze, über die Untiefen eines Monologs, die abgrundböse Konstruktion einer Intrige.
Die Inszenierung bildet selber den Widerspruch ab, der bei dem Versuch entsteht, die theatralischen Mittel, mit denen einer einen Gegenstand reproduziert, zu vervollkommnen und gleichzeitig ganz in diesen Gegenstand einzutauchen. Das heißt: sich den während des Arbeitsprozesses täglich neu und bewußter hervorspringenden Verzweiflungen, die der Text Schillers verborgen hält, auszusetzen mit der täglichen Existenz und sie doch nur auf eine einzige gemäße Weise überwältigen zu können: auf die Weise des Theaters, mit theaterhaften Mitteln – Sprache, Gestus, Raum, Licht.
Moralische Entscheidungen artikulieren sich in der Kunst als formale: die Aufführung stellt sich dieser neuerdings von vielen als unschicklich denunzierten Tatsache, der aber

auf die Dauer doch nur jener entkommt, der entweder ein routiniertes Verhältnis zum Theater hat – also auf die moralischen Entscheidungen gleich ganz verzichten kann – oder ein überwältigend naives Verhältnis sich bewahrt, das ihm erlaubt, den unauflöslichen Zusammenhang zwischen ›Bezeichnetem‹ und ›Bezeichnendem‹ – und damit die formalen Entscheidungen – zu ignorieren.

Sich hineinlassen in den alten Text bedeutet zunächst, eine Entscheidung treffen gegen sich selbst: nämlich den Verzicht auf Interpretation, den Verzicht darauf, eigene Welthaltungen, eigene Urteile, Erwartungen, Sehnsüchte in den Text hineinzutragen. [...]

Sich selbst in die Phänomene zu investieren, statt immer nur Auslegungen dieser Phänomene herzuzeigen –: das kann nun auch die Haltung eines Theatermachers gegenüber einem alten Text sein. Sich so verhalten, heißt natürlich, eine quasi moralische Entscheidung vorwegtreffen, indem man die ›deutende‹, auf sich selber hin interpretierende Haltung zu dem alten Text als intellektuelle Unredlichkeit begreift und sich vornimmt, ihn nicht durch Auslegungen zu verändern.

Lietzaus Inszenierung legt es darauf an, der ›Bedrohung‹ durch Interpretationen soweit nur irgend möglich zu entfliehen und dem Wust der vorhandenen, über den Text gelagerten vorliegenden Urteile so sehr wie den möglichen eigenen Vor-Urteilen zu entkommen. Sie ist bemüht, die Mittel den Text nie übersteigen zu lassen, und immer dann, wenn die dem Theater zuhandenen Mittel vor dem Text versagen, das Heil nicht in deren exaltierter Zuspitzung zu suchen, sondern den Text durch seine latente Sinnlichkeit, seinen direkten Impuls, sein einfaches Da-Sein in Erscheinung treten zu lassen.

Die Inszenierung gräbt also nicht gleich hinter dem Text, sondern schaufelt sich zunächst einmal den Weg frei zu seiner Oberfläche. Wer so vorgeht, will, was er vorfindet, nicht durch etwas anderes – sei es heimlich oder offen –

ersetzen, sondern dem alten Text dazu verhelfen, in dem Medium Theater sein unmittelbar sinnliches Äquivalent zu finden.«

Theater heute. Sonderheft: Theater 1969. S. 32.

Eine gegenteilige Auffassung vertrat SIEGFRIED MELCHINGER (1906–1988):

»Selten war eine Oberfläche so glänzend. Fehlings tiefer Bühnenkasten mit der Schräge, von Jürgen Rose mit fast dramatischen, aber doch aparten Valeurs ausgelegt, war Szene für Szene in perfektem Stil dekoriert: ein nervöser Geschmack, Sinn für federnde Präzision verbanden sich mit jener Meisterschaft, wie sie langjährige Erfahrung im Umgang mit dem Effekt einträgt. Dahinter war nichts.
In Schillers superlativistischer Dramaturgie sind zwei Verbrecher zu ›Kolossen‹ übersteigert (aber Kolosse sind nicht modern). Die Hölle des absolut Bösen tut sich abgründig auf, aber auch das Gute wird hybrid, da es sich des Terrors bedient. Der Zustand der Welt, wie sie ist, wird vor das Jüngste Gericht gebracht, und dort erwartet auch diejenigen das Urteil, die es unternommen haben, ihn zu ändern (aber das Jüngste Gericht ist nicht modern). Welche Dimensionen der Denkkraft und Leidenschaft, vor allem aber des Engagements! Und wann wurde man sich in dieser Aufführung auch nur ein einziges Mal dessen bewußt, daß es sich um Studenten handelt, die gegen eine (wenn auch historische) Gesellschaft Amok laufen?
Kennzeichnend der Spiegelberg des jungen Paryla: er hatte nichts von Tücke, aber er gefiel. Benrath glitt virtuos in den Geleisen des geölten Stils. Schwerer hatte es Griem, da er nicht die Fähigkeit besitzt, so smart zu sein wie diese ›Modernität‹. Aber Hauptsache: es wirkte und wirkt; es blendet.«

Theater heute. Sonderheft: Theater 1969. S. 32.

VII. Dokumente zur Deutungsgeschichte

Die Deutungen des genialen, überbordenden Erstlings des etwa zwanzigjährigen Schiller spiegeln den geistigen Reichtum, die motivische Vielfalt und die Widersprüchlichkeiten des Stücks, das sich nicht auf ein zentrales Thema festlegen lässt. Der Autor selbst spricht in seiner Rezension der Aufführung davon, es seien »zu viele Realitäten hineingedrängt« und »man hätte drei Theaterstücke daraus machen können« (s. im vorliegenden Band S. 202): Rührstück und heroische Tragödie, Aufklärungs- und Anti-Aufklärungsdrama, Sturm-und-Drang-Drama und »naturalistisches Drama im modernsten Sinn des Wortes« (Wulffen, S. 80), Familien-, Eifersuchts- und Räuberdrama, Vater-Sohn-Konflikt und Bruder-Bruder-Konflikt, Theodizee und sozialer Protest, die Problematik des großen Menschen und die Analyse des fundamental Bösen, »die geheimen Operationen der Seele« (Schillers Vorrede) und das kosmische Prinzip der Liebe, eschatologische Utopien und das Zusammenspiel von Leib, Seele und Verstand und schließlich göttliche und menschliche Vaterschaft bilden einen weitreichenden, oft kontroversen, manchmal spekulativen Diskurs über das Stück. Die neuere Forschung betont dabei eher Ambivalenzen als Eindeutigkeiten.

Die erste Rezension der »Räuber« erschien am 24. Juli 1781 in der *Erfurtischen Gelehrten Zeitung*. Sie stammte von Christian Friedrich Thimme.

»Eine Erscheinung, die sich unter der unübersehbaren Menge ähnlicher Sächelchen gar sehr auszeichnet, wahrscheinlich noch fortdauern wird, wenn jene schon in ihr Nichts wieder zurückgegangen sind [...]. Ich glaube, daß sie um deswillen unsere besondere Aufmerksamkeit verdient. Volle blühende Sprache, Feuer im Ausdruck und Wortfügung, rascher Ideengang, küne fortreisende Fantasie, einige hingeworfene, nicht genug überdachte Ausdrüke, poetische Deklamazionen, und eine Neigung nicht gern einen glänzenden Gedanken zu unterdrücken, sondern alles zu sagen, was gesagt werden kan, alles das karakterisirt den Verfasser als einen jungen Mann, der bei raschem Kreislauf des Bluts und einer fortreisenden Einbildungskraft, ein warmes Herz voll Gefül und Drang für die gute Sache hat. Haben wir je einen teutschen Shakespear zu erwarten, so ist es dieser. [...] Die Regeln des Arist. sind [...] in der Natur der Sache, in der Natur unserer Empfindung gegründet. [...] Allein die Zumutung, in drey Stunden mit meinem Helden einen Zeitraum von Jahren zu durchlaufen, in einer Zeitfolge von Augenbliken die Sitten der Handlungen eines halben Menschenalters zu durchschauen [...] und auf dem Zaubermantel der Fantasie im Hui über Länder zu fliegen, [...] ohne unwillig zu fragen, wie hängt das zusammen? [...] Kurz, nur um mich zu täuschen, meine Fantasie zu jagen, meinen Verstand zu betäuben, und meine Sinnen Lügen zu strafen; wär diese Zumutung weniger widersinnig? Ich weis es wol, daß es zum beliebten Scheniewesen gehört, auf Regeln aus Schulgeschwätz zu schimpfen [...]. Jedoch zu diesen wütenden Kraftschenies gehört unser Verfasser noch nicht, und ich hoffe, daß er sich mit dem Aristoteles noch aussönen, und uns Meisterstücke der Kunst liefern wird, die mit Shakespears so oft schon nachgeäften, aber bis itzt noch unerreichten Schönheiten prangen, ohne durch seine Ausschweifungen verunstaltet zu werden. [...] Die Karaktere sind gröstenteils meisterhaft geschildert, kün angelegt, und treu ausgeführt, vorzüglich Karl Moors Karakter, der ein wahres Meisterstük ist. Franzens kurze Erzählung in der ersten Szene, S. 5 [UB S. 11], lässt uns mit einem Blik die Geschichte der Kindheit der ungleichen Brüder übersehen, und aus den verschiedenen Anlagen begreifen, daß jeder unter solchen Umständen das werden muste, was er wurde. Franz, der schleichende heuchlerische Böswicht, und Karl, der seltne grose Mann, der unter andern Verbindungen die Bewunderung der Völker gewesen wäre, den man aber auch itzt als Mörder und Räuber, indem man seine Schandthaten hasst und verabscheut, noch bewundern, bedauern und lieben mus. Bis an das Ende bleibt er sich gleich; gleich gros, gleich liebens- und gleich verabscheuungswürdig. Keine seiner auserordentlichsten Handlungen kömt ganz unerwartet, oder, ist unbegreiflich. Alles ist so angelegt, so zwischen Ursache und Wirkung verbunden, daß es nicht anders kommen konte. Das gilt auch von Franzens Handlungen. Dessen Karakter ist nicht so schwer, weil er nicht so zusammen gesezt ist. Er ist blos abscheulich, bleibt sich aber auch immer gleich. Ob es aber – was der Verfasser auch in seiner Vorrede, mit sehr viel Zuversicht zu sich selbst, vom Pöbel und von Abderiten sagen mag – ob es ein so gänzliches Ungeheuer in der Natur giebt: das ist eine andere Frage. Er eifert ja selbst wider die Aufstellung der Ideale, und ich möchte mir doch zeigen lassen, welcher unter den alten oder neuen Dichtern es gewagt hätte, ein so vollkommenes Ideal eines menschlichen Ungeheuers aufzustellen. [...] War es nicht möglich, daß der Verfasser ihm alle zur Karakteristik des Stücks nöthige Hauptzüge lies, und doch einige andere Züge hineinwebte, die ihn der wirklichen Menschennatur, die nie so ganz, so durchaus, so ununterbrochen bös ist, näher gebracht hätten? Übrigens bleibt auch dieser Karakter bis an das Ende sich treu. Auch seine Verzweiflung und Gewissensangst gehören nothwendig dazu: denn seine niedrig boshafte Sele war zu klein, um auch in der Bosheit heldenmäsig zu verharren. Was wir von Amalien sehen, ist gut, ist sehr schön: aber mich dünkt, wir sehen zu wenig von ihr. Eine solche Hauptperson solte mehr ausgezeichnet, mehr in das hellste Licht gestellt, von mehreren Seiten gezeigt sein! und das hätte leicht geschehen können, wenn einige ganz überflüssige Nebenpersonen ganz weggeblieben wären. Dazu gehören die meisten der Räuber. Wozu die ganze Rotte? zu nichts, als das ganze Stük hier und da langweilig zu machen, und einige sehr widrige Szenen aufzuführen. Schweizer und Spiegelberg konten bleiben; dieser, um die Maschine in Bewegung zu sezen, wozu Moor für sich unfähig war; und jener, um ein würdiger Vertrauter Moors, und ein Werkzeug seiner edeln Sache zu sein. Der alte Moor ist ein guter, zärtlicher Vater, aber ein schwacher Mann, und als dieser spielt er seine Rolle gut. [...] Franzens Monolog S. 13 [16], wo er seine Bosheit zu bemänteln sucht, [...] ist gar zu lang gerathen. Eben das gilt von der Szene von S. 20 [20] an. Spiegelbergs Erzälungen sind nicht nur überflüssig und langweilig, sondern auch ekelhaft. [...] Die Szene sollte wenigstens um die Hälfte abgekürzt seyn, und sie wäre noch immer mehr als hinlänglich, den grosen Entschluß nach und nach reifen zu lassen. Moors Verzweiflung und wütender Schmerz, und ein flüchtiger Einfall von Spiegelberg waren hinreichende Triebfedern, mithin der gröste Teil des unbedeutenden Gewäsches der Übrigen überflüssig. Moors Verzweiflung von S. 39 [31] an ist vortreflich, fürchterlich schön. [...] Die erste Szene des zweiten Akts ist herrlich, und Franzens Überredung Herrmanns ein Meisterstük der Kunst. Die dritte Szene ist zu gedehnt, und das Räubergeschwäz ekelhaft. Spiegelbergs Erzälung hat keine Verbindung mit dem Stük, und die Geschichte mit dem Nonnenkloster ist zu schändlich, ist beleidigend. Überhaupt solte der Verfasser hier und da mehr über sich wachen, damit ihm nicht zuweilen Ausdrücke entwischten, die jedem zärtlichen Ohr beleidigend seyn müssen. [...] So ist sein Wiz zuweilen gesucht und abenteuerlich. [...] Moor's Reue über das Unglück der durch ihn angezündeten Stadt ist rührend. [...] Kossinski's Anwerbung ist Episode, die mit dem Stük in gar keiner Verbindung steht, aber um Karls willen mir so reizend, daß ich ganze

Bände dafür hingebe. Die Szene von Moors Zusammenkunft mit Amalien ist hinreisend schön. Das Räuberlied in der fünften Szene des vierten Akts und ein Teil ihrer Unterhaltung hätte wol wegbleiben können. Aber der darauf folgende Monolog Moors: ›Glaubt ihr, ich werde zittern? Geister meiner Erwürgten! ich werde nicht zittern! [...] Warum hat mein Perillus einen Ochsen aus mir gemacht, dass die Menschheit in meinem glühenden Bauche bratet?‹ Und: ›Zeit und Ewigkeit – gekettet aneinander durch ein einzig Moment! – Grauser Schlüssel, der das Gefängnis des Lebens hinter mir schließt, und vor mir aufriegelt die Behausung der ewigen Nacht – sage mir – o sage mir – wohin – wohin wirst du mich führen?‹ [...] Die Szene, wo Moor seinen Vater entdekt, und Rache schwört, ist fürchterlich. – Im fünften Akt gefällt mir bei Franzens Verzweiflung sein Traum nicht: denn ich glaube kein Drama, sondern einige Kapitel aus der Offenbarung Johannis zu lesen; völlig derselbe Ton. Pastor Moser ist auch eine überflüssige Person: denn sein Besuch bewirkt nichts. [...] Amaliens Ermordung scheint mir zu ruhig vollzogen zu werden; und das Ende der ganzen Szene sollte wol überhaupt mehr zusammengedrängt, und kürzer abgebrochen werden, um den Leser nicht vor dem Ende schon erkalten zu lassen. – [...] Ein Verfasser, dessen erstes Produkt sich schon so sehr auszeichnet, mus, wenn er aufmerksam auf sich ist, und die Bemerkungen kunstverständiger Freunde benutzt, mit Riesenschritten zu Vollkommenheit fortschreiten, und das Publikum zu grosen Erwartungen berechtigen. Nur wünschte ich noch, daß er bei dem Studio Shakespears weniger den Göz, als Lessings Werke studiren mögte, da das Feuer seines Genies ohnehin mehr eines Zügels, als der Sporn bedarf.

-e.«

Schiller und Goethe im Urtheile ihrer Zeitgenossen. Ges. und hrsg. von Julius W. Braun. Abt. 1: Schiller. Bd. 1. Leipzig: Luckhardt, 1882. S. 1–7.

Als Beispiel für die Kritik, die an Schillers Stück vor allem die demoralisierende Wirkung sah, kann der Auszug aus einer anonymen Rezension im *Magazin der Philosophie und schönen Literatur*, Leipzig 1785, gelten.

»Wenn die Stimme eines *gewissen Publikums* entscheidend genung wäre, so würde dieser Vorbericht eben so unnütz seyn, als die in der folgenden kleinen Abhandlung enthaltenen Beobachtungen über den *Geist einiger der neuesten dramatischen Produkte.* [...]
Ich meine *die durch giftige Einflüsse nach und nach untergrabene Moralität des Publikums.*
Es giebt Menschen, bei denen man Gefahr läuft, für blödsinnig, für *schwach an Körper und Seele* gehalten zu werden, wenn man sich unterfinge, vor ihren Augen zu beweisen, oder nur es als eine *eigene,* nicht *ausschließliche Meinung* zu äußern, daß wir bei dramatischen Werken dieser Art Gefahr laufen, alle Moralität und Politur, ich will nicht sagen, den Geschmack *des Schönen und Guten,* den Respekt der Ausländer, auf den keine Nation eifersüchtig genung seyn kann, und die Achtung der Nachkommenschaft zu verlieren, oder derselben bloß schädlich zu werden, da wir die künftige Generation mit *dem* Gifte impregniren, das itzt schon manche unhaltbare Bande in manchen Zirkeln der Familien aufzulösen drohet.
[...]
In der Gegend von *Baiern* und *Schwaben* rotteten sich vor nicht langer Zeit gefährlich schwärmende Jünglinge zusammen, und wollten nichts geringeres ausführen, als sich durch *Mord,* und *Mordbrennerei* auszuzeichnen, und einen Namen zu machen, oder dem großen Drange nachzugeben, *Räuber* und *Mordbrenner* zu werden. – – Und welcher Anlaß konnte solche Unglückliche, in der *Imagination versengte* Menschen verleiten, und sie auf den Grad von Ausschweifung bringen, wenn wir es aufs gelindeste benennen? ›Sie wollten *Schiller's Räuber* realisieren.‹ [...]

Welche Menschen, dachte ich bei mir. Ein *Räuber,* ein *Mörder,* und doch ein *edler Mensch*; ein Ungeheuer, das unter einer Rotte von Ungeheuern, an einem grünen Abhange, in dichterischer Gluth, mit der Natur, seiner mittrauernden Freundin, mit der untergehenden Sonne spricht, und fantasirt. Die heftigste Unruhe, der größte Ekel faßten mich. Ich erschrecke und zittere. *Franz moralisirend, philosophierend*; Vaterliebe; Mutterliebe; brüderliches und schwesterliches Band; Bande der Menschheit und der Gesellschaft, mit einem Hiebe durchschnitten; ein Zwerg, eine Komposition aus allen Ungeheuern *Shakespear's* und aus dem Gehirne des deutschen Dichters; meine Betrachtungen leiteten mich auf den Karakter desselben: ist es möglich, kann das die poetische Geburt eines civilisirten Menschen seyn? oder entsprang sie aus unregelmäßigen Leidenschaften, aus unglücklichen Lagen, aus übler Leitung, aus Schicksalen, die wir nicht wissen, und aus einem zerrütteten Empfindnisse, das nur solche Wesen gebähren kann?

[...] Sollte der Dichter, (aber es ist unmöglich!) in Deutschland Originale kopirt haben? so sind wir ärger, als die *Neuseeländer,* und dürfen nach der Vorstellung der *Räuber* das *bürgersche* neuseeländische *Schlachtlied*[1] anstimmen.

Welche Wirkung werden die Produkte dieser Dichtung in den Herzen schwärmender Jünglinge, und sanfter, deutscher Mädchen hervorbringen? Der Philosoph spüre nach; der Psycholog sammle Bemerkungen: der Mann von Geschmack weine über die Trümmer des guten Geschmacks, der Moralität, und der schönen Literatur, die, (um nur von einer Sache zu reden) die Köpfe der Franzosen volatilisirt[2], und bei uns Ungeheuer zur Welt bringt.

Es ist wahr, in den Schauspielen *Schiller's* sind manche

1 Gedicht von Gottfried August Bürger (1747–94), in dem der Schlachtgesang menschenfressender Eingeborener dargestellt ist.

2 beflügelt (von lat. *volatilis* ›geflügelt‹).

Szenen, die so kräftig dialogirt sind, eine so blendende Diktion und so wahre Darstellung haben, und so viel Kenntniß des Menschen vereinigen, daß ich den Talenten des Dichters meinen Beifall gebe, andere Szenen sind auch so fürchterlich tragisch, so die Haare sträubend, daß der *fürchterliche Crebillon,* wie ihn die Franzosen nannten, nichts gegen den *Crebillon* der Deutschen ist.
Ein großer Staatsmann hat unlängst unter vielen frommen Wünschen für Unser Theater, über das Schauspiel die Meinung geäußert: *Eine civilisirte Nation könne kein solches Trauerspiel haben.*«

Ebd. S. 111 f., 118 f.

SIGMUND FREUD (1856–1939):

»Der Vatermord ist nach bekannter Auffassung das Haupt- und Urverbrechen der Menschheit wie des einzelnen. Er ist jedenfalls die Hauptquelle des Schuldgefühls, wir wissen nicht, ob die einzige; die Untersuchungen konnten den seelischen Ursprung von Schuld und Sühnebedürfnis noch nicht sicherstellen. Er braucht aber nicht die einzige zu sein. Die psychologische Situation ist kompliziert und bedarf einer Erläuterung. Das Verhältnis des Knaben zum Vater ist ein, wie wir sagen, ambivalentes. Außer dem Haß, der den Vater als Rivalen beseitigen möchte, ist regelmäßig ein Maß von Zärtlichkeit für ihn vorhanden. Beide Einstellungen treten zur Vateridentifizierung zusammen, man möchte an Stelle des Vaters sein, weil man ihn bewundert, so sein möchte wie er und weil man ihn wegschaffen will. Diese ganze Entwicklung stößt nun auf ein mächtiges Hindernis. In einem gewissen Moment lernt das Kind verstehen, daß der Versuch, den Vater als Rivalen zu beseitigen, von ihm durch die Kastration gestraft werden würde. Aus Kastrationsangst, also im Interesse der Bewahrung seiner Männlichkeit, gibt es also den Wunsch nach dem Besitz der Mutter und der Beseitigung des Vaters auf. Soweit er im Unbewußten erhalten bleibt, bildet er die Grundlage des Schuldgefühls. Wir glauben hierin normale Vorgänge beschrieben zu haben, das normale Schicksal des sogenannten Ödipuskomplexes.«

Sigmund Freud: Dostojewski und die Vatertötung [1928]. In: S. F.: Studienausgabe. Bd. 10. Frankfurt a. M.: S. Fischer, 1969. S. 276 f.

»Daß der Teufel zum Ersatz eines geliebten Vaters gewählt wird, klingt wirklich befremdend, aber doch nur, wenn wir zum erstenmal davon hören, denn wir wissen mancherlei, was die Überraschung mindern kann. Zunächst, daß Gott ein Vaterersatz ist oder richtiger: ein erhöhter Vater oder noch anders: ein Nachbild des Vaters, wie man ihn in der Kindheit sah und erlebte, der Einzelne in seiner eigenen Kindheit und das Menschengeschlecht in seiner Vorzeit als Vater der primitiven Urhorde. Später sah der Einzelne seinen Vater anders und geringer, aber das kindliche Vorstellungsbild blieb erhalten und verschmolz mit der überlieferten Erinnerungsspur des Urvaters zur Gottesvorstellung des Einzelnen. Wir wissen auch aus der Geheimgeschichte des Individuums, welche die Analyse aufdeckt, daß das Verhältnis zu diesem Vater vielleicht vom Anfang an ein ambivalentes war, jedenfalls bald so wurde, d. h. es umfaßte zwei einander entgegengesetzte Gefühlsregungen, nicht nur eine zärtlich unterwürfige, sondern auch eine feindselig trotzige. Dieselbe Ambivalenz beherrscht nach unserer Auffassung das Verhältnis der Menschenart zu ihrer Gottheit. Aus dem nicht zu Ende gekommenen Widerstreit von Vatersehnsucht einerseits, Angst und Sohnestrotz anderseits haben wir uns wichtige Charaktere und entscheidende Schicksale der Religionen erklärt.«

Sigmund Freud: Eine Teufelsneurose im siebzehnten Jahrhundert [1923]. In: S. F.: Studienausgabe. Bd. 7. Frankfurt a. M.: S. Fischer 1973. S. 300.

Benno von Wiese (1903–1987) rückt in seiner Analyse der gestörten Familie Moor die Vaterordnung in den Vordergrund:

»Familie als die Urform des gesellschaftlichen Lebens, in der noch Natur und Gesellschaft zusammenfallen, kennt Autorität, Liebe, Vertrauen, Erbarmen, aber nicht Intrige. Der Einbruch des Bösen als Intrige in die Familienordnung und damit in die bürgerliche Ordnung überhaupt bedeutet daher die Auflösung der Familie und ihrer Sittlichkeit und alle die Folgen, die sich aus eben dieser Auflösung ergeben. Da aber in der Familie Natur und Gesellschaft noch identisch sind, muß die Intrige des Bösen, die sich gegen die Naturverhältnisse von Vater und Sohn, von Bruder und Bruder richtet, zugleich das Naturlose schlechthin sein, weil nur unter dieser Bedingung *in* der Familie *gegen* die Familie gehandelt werden kann. Bezeichnenderweise wird die Familie beim jungen Schiller allein durch den Vater repräsentiert, die Gestalt der Mutter fehlt ganz oder tritt zurück, das Weibliche ist in den ›Räubern‹ lediglich durch Amalia, die Braut des älteren Sohnes, und zwar in vorwiegend passiver, erduldender Weise vertreten. Amalia ist eine mehr lyrische als dramatische Figur. [...]
Ein ›großer Mann‹ wird man bei Schiller nicht durch seinen eigenen individuellen Wuchs, sondern nur durch die überpersönlichen Aufgaben, die einem gestellt sind und die der Einzelne aus der Kraft seines Wesens heraus bewältigt. Karl glaubt sich durch sein Jahrhundert um solche Aufgaben betrogen. Seine Tragik setzt im Drama damit ein, daß ihn die angebliche Verstoßung durch den Vater in eine Lage hineindrängt, in der er ein neues großes Ziel zu finden glaubt, in Wahrheit aber nur in eine ungeheure Verirrung hineingerät. Schiller selbst hat das so ausgedrückt: ›Die Privaterbitterung gegen den unzärtlichen Vater wütet in einen Universalhaß gegen das ganze Men-

schengeschlecht aus.‹[3] *Der eine Vater steht also hier für alle Väter.* Jede Ordnung des Zusammenlebens ist gestört, wenn in der Familie auf ›Vertrauen‹ nicht mehr ›Erbarmen‹ antwortet. Nicht Karl, sondern Spiegelberg verführt die Kameraden zur Räuberbande; dieser schäbige Bösewicht, dem Größe und Mut gerade abgehen – darin ist er durchaus Kontrastfigur zu Karl Moor – trillert das Sirenenlied, das auch für Karl noch zum Verhängnis wird. Dennoch ist es der von seinem Vater angeblich verstoßene Karl, der aus seinem Menschenhaß heraus mit emotionalem Pathos erklären kann: ›Der Gedanke verdient Vergötterung – Räuber und Mörder! – So wahr meine Seele lebt, ich bin euer Hauptmann!‹ (I,2). Wenn Karl der menschlichen Gesellschaft nunmehr den Krieg ansagt, so ist das nicht so sehr ein freier Entschluß – er hätte viel lieber das Idyll der väterlichen Haine gewählt –, es ist vielmehr eine erzwungene Reaktion auf die in Unordnung geratene Gemeinschaft der Familie, die für ihn die Urform allen Zusammenlebens überhaupt bedeutete. Wo es kein Vertrauen, keine unüberwindliche Zuversicht, kein Erbarmen, keine Vaterliebe und damit keine Menschheit mehr gibt, da bleibt für den tatendurstigen und freiheitsliebenden Geist nur die Parole: ›Mörder, Räuber! – mit diesem Wort war das Gesez unter meine Füße gerollt.‹ Es gehört zur Tragik Karl Moors, die ihm selber zunächst noch gar nicht zum Bewußtsein gelangt, daß er in diesem Augenblick einem ungeprüften Schein verfällt, der ihn in die unausweichliche Wirklichkeit des Bösen hineingeraten läßt.«

Benno von Wiese: Friedrich Schiller. Stuttgart: Metzler, 1959. S. 146, 148f.

Hans Schwerte (1909–1990) untersucht die Beziehung zwischen Schillers Drama und der biblischen Parabel vom verlorenen Sohn:

3 Vgl. die Selbstrezension, Kap. V,5, S. 187.

»Ob Schiller selbst jemals daran gedacht hatte, sein Stück ›Der verlorene Sohn‹ zu betiteln, darf, trotz einigen Textanspielungen, heute nach den Forschungen Stubenrauchs füglich bezweifelt werden. Daß ursprünglich dieses biblisch-literarische Motiv trotzdem mitanregend gewesen ist, schon von der Schubartschen Quelle her, bleibt darum ebenso offensichtlich. Aber in den ›Räubern‹ geht es gar nicht mehr um ›den‹ verlorenen und um ›den‹ wiederkehrenden Sohn; beide Söhne des biblischen Gleichnisses sind diesem Vater verloren, jeder in anderer Weise, und die Wiederkehr wenigstens des einen bedeutet paradoxerweise im selben Augenblick ›Vatermord‹, den beide Söhne, der eine gewollt, der andere ungewollt, längst vollzogen zu haben meinen. Dies macht das Drama von vorneherein ›zwielichtig‹. […]
Aber die Umkehrung der alten Parabel geht noch eine Wendung weiter; sie erst ist für die Deutung der Tiefenperspektive dieses Schauspieles entscheidend: sie liegt in der Figur des Vaters, des alten Moor. Dieser wird, wie mir scheint, meist falsch beschrieben – und entsprechend falsch auf der Bühne gespielt. […] Der alte Moor ist nicht nur ein im Alter hilflos gewordener, doch ehrwürdiger, weißlockichter Greis, der den Lebenssituationen, erst recht der Intrige jetzt nicht mehr gewachsen ist: der alte Moor ist der versagende Vater, er ist, so wie die Söhne verlorene sind, der verlorene Vater. Da er in seinem Vateramt versagte, zerstörte er die Familie, löste er die Söhne aus diesem Band. Er machte sie zu verlorenen, weil sie den rechten Vater nicht kannten. Den Grund des Dramas bildet der Zweifel am Vater, die Verzweiflung am Vater. In ihr erst wird der Zweifel an Gott wach. Den einen Sohn hat der alte Moor zu zärtlich und ohne Strenge, den anderen lieblos und dumpf erzogen. Selbst wenn wir von den intriganten Aussagen Franz' viel abziehen sollen, ein Bild von der Familie Moor können wir uns dennoch machen; noch genauer können wir ein Bild dieses schwächlichen

Vaters aus dem Handlungsablauf selbst entnehmen. Er ist nicht nur zärtlich schwach, sondern meist töricht schwach. Seine Entscheidungen sind vorschnell und unüberlegt, ohne vernünftiges Maß; mit seinen Einsichten kommt er immer zu spät. Wohl liebt er, aber er weiß sich und seine väterliche Liebe nicht durchzusetzen. Er ist um nichts weniger blind, als seine Söhne verblendet sind. [...] Schiller selbst hat nicht gezögert, in seinem Schauspiel – neben den Rudimenten der Verlorenen-Sohn-Handlung – die Umdrehung dieser Parabel, mit allen ihren theologischen und historischen Konsequenzen, anzudeuten und sie deutlich auszusprechen. Wenn irgendwo, dann erwarten wir die geradezu sakramentale Satzfolge, nach Lukas 15, ›Vergib mir ... Ich hab gesündigt im Himmel, und vor dir. Ich bin nicht wert, daß du mich [Sohn] nennst‹ von einem der verlorenen Söhne ausgesprochen, also von Karl, da Franz schlechterdings nicht in Frage steht. Aber Schiller, in genialem künstlerischem Einfall, wendet diesen Satz um und legt ihn im letzten Auftritt, vorgedeutet schon im ersten Auftritt des Spieles*, dem Vater in den Mund: ›Ich hab gesündigt im Himmel und vor dir. Ich bin nicht wert, daß du mich Vater nennst‹ [S. 140]. [...]
Den Grund des Dramas bilde der Zweifel am Vater, die Verzweiflung am Vater, sagte ich – von dem einen Sohn raffiniert gefördert, von dem anderen mit allen seelischen Qualen, wenn auch blindlings, erlitten, doch beide auf ihr Ich-Selbst werfend. Auch gerade nur andeuten kann ich, wie seit den letzten Jahrzehnten des 18. Jahrhunderts bis in unsere eigene Gegenwart der Ruf nach dem Vater – ›Vater, wo bist du?‹, ›Ich habe keinen Vater mehr‹, ›Es ist kein Gott‹, ›Gott ist tot‹ – der Schreck- und Angstruf der wachsten Geister dieses Zeitraumes wurde**. Vom Sturm und Drang und Schillers ›Räubern‹, der ersten Romanti-

* Der alte Moor zu Franz, I,1: »Vergib mir, mein Kind ...« (15,16)
** Vgl. meine kurze Arbeit: Der Ruf nach dem ›Vater‹, in: Die neue Furche, 6. Jg. '52, H. 9, 593 ff.

ker-Generation und Georg Büchner bis zu den Vatermord-Dramen der Expressionisten, bis zu Benn und Sartre und Ernst Jünger und so fort, von Nietzsche, Dostojewskij zu schweigen, ist diese Thematik, verbunden mit der Bezweiflung des Vierten Gebotes*, geradezu zu einem Leitmotiv, zu dem unheimlichsten Leitmotiv zweier Jahrhunderte geworden, durchgespielt in allen nur möglichen Variationen der inneren Zernichtung bis zur höchsten Triumphekstase. Aber zu wiederholen ist ebenfalls, daß der junge Schiller in den ›Räubern‹ diese Leitthematik zweier revolutionärer Jahrhunderte nicht nur am erregendsten vorausgespielt hat, auch indem er sie sogleich in die äußerst möglichen geistigen und theologischen Horizonte stellte, sondern daß er diese Thematik ebensogleich abzudämmen versuchte und sie auf eine Besinnung des dem Menschen und seiner Freiheit gesetzten Maßes öffnete. Er öffnete zugleich, mir scheint das die entscheidende Leistung, die in diesem Thema angelegte Tragödie.«

Hans Schwerte: Schillers *Räuber*. In: Deutsche Dramen von Gryphius bis Brecht. Hrsg. von Jost Schillemeit. Frankfurt a. M. / Hamburg: S. Fischer, 1965. S. 156–159.

SCHWERTE erläutert auch die epischen Elemente von Schillers Stück, dessen Eignung für die Bühne der Autor selbst ja bezweifelt hat:

»Demnach wollte Schiller, als Abkehr vom ›regelmäßigen Theater‹ eine episch-dramatische Mischform geben; jedoch das ›Erzählen‹, der epische Formanteil, sollte dramatisch vergegenwärtigt bleiben. Daraus erklärt sich auch die

* Franz' bohrende Fragen zu diesem Thema des Vierten Gebotes werden, nach Zwischenstufen, bezeichnenderweise wieder zu Beginn »modernen« Dramas am Ende des 19. Jahrhunderts aufgenommen; erinnert sei neben vielem andren nur an Anzengrubers »Viertes Gebot«, Ibsens »Gespenster«, Hauptmanns »Vor Sonnenaufgang«, Holz/Schlafs »Familie Selicke«, Wedekinds »Frühlings Erwachen« usw.

eigentümliche Pathetik der ›Räuber‹. Im pathetischen Erzählen dieser Geschichte *spielt* der Erzähler auf der Innenbühne das episch schon Vergangene als je dramatische Gegenwart; das sei immer der Vorteil der Bühne gegenüber jeder nur historisch beschreibenden Technik. Tatsächlich sind alle fünf Akte der ›Räuber‹ durchsetzt mit solchen epischen Erzählstücken, die in die Einbildungskraft der Zuschauer, oder der Leser, hineingespielt werden: Franz, Karl, der Vater, Spiegelberg – dieser vor allem –, Roller, Schweizer, Kosinsky, alle erzählen sie, alle berichten sie, immer von neuem wird dadurch die dialogische Bühnenhandlung retardiert, aber sie erzählen und berichten in ›dramatischer Manier‹, d. h. in der Gegenwärtigkeit des ablaufenden Dramas, und erschaffen dadurch die von Schiller erstrebte neue Theatralik.«

Ebd. S. 160 f.

Hans Mayer (1907–2001):

»Franz Moor wird als Intellektueller folgerichtigster Prägung vorgestellt, der es dahin gebracht habe, ›seinen Verstand auf Unkosten seines Herzen zu verfeinern‹. Wenn Schiller deutlich von ihm abrückt, diesen geistigen Ruhm ihm nicht neiden möchte, in dem jüngeren Moor einen Menschen erblickt, dem das Heilige, die Menschheit, die Gottheit nichts bedeuten, so liegt darin doch mehr als ein Zugeständnis an das offizielle Christentum und die herkömmliche Moral. Der Verfasser der ›Räuber‹ ist Rousseauist; damit sieht er Franz Moor und in gewissem Sinne auch Spiegelberg als konsequente Aufklärer, sogar solche philosophisch-materialistischer Prägung, deren geistige Libertinage ihm als Laster erscheint. Dies vor allem ist wesentlich an der Beurteilung Franz Moors durch seinen Schöpfer: nicht so sehr die Untaten selbst, nicht so sehr der Vorsatz des Vatermords und Brudermords sind für Schiller ausschlaggebend bei der Beurteilung der Gestalt,

sondern die geistigen Grundlagen, die den Vorsatz überhaupt erst aufkeimen ließen. Materialismus und Rationalismus sind für Schiller offensichtlich weltanschauliche Pflanzstätten des Lasters. Ganz ähnlich sah es Rousseau. Nicht minder vertrat später der rousseauistische Flügel der Jakobiner unter Führung Robespierres den Standpunkt, philosophischer Materialismus und Atheismus seien nichts anderes als aristokratische Entartung, Luxus einer verantwortungslosen Oberschicht. Auch dem jungen Schiller ist es in diesem Sinne ernst mit seiner angeblichen Verteidigung von Moral und Religion durch den – richtig verstandenen – Text seines Schauspiels.
Wird die Gestalt des Franz Moor als Widerlegung des französischen philosophischen Materialismus und Atheismus verstanden, so haben wir in Schillers Deutung der Gestalt seines Karl Moor in gewissem Sinne auch bereits eine Kritik am Rousseauismus vor Augen. ›Falsche Begriffe von Thätigkeit und Einfluß, Fülle der Kraft, die alle Geseze übersprudelt, mußten sich natürlicher Weise an bürgerlichen Verhältnissen zerschlagen, und zu diesen enthousiastischen Träumen von Größe und Wirksamkeit durfte sich nur eine Bitterkeit gegen die unidealistische Welt gesellen, so war der seltsame Donquixote fertig, den wir im Räuber Moor verabscheuen und lieben, bewundern und bedauern. Ich werde es hoffentlich nicht erst anmerken dörfen, daß ich dieses Gemählde so wenig nur allein Räubern vorhalte, als die Satyre des Spaniers nur allein Ritter geißelt.‹ Die ›falschen Begriffe von Thätigkeit und Einfluß‹, eine Kraftfülle, ›die alle Geseze übersprudelt‹ – darin erblickte man doch bisher die besonderen Kennzeichen des vom deutschen Sturm und Drang gepriesenen ›Selbsthelfertums‹. In diesem Geiste hatte der junge Goethe seinen Götz, Mahomet oder Prometheus geformt. Einflüsse Rousseaus hatten dabei wesentlich mitgebildet und mitgewirkt.
In Schillers ›Räubern‹ dagegen haben wir, ein Jahrzehnt

nach Goethes und Herders Straßburger Zusammentreffen, bereits den Ausklang des Sturm und Drang, die kritische Auseinandersetzung mit dessen Grundprinzipien vor Augen. Karl Moor ist ein Stürmer und Dränger, der nicht, wie Gottfried von Berlichingen, an den Umständen zugrunde geht, sondern an sich selbst, dem also auch kein preisender Nachruf am Schluß des Schauspiels gewährt werden kann. Daß Schiller mit der Gestalt seines Karl Moor nicht bloß weit über seine epische Vorlage, nämlich Schubarts Novelle vom verlorenen und wiedergefundenen Sohn, hinausgeht, sondern ebensosehr den Bereich der Sturm-und-Drang-Ethik überschreitet, darf nicht verkannt werden. Schillers Ironie unterstreicht denn auch: das Schicksal des Karl Moor solle nicht bloß Räubern und Räuberhauptleuten zu denken geben; bekanntlich gäbe es nicht bloß unter den fahrenden Rittern die Spezies des Don Quijote. Hier sollte jedes Wort genau gelesen und interpretiert werden. Nicht leicht ist schließlich auch die Kennzeichnung des Karl Moor als eines Don Quijote zu nehmen, was doch wohl heißen soll: als eines lebenden Anachronismus.

Aus diesen Gründen ist es Schiller durchaus ernst, bleibt es weit mehr als eine diplomatische Rechtfertigung, wenn die Vorrede nun erklärt, das Schauspiel, das hier zu lesen sei, diene der Verteidigung von Religion und ›wahrer Moral‹. In den Räubergestalten nämlich seien jene Zeitgenossen getroffen, die, der Tagesmode gemäß, danach strebten, ihren ›Witz auf Kosten der Religion spielen zu lassen‹. Abermals ist eine rousseauistische Abwehr der Aufklärungsideen.«

Hans Mayer: Schillers Vorreden zu den *Räubern*. In: H. M.: Von Lessing bis Thomas Mann. Wandlungen der bürgerlichen Literatur in Deutschland. Pfullingen: Neske, 1959. S. 148–150.

»Wer Schillers ›Räuber‹ aus geschichtlichem Verständnis des Heute interpretiert, sieht sich vor ein Problem gestellt, das zum Bereich einer *Dialektik der bürgerlichen Aufklärung* in Deutschland gehört.

Zuerst ist dabei vom *Problem der Macht* zu sprechen, wie es sich in den ›Räubern‹ präsentiert. Vater Moor ist seines Zeichens ›Regierender Graf von Moor‹. Reichsunmittelbar also, nicht domestizierter Hofadel. Er ist souverän. Das Stück verrät auch, wie diese gewaltige Hausmacht zustandekam. Man hat nicht, falls von Grafen oder Grafschaft die Rede ist, die höfische Hierarchie zu assoziieren. Im Heiligen Römischen Reich Deutscher Nation war der Herrschaftsbereich eines Reichsgrafen nicht unbedingt kleiner und ärmlicher als derjenige eines Fürsten. Daß Schiller die Verhältnisse des württembergischen Herzogtums auch in den ›Räubern‹, ebenso wie später in ›Kabale und Liebe‹, vor Augen hatte, darf angenommen werden. Damit aber entfernt sich die Auseinandersetzung zwischen den Brüdern, distanziert sich besonders Franz Moors Kabale von aller Misere eines bloßen Familienzwistes. Nun stehen nicht mehr die Kategorien der Vater- und Bruderliebe und des familiären Zusammenhalts im Vordergrund. Die Quantität des Einsatzes, absolute Herrschermacht, schlägt um in neue Qualität. In den notwendig reduzierten Verhältnissen der deutschen Klein- und Vielstaaterei wird Shakespeares Stück vom dritten Richard gespielt. Es geht um Thronfolge, um die Macht. Daß Schiller sich die Figur des Richard Gloster als Vorbild seines Franz gewählt hat, ist evident und vom Autor ausdrücklich einbekannt. Damit aber wird es notwendig, die Aktion des jüngeren Sohnes Franz, der im Falle eines Regierungsantritts von Bruder Karl nur die Wahl hat, Offizier in fremden Diensten zu werden oder sich mit kleinem Grundbesitz abspeisen zu lassen, da die lutherische Reformation in Deutschland den katholischen Ausweg des hohen Prälaten versperrte, ebenso zu interpretieren wie man heute Shakespeares Königsdramen zu verstehen beginnt. Kein monströser Einzelfall mit Buckel und Hinken und Grimassen und roter Perücke; ebensowenig die moralische Scheußlichkeit eines, der gewillt ist, ein Bösewicht zu werden. Sondern Sichtbarwerden einer notwendigen Aktion in einer bestimmten gesellschaftlichen Konstellation. Franz kann nicht anders handeln. Seine Mittel müssen adäquat sein den erstrebten Zielen.«

Hans Mayer: Schillers *Räuber* 1968. In: Theater heute. Oktober 1968. S. 2.

Eric J. Hobsbawm (geb. 1917) vertritt in seiner nur bedingt auf Schillers Stück anwendbaren Studie *Die Banditen* (dt. Frankfurt a. M. 1972) die Grundthese, daß »Sozialbanditentum« »in allen Typen menschlicher Gesellschaft« vorkommt, »die sich in der Entwicklungsphase befinden, die zwischen primitiver Stammes- und Sippenorganisation einerseits und dem Kapitalismus der modernen Industriegesellschaft anderseits liegt; eine Phase, die sowohl die Periode der Auflösung einer auf Verwandtschaftsbeziehungen aufgebauten Gesellschaft als auch den Übergang zum Agrarkapitalismus einschließt« (S. 12). Leicht übertragbar auf *Die Räuber* sind die folgenden Bemerkungen Hobsbawms; zunächst zu dem Prototyp des »edlen« Räubers:

»Erstens beginnt der ›edle‹ Räuber seine Banditenkarriere nicht mit einem Verbrechen, sondern als das Opfer einer Ungerechtigkeit, oder weil ihn die Obrigkeit für eine Tat verfolgt, die zwar von den Behörden als verbrecherisch angesehen wird, nicht jedoch dem Brauchtum seines Volkes widerspricht.
Zweitens macht der ›edle‹ Räuber begangenes Unrecht wieder gut.
Drittens ›nimmt er von den Reichen, um die Armen zu beschenken‹.

Viertens ›tötet er nur zur Selbstverteidigung oder in berechtigter Rache‹.
Fünftens kehrt er, falls er überlebt, als ehrenwerter Bürger und als Mitglied der Gemeinschaft wieder zu den Seinen zurück; eigentlich verläßt er die Gemeinschaft niemals wirklich.
Sechstens bringt ihm sein Volk Bewunderung, Hilfe und Unterstützung entgegen.
Siebtens ist sein Tod stets und ausschließlich die Folge eines Verrates, denn kein anständiges Mitglied der Gemeinde würde je der Obrigkeit gegen ihn beistehen.
Achtens ist er – zumindest theoretisch – unsichtbar und unverwundbar.
Neuntens ist er nicht ein Feind von König oder Kaiser, der ein Hort der Gerechtigkeit ist, sondern bloß Gegner des lokalen Junkertums, der Geistlichkeit oder sonstiger Unterdrücker.«

Eric Hobsbawm: Die Banditen. Übers. von Rudolf Weys. Frankfurt a. M.: Suhrkamp, 1972. (suhrkamp taschenbuch. 66). S. 49f.

Zu den Menschen, aus denen sich die Räuberbanden zusammensetzen, schreibt HOBSBAWM:

»Es gibt aber stets Gruppen, deren soziale Stellung die dafür nötige Handlungsfreiheit gewährt. Am wichtigsten ist da die Altersgruppe männlicher Jugendlicher zwischen Pubertät und Ehe, d. h. zu der Zeit, da das Gewicht aller Verantwortung für eine Familie ihre Rücken noch nicht beugt. [...]
Unter den Außenseitern am Rande der Gesellschaft spielten Soldaten, Deserteure und Abgerüstete eine wichtige Rolle.
Die nächste bedeutende Rekrutierungsquelle Unabhängiger sind jene Gruppen von Männern, die aus irgendwelchen Gründen der Agrargesellschaft nicht integriert sind und die deshalb an den Rand der Gesellschaft oder in die Gesetzlosigkeit gedrängt werden.

[...]
Wurden die Quellen, aus welchen das bäuerliche Banditentum seinen Nachschub bezieht, mit diesen Kategorien zwar gewissermaßen erschöpft, so dürfen wir dennoch nicht zwei Gruppen übergehen, die beide in Agrargegenden Sammelbecken der Gewalt sind und deren jede raubt und erpreßt. Es handelt sich um die ›Raubritter‹ und um die Kriminellen, welche man zuweilen mit Recht, meistens allerdings fälschlich, dem bäuerlichen Banditentum zurechnet.
Es ist leicht einzusehen, daß verarmte Edelleute einen ständigen Nachschub an Raufbolden darstellen, sind doch die Waffen das Privileg ihres Standes und das Kämpfen sowohl ihr Beruf als auch die Grundlage ihres Wertsystems. Ein Großteil dieser Gewalttätigkeit wird in der Jagd, der Verteidigung der eigenen Ehre wie der der Familie in Duellen, Fehden und ähnlichem institutionalisiert oder von vorsichtigen Regierungen in politisch nützliche oder zumindest harmlose Wege wie Kriegsdienst oder Kolonialabenteuer gelenkt.« Ebd. S. 49 f.; 35–41.

Herbert Kraft (geb. 1938) sieht das Scheitern von Karls Protest aus sozialkritischer Sicht vor allem im Fehlen der sozialen Bedingungen für die Änderung der damaligen Gesellschaft:

»Zwar entsteht die Ambivalenz des ersten Dramas nicht allein aus der objektiven Situation des Selbsthelfers, der zu einer Perspektive nicht durchdringt, weil ihm die gesellschaftliche Basis – eine Schicht, eine Klasse – fehlt, welche einen Anspruch gegen die bestehende Ordnung auf ihre Idee von einer neuen Ordnung hätte gründen können; aber sie hat hier, in der Situation des Selbsthelfers, eine ihrer Ursachen. Karl Moor sammelt um sich nur ›*Räuber* und *Mörder*‹ [...], die beim Verstoß gegen die Ordnung ohne Unterscheidung Mängel des bestehenden Systems wie humanistische Prinzipien treffen, welche zum Inhalt

einer möglichen Gegenordnung zählen müßten. [...] Der Selbsthelfer ist sogar schon die verbildlichte Definition des gesellschaftlichen Scheiterns. [...]
Aus schon genannten Gründen kann Moor nur zum Rächer werden, zu seinem Handwerk nur die ›Wiedervergeltung‹ [...]; er hat kein politisches Programm. Wiedervergeltung aber wofür? Für das Unrecht, das den Menschen zugefügt wird [...]: der individuelle Konflikt wird dem Helden zum Anlaß seines Handelns und dient ihm zur Rechtfertigung für seine Taten, das Recht der Unterdrückten gegen ihre Unterdrücker ist davon nur abgeleitet. Die ›hochfliegenden Plane‹ [...] sind so vage, daß Zuschauer und Leser wenig über sie erfahren können. So bleibt am Ende für die Figur und das Stück nur der theatralisch–moralische Ausweg, der die immanenten Widersprüche, indem er sie auflösen soll, nicht einmal konzentriert offenlegt: Mord an einer Unschuldigen und Selbstüberlieferung des Mörders an das Gericht. Für den Weg zum Gesetz soll die letzte Gesetzlosigkeit die Voraussetzung geschaffen haben, und das Gesetz Gottes wird mit dem der realen Herrschaft identifiziert. So ist zum Schluß unklarer noch ausgesprochen als zuvor, daß die wiederhergestellte Ordnung jene Verhältnisse restauriert, gegen die einzig der Aufstand gerechtfertigt war.«

Herbert Kraft: Um Schiller betrogen. Pfullingen: Neske, 1978. S. 14f. –

Neben Kraft spürt Klaus R. Scherpe (geb. 1939) am intensivsten der politischen Botschaft in den *Räubern* nach, die Schiller durch eine »moralische Überkonstruktion« bewusst verdeckt habe:

»Vielmehr sollte es darum gehen, in Schillers dramatischem Kunstwerk jene Spuren zu entdecken, welche die

kämpferische Auseinandersetzung der sich formierenden bürgerlichen Klasse mit dem Feudalabsolutismus hinterließ. Zu erhellen ist die Widersprüchlichkeit eines aufs Revolutionäre zielenden Stücks, das in sich doch die Möglichkeit der Revolution energisch bestreitet. [...]
Schillers *Räuber* [...] sind zweifellos ein Stück über die politische Macht, den Machtkampf, die Frage nach der gerechten und ungerechten Herrschaft und auch über die Legitimität des Widerstands. Diese politische Struktur des Schauspiels entspricht keinem antifeudalen Programm im Kopf des Autors, dennoch ist sie im Stück manifest, im Detail und in der Gesamtkonzeption. [...]
Wären *Die Räuber* nur das Familienstück von den feindlichen Brüdern und nicht auch ein politisches, so wäre gar nicht zu begreifen, warum Franz [...] geradezu explodiert mit dieser Schimpfrede auf sein Volk [UB 15, S. 58, Z. 18–35]. Die Übersteigerung des Tyrannischen faßte Schiller selbst im Vorwurf der ›Karrikatur‹ und begründete dies als ästhetische Schutzmaßnahme für den Zuschauer, dem das Lasterhafte nicht deutlich genug sein könnte. Dahinter steckt freilich eine politische Schutzgebärde: Die Überzeichnung des Despoten schützt vor der historischen Glaubwürdigkeit, so daß der Zuschauer statt eines ›Leider, so ist es!‹ eher zur Reaktion mit einem ›So schlimm ist es nun auch wieder nicht!‹ gebracht wird. Die Despotie des Franz Moor, die doch die Realität des ganzen Stücks beherrscht, erscheint in dieser Strategie als ein böser Traum, wogegen sich die ins Traumhaft-Illusionäre verdrängte ›gute‹ Herrschaft doch noch als die bessere Wirklichkeit ins Bild setzen läßt. [...]
Die Räuber-Handlung ist, verglichen mit dem, was der Autor seinem Franz Moor in den Kopf setzt, sozialpsychologisch betrachtet fast ein ›antiautoritäres Kinderspiel‹. Genau so ist sie verankert im Autoritätskonflikt und in den idealischen Kindheitsphantasien des Karl Moor, der für die räuberische Wirklichkeit nicht geboren ist. Eine

Abwertung ist mit dieser Wertung keineswegs gemeint. Die Räuber-Handlung war und ist die revolutionäre Attraktion des Stückes. Ihr gehörte der Jubelruf ihres Schöpfers und auch seine Klage, da er sie zum Scheitern bringen mußte. [...]
Interpretieren wir auch die Räuber-Handlung [...] als politische Handlung, so ist der Interpretationsgegenstand nicht einfach aufteilbar ins politisch Fortschrittliche, zu dem der Räuber Moor sich durch antifeudale Gewalttaten aufschwingt, und ins politisch Reaktionäre, in das er mit der Absage ans Räuberleben zwangsläufig zurückfällt. [...]
Die literaturgeschichtliche Rekonstruktion von Schillers Jugendwerk muß zusammenhalten, was die dem vermeintlichen Revolutionär Schiller befreundete Gesinnung auseinanderreißt. Das heißt, daß gerade die politische Deutung der Räuber-Handlung die moralische ›Überkonstruktion‹ miterfassen muß, unter deren Lizenz der Autor den Räuberphantasien freien Lauf läßt.«

Klaus R. Scherpe: Die Räuber. In: Schillers Dramen. Neue Interpretationen. Hrsg. von Walter Hinderer. Stuttgart: Reclam, 1979. S. 14, 17, 22, 24.

Hans-Jürgen Schings (geb. 1937) hat als die aus älteren philosophischen Traditionen gespeiste Grundstruktur von Schillers frühem Denken die von Liebe geformte »Geisterkette« der Harmonie herausgearbeitet, die alle Lebewesen in steigender Vollkommenheit an Gott bindet. Er interpretiert *Die Räuber* »als rigorose Probe auf die Tragfähigkeit, auf die Belastbarkeit des Systems [...], als experimentellen Generalangriff auf das Konzept der ›chain of love‹«, in dessen Verlauf das System durch »Despotismus« korrumpiert wird und sich das Böse als irritierendes Weltphänomen entfaltet:

»Es ist ein solcher Frontalangriff, der Spekulieren und Agieren der Gebrüder Moor antreibt. Die dramaturgischen Ungereimtheiten und Brüche, häufig analysiert, insbesondere aber der merkwürdige Umstand, daß die feindlichen Brüder auf der Bühne nicht aufeinandertreffen, nicht einmal zum rhetorischen Duell – dies alles verweist auf eine konstruktive Anlage, die die thematische Parallelität ausprägt. Die dramatischen Energien der beiden Moors werden nicht gegeneinander geführt und im Konflikt der feindlichen Brüder aufgebraucht. Sie gehen vielmehr in eine Parallelaktion ein, die, wiewohl kontrastiv gegeneinander abgesetzt und auf getrennten Wegen, dennoch das gleiche Ziel verfolgt: die vorgegebene Gesellschafts- und Weltordnung aus den Angeln zu heben. Der Familienstreit im gräflichen Hause Moor, die Privilegien des Erstgeborenen, Vatergunst und Braut – das alles ist Vordergrund, Anlaß, Sprungbrett. Was die ersten beiden Szenen rasch, systematisch und gleichläufig freisetzen, ist ein Wettstreit der Empörung, des Aufruhrs, eine Radikalitäts-Konkurrenz, ein großangelegtes Fern-Duell der Weltzerstörung. Schiller selbst hat dazu in der Besprechung seines eigenen Stückes das Stichwort gegeben. Es lautet »Universalhaß«: »die Privaterbitterung gegen den unzärtlichen Vater wütet in einen Universalhaß gegen das ganze Menschengeschlecht aus«. Und das gilt nicht nur für Karl Moor. Dem System der Liebe und der ›chain of being‹ tritt das Drama des Universalhasses gegenüber – als Doppeldrama der Gebrüder Moor.«

Hans-Jürgen Schings: Schillers *Räuber*: Ein Experiment des Universalhasses. In: Friedrich Schiller. Kunst, Humanität und Politik in der späten Aufklärung. Ein Symposium. Hrsg. von Wolfgang Wittkowski. Tübingen: Niemeyer, 1982. S. 9f. –

Harald Steinhagen (geb. 1939) situiert den jungen Schiller gedanklich zwischen de Sades »aufgeklärte Einsicht [...], daß Herz, Gewissen und Moral nur gesellschaftliche Konventionen sind, die der menschlichen Natur widersprechen, deren Normen also unerfüllbar sind und daher beseitigt werden müssen« (S. 156) und Kants Bindung der Vernunft an die Moral:

»Die *Räuber* sind das konsequenteste Dokument der deutschen Aufklärung und Franz Moor ist ihr radikalster Vertreter. [...] Die Beispiele [...] zeigen, daß Franz Moor in der Radikalität und Konsequenz seines Denkens den Romanfiguren de Sades durchaus nicht nachsteht. Wie diese entlarvt er mit einer seltenen Skrupellosigkeit alle religiösen, moralischen und sozialen Begriffe als Fiktionen, leugnet die Idee eines natürlichen moral sense im Menschen und verwirft die sogenannten ideae innatae als bloße Erziehungsprodukte, die ihre Gültigkeit verlieren, sobald sie als solche durchschaut sind. [...]
[...] Karl Moor, der Idealist, auch nicht viel besser [...] als sein Bruder [...]. Auch er muß um seiner Größe willen Herr sein und träumt von der Gründung einer Republik, ›gegen die Rom und Sparta Nonnenklöster sein sollen‹. Die Brüder unterscheiden sich zwar in ihren Gesinnungen sowie in den Motiven und Zwecken ihres Handelns, aber in der Praxis verschwindet der Unterschied. Der Mord ist für Karl ebensowenig ein Problem wie für Franz. Er opfert Amalia und betrachtet diese Tat als den ›Triumph‹ seiner Größe, und doch ist sie in Wahrheit lediglich ein Tauschobjekt, durch das er sich von der Bande freikauft. [...]
Schillers Versuch, die Gleichsetzung von Kausalität und Vorsehung, also die Einheit von Vernunft und Moral, dadurch als objektiv gegeben zu erweisen, daß er zeigt, wie sich Gerechtigkeit in der Welt durch Kausalität stets selbst prozeßhaft wiederherstellt, bleibt unhaltbar. Es ist das geschichtsphilosophische Wunschdenken einer bereits unsicheren Aufklärung, die, um ihre Hoffnungen nicht preisgeben zu müssen, so tut, als sei Gerechtigkeit bereits, und

diese gerade dadurch verrät; denn sie ist um der Idee der Gerechtigkeit und des Fortschritts willen gezwungen, den Menschen allein für die Folgen seines Handelns verantwortlich zu machen, ihm sein Scheitern als Schuld anzurechnen und unschuldiges Leiden zu ignorieren. Die providentielle Interpretation des faktischen Weltlaufs, die der Widerlegung Franz Moors gilt, ist, gemessen an seinem aufgeklärten Denken, Mystifikation. Daraus folgt zugleich, daß die Theodizee, um die es Schiller in den Jugenddramen geht, als mißlungen angesehen werden muß. [...] dem vorkantischen Idealismus des jungen Schiller liegt auf jeden Fall derselbe aufgeklärte Vernunfbegriff zugrunde, den er in Franz Moor negiert. In diesem Begriff selbst steckt das Problem, das er lösen soll und doch nicht lösen kann. Was er überwinden soll, schleppt sich versteckt in ihm fort. Da die aufgeklärte Vernunft in der Praxis eben nicht notwendig moralisch ist, muß Schiller zu Hilfskonstruktionen greifen, um diese Notwendigkeit zu retten. Zu diesem Zweck operiert er mit Begriffen wie Herz, Gewissen, moralisches Gefühl, durch deren Vermittlung er die Einheit herzustellen sucht.«

Harald Steinhagen: Der junge Schiller zwischen Marquis de Sade und Kant. Aufklärung und Idealismus. In: Deutsche Vierteljahrsschrift für Literaturwissenschaft und Geistesgeschichte 56 (1982) S. 137, 142, 150, 156. – Mit Genehmigung von Harald Steinhagen, Königswinter.

Dieter Borchmeyer (geb. 1941) untersucht *Die Räuber* im Rahmen des »wesentlichsten Ziels der Aufklärung«, der »Aufhebung des Paternalismus« (S. 164).

»Durch die paradoxale Einheit von Anarchie und Despotismus tritt die Räuberbande als eine Ordnung des Hasses der von der chain of love zusammengehaltenen kosmischen Ordnung entgegen. Die Räuberwelt ist also keineswegs, wie bis heute immer wieder behauptet wird, als zumindest im Ansatz progressive Alternative zur bestehenden feudal-absolutistischen Ordnung zu verstehen [...]. Durch die verzweifelte Gründung der Räuberbande zerstört Karl Moor gerade die Möglichkeit einer anderen, einer republikanischen Gegenordnung zu den im Egoismus und im Recht des Stärkeren gründenden Machtstrukturen der höfisch-absolutistischen Welt.

[...]

Schillers erstes und letztes vollendetes Drama ›Die Räuber‹ und ›Wilhelm Tell‹ spiegeln das Janusgesicht der Aufklärung, ihre beiden Wege: den lichten in eine Brüderordnung, die keine Repression des Individuums mehr kennt, und den dunklen in eine Welt der Angst, des Hasses und der Aggressivität. Daß in Schillers Werdegang als Dramatiker dieser dunkle Weg am Anfang, der lichte jedoch am Ende steht, bedeutet gewiß keinen Sieg der Utopie über den Pessimismus. Das Utopische und das Pessimistische sind in Schillers Verhältnis zur Aufklärung vielmehr dialektisch verbunden. Mit einer oft an Resignation grenzenden Skepsis ist er ihrem Höhenflug gefolgt, aber gefolgt eben doch: der Aufklärer mit einem gebrochenen Flügel.«

Dieter Borchmeyer: Die Tragödie vom verlorenen Vater. Der Dramatiker Schiller und die Aufklärung. – Das Beispiel der *Räuber*. In: Friedrich Schiller. Angebot und Diskurs. Hrsg. von Helmut Brandt. Berlin/Weimar: Aufbau, 1987. S. 168f., 174.

Hans Richard Brittnacher (geb. 1951) betont u. a. die zentrale Identifikationsfigur der Protagonisten des Stücks: Satan:

»Die Aufrührer des Stückes [...] spielen die Rolle Luzifers, des ewigen Rebellen, aber auch die Satans, des Widersachers, und schließlich auch die des mittelalterlichen Teufels, eines sinnlichen Unholds. [...]

›Teufel‹ und ›Hölle‹ werden nicht allein unentwegt im De-

klamieren und Beiseitesprechen der Kraftkerls zitiert, und dies zudem in einer Frequenz, wie sie selbst in der hitzigen Affektsprache der Dramatik des Sturm und Drang sonst nicht zu finden ist, auch die elaborierte Rhetorik der Helden beschwört immer wieder Teufelsgestalten unterschiedlicher mythologischer oder literarischer Provenienz [...]. Der Entschluß der Räuber, sich außerhalb des Gesetzes zu stellen, wird auch als willentliche Abkehr von Gott ausgegeben. [...] Zum Repertoire des Satanismus gehört auch das Motiv der Profanierung christlicher Kultstätten, das vom Drama nach Kräften bedient wird. [...] In die Empörung über die Entweihung des Kultischen mischt die Rhetorik des Dramas freilich immer wieder auch das verstohlene Entzücken über eine Gewalt, die in der Schändung des Heiligen empörende Größe gewinnt. [...]
Das Schlüpfrige seines Sprechens und das Heimtückische seines Handelns rücken Spiegelberg in die Tradition des mittelalterlichen Teufels, eines klebrigen Verderbers, der mit Betrug, Verführung und Anzüglichkeiten die Menschen zum Bösen verleitet. [...] In seiner derben Vulgarität kommt zur Anschauung, was die Kultur der Empfindsamkeit sich vom Leibe zu halten bemüht war – die tierische Seite des psychophysischen Doppelwesens Mensch – in seiner giftigen Bosheit, was die Kultur der Aufklärung nicht wahrhaben wollte – das Böse um seiner selbst willen. [...]
Franz übernimmt im Drama die Rolle Satans, des Widersachers und ewigen Neiders Gottes. Er stört den göttlichen Heilsplan und bezweifelt mit triftigen Einwänden die sinnvolle Einrichtung der Welt. Der Zukurzgekommene möchte selbst an der Stelle des Höchsten sitzen – ein altes Motiv satanischer Häresien, die in Luzifer den eigentlichen, zu Unrecht verstoßenen Thronfolger Gottes erblicken wollten. [...]
Karl hingegen darf im Namen der ehrwürdigsten Gestalt des Satanismus sprechen. *Milton* hatte der Rehabilitierung Luzifers, [...], die literarische Rechtfertigung geliefert [...].

Er erlöste den Teufel aus seiner schauerlichen, paganen Ikonographie zu einer menschenähnlichen, bemitleidenswerten und bewunderungswürdigen Gestalt. Die ergreifende Klage über die Ewigkeit seiner Verdammung und der unbändige Trotz, in dem Luzifer trotz seiner Unterlegenheit den Kampf mit Gott immer wieder von neuem sucht, eroberten *Miltons* Satan einen solchen Respekt, daß *Klopstocks* eigenmächtige Verzeihung des Teufels Abbadona (im neunzehnten Gesang des *Messias*) zwar theologische Kontroversen produzierte, aber vom Lesepublikum frenetisch begrüßt worden war. [...]
In seiner Philippika gegen das ›Kastraten-Jahrhundert‹ [...] beruft sich Karl auf *Miltons* Satan, das ›ausserordentliche Genie‹, das sich nicht demütigen läßt, in der melancholischen Stimmung der Donauszene hält er es mit dem reuigen Teufel: ›mitten in den Blumen der glücklichen Welt ein heulender Abbadona‹ [...].
Der Satanismus, in seiner durch *Milton* und *Klopstock* von aller Vulgarität gereinigten, erhabenen Gestalt, aber auch in der ordinären Version des Mittelalters, wie sie im Satanismus chiliastischer Sekten noch in Umlauf war, liefert die Gestik und die Bilder dieses Aufruhrs, und ihm verdankt das Drama einen guten Teil seiner Attraktivität. Die Verzweiflung des verstoßenen Luzifers, der um die Endgültigkeit seiner Verdammung weiß, bietet dem aus allen Bindungen und Sicherheiten entlassenen Menschen ein identifikationsträchtiges Bild der Vereinsamung, der unbändige Trotz Luzifers, der im Wissen um die Vergeblichkeit seiner Bemühungen immer wieder gegen sein Schicksal aufbegehrt, verleiht diesem Bild in dem so moderaten ›Tintengleksenden Sekulum‹ [...] die Konturen der schmerzlich vermißten heroischen Identität.«

Friedrich Schiller: Werke und Briefe in zwölf Bänden. Hrsg. von Klaus Harro Hilzinger [u. a.]. Dramen I. Hrsg. von Gerhard Kluge. Frankfurt a. M.: Deutscher Klassiker Verlag, 1988. (Bibliothek deutscher Klassiker. 29.) S. 346–351. –

Konrad Maier rekurriert zum Verständnis des Abdrängens der politischen Aussage ins Moralische auf die lutherisch-kleinbürgerliche Prägung Schillers und seiner Umwelt:

»Wenn nun ein derartiges Abdrängen der Kritik in die außergesellschaftliche Sphäre auf so breiter Basis und selbst dort noch stattfand, wo sich direkte Möglichkeiten eines Umsturzes hätten eröffnen können, liegt der Schluß auf Hemmnisse in der einstigen Orientierung und psychischen Prägung sowohl breiter Bevölkerungskreise als auch bei dem jungen Dichter der ›Räuber‹ selbst nahe. Die Kritik blieb auf einen illegalen Bereich des ›Bösen‹ fixiert und projiziert – und deshalb auch wesentlich unpolitisch und unkonstruktiv, konnte sich nicht vom Stigma der Unmoral und des Unrechts befreien [...]. Der lutherische ›Ordo‹-Gedanke und die kleinbürgerlich-ambivalente Einstellung zur Obrigkeit bieten Erklärungsansätze [...]. Man erkennt also, daß auf theologische (genauer gesagt auf protestantische) Sinndeutungsmuster verstärkt in den Schlußszenen rekurriert wird und in der Retrospektive wird vor allem auch deutlich, daß ein anonymer und fremder Gott die Lebensschicksale in den ›Räubern‹ auf unbegreifliche und ausschließlich zerstörerische Weise bestimmt hatte. Dieser Gott gewährt selbst dem frommen alten Grafen und der verlassenen Geliebten keinen tröstenden Ausblick auf ein Jenseits mit umgekehrten Vorzeichen; er zwingt vielmehr alles in die Knie: die Gottesfürchtigen ebenso wie Franz, den Gewissenlosen [...].
[...]
[Nur in Karls Selbstaufgabe] erscheint Gott erst am Ende des Dramas, und zwar im Moment des beschlossenen Todes als eine sinnstiftende Instanz; nirgendwo zuvor jedoch hatte er sich als eine konstruktive, lebensleitende Macht begreiflich gemacht, nirgendwo war eine Integration von ethisch-religiösen Zielsetzungen mit triebhaft-emotiona-

len Bedürfnissen der Menschen möglich geworden. So bleibt der christliche Gott [...] sinnentleert in einem säkularen Handlungsfeld, aber doch noch mächtig genug, um ein völliges Abfallen in rein weltlich-pragmatische Gestaltungsprinzipien zu verhindern und das latente Sündengefühl der Akteure aufrechtzuerhalten [...].

Konrad Maier: Zerstörungsformen einer verabsolutierten Moral im Frühwerk Friedrich Schillers. St. Ingbert: Röhrig, 1992. S. 318, 325. –

Karl S. Guthke (geb. 1933) hebt in seiner Interpretation die zentrale Rolle des Glücks für Karl Moor hervor:

»Tatsächlich ist der Genuß der mehr oder weniger theatralischen Führerrolle eine wesentliche Komponente von Karl Moors Vorstellung von seinem *Glück*, auf das er geradezu Anspruch zu haben glaubt. [...] Der Wille zum Glück aber ist überhaupt [...], Räuber Moors Hauptimpuls, der bei ihm alles Tun bestimmt. Schon die grundlegende Handlungsvoraussetzung ist von daher zu verstehen. Denn erst als das Glück dem ›unglücklichen Bruder‹ [...] versagt wird, wird aus Karl Moor der Räuber Moor, der in der Banditenexistenz ein Ersatz-Glück sucht. [...] Erst in der Rolle des von seinen Kumpanen bewundernd umringten Räuberhauptmanns, nicht schon in der des Räubers, hofft er sein neues Glück zu finden. [...] der Genuß der Mittelpunktstellung ist eine wesentliche Facette des Glücks für Karl Moor, eine wenig schmeichelhafte Facette gewiß, noch weniger schmeichelhaft dadurch, daß sie auch noch in Räuber Moors Ende, in seiner Rückkehr zum ›Leben in der Idee‹, prominent zur Geltung kommt. [...]

Das Glück beschäftigt Karl Moor in ungewöhnlichem Maße. Ein starker Wille zum Glück ist in ihm lebendig, zur Wahrnehmung seiner Glückseligkeit, auf die ihm die ganze Weltordnung angelegt zu sein scheint. Kaum je verläßt ihn der Gedanke des Glücks. Er glaubt Anspruch darauf zu haben. [...] Das Bestehen auf dem Recht auf Glück [...] ist auch zu sehen als eine Komponente der Haltung des Egozentrikers, dem die bewunderte Mittelpunktstellung lebenswichtig ist. In dieser Egozentrik unterscheidet sich Karl Moors Glücksverlangen, das zugleich ein Streben nach Selbstvergöttung ist, fundamental von der ›Bestimmung‹ des Menschen zum Glück, wie die Popularphilosophie der Aufklärung sie verstand: als eine altruistische Philosophie, der zufolge persönliches Glück definitionsgemäß nur in Harmonie mit dem Glück anderer, wenn nicht gar aller, denkbar ist. [...] Im Hintergrund steht die anti-benevolentistische, egomane Macht- und Glücksphilosophie von Helvétius – nicht nur Franz Moor ist sein Adept.«

Karl S. Guthke: Schillers Dramen. Idealismus und Skepsis. Tübingen/Basel; Francke, 1994. S. 40–43. –

Norbert Oellers (geb. 1936) wirft Licht auf die biographische Dimension des Stücks und auf die Gründe seiner langfristigen Wirkung:

»Karl und Franz [...] sind Sprachrohre Schillers (nicht bloße Kreaturen wie alle anderen); sie sind dessen Selbstprojektionen. So dachte, sprach und fühlte der Carlsschüler wohl: wie Karl und dessen Alter ego Franz. Außerdem, das belegt die Wirkung des Stücks auf der Bühne, denken, sprechen und handeln die beiden Brüder so, dass viele Zeitgenossen sie wiedererkannten – als Repräsentanten ihrer gährenden Epoche.

Das Stück ist ein Aufstand Schillers gegen seine drei Väter, denen er in seinen zwei ersten Lebensjahrzehnten ausgeliefert war: gegen den leiblichen Vater Johann Caspar, gegen den Landesvater Carl Eugen und gegen den himmlischen Vater. Das Ende mit Schrecken bedeutet nicht

Schrecken ohne Ende, denn es bleibt ja die Dichtung, die keine Resignation und schon gar nicht Fatalismus verbreiten will. Sie vermag noch nach mehr als 200 Jahren zu faszinieren, und dass es in ihr von Obszönitäten und Gotteslästerungen wimmelt und dass es keine Begründungen für das Böse gibt, sichert ihr einen Platz unter der ›modernen‹ Literatur – ein Colloquium über die Zufälligkeit und Ungerechtigkeit der Natur, über die Willkür und Ungerechtigkeit gesellschaftlicher Herrschaft, über die Unterdrückung und Ausbeutung vieler durch wenige.«

Norbert Oellers: Schiller. Elend der Geschichte, Glanz der Kunst. Stuttgart: Reclam, 2005. S. 133f.

Einen eigenen Zweig der *Räuber*-Forschung bildet die Deutung der Brüder Moor in kriminalpsychologischen und psychoanalytischen Kategorien. Schon THEODOR FONTANE hat den Verdacht geäußert, dass bei den »Räubern« »nur Kriminalisten, Irrenärzte und Psychiatriker von reicher, praktischer Erfahrung das letzte Wort [...] zu sprechen berechtigt sind« (*Causerien über Theater*, Bd. 1, München 1964, S. 226).

1907 diagnostizierte der Dresdner Staatsanwalt ERICH WULFFEN (1862–1936) in seiner Studie *Kriminalpsychologie und Psychopathologie in Schillers »Räubern«* schon den alten Moor als »entarteten Vertreter einer sinkenden Generation« (S. 18). Seine beiden Söhne haben sich, erblich belastet, zu kriminellen Psychopathen entwickelt. Bei Franz zeigt sich der Niedergang als Degeneration mit »angeborener Bosheit«, zu der auch die Zeichen körperlicher Entartung, eine »degenerativ geschwächte Urteilskraft« (S. 39) und »moralische Idiotie« (S. 53) gehören. Demgemäß sind alle seine geäußerten Gründe für seine Unmenschlichkeit (Neid, Eifersucht, Zurücksetzung) nur vorgeschoben; »die wahren Beweggründe zum Handeln« liegen in seinem »degenerativen Charakter« (S. 28). Karl ist als »pathologischer

Reformator« (S. 64) »ein belasteter, verschrobener, exzentrischer Mensch mit der Pathologie des Paranoikers« (S. 74), die sich in »Weltverbesserungswahn« (S. 68) und »Größenwahn« (S. 63) äußert. Für Wulffen führt von ihm eine direkte Linie zur Französischen Revolution, deren extreme Phase damit zum psychischen Krankheitsfall wird:

»Ein Revolutionär – zur Zeit des großen Friedrich – ganz ungeheuerlicher Art! Einen Kaiser, einen König, Kurfürsten und Herzöge in beträchtlicher Zahl will er gewaltsam entthronen. Er, mit einem Heer von Kerls, wie er selbst! Daß die Räuber als ein literarischer Vorläufer der ein Dezennium später ausgebrochenen ersten französischen Revolution von 1789 zu gelten haben, darf wohl nicht bezweifelt werden. 1792 wird das Königtum abgeschafft und Frankreich zur Republik erklärt; 1793 werden Ludwig XVI. und Marie Antoinette hingerichtet. Bis 1794 wütet die Schreckensherrschaft. Da sehen wir Fanatiker, wie Karl Moor, an der Arbeit. Dieselben Ursachen, welche ihn zum Räuber und Mordbrenner machen, bilden einen Teil der allgemeinen Ursachen der Revolution. Er gehört in die Reihe der Mörder aus Fanatismus, die in politisch bewegten Zeiten auftreten und welche die Wissenschaft als durchweg belastete, verschrobene und exzentrische Menschen nachweist.«

Erich Wulffen: Kriminalpsychologie und Psychopathologie in Schillers *Räubern*. Halle a. d. S.: Marhold, 1907. S. 63.

Seit den achtziger Jahren des 20. Jahrhunderts sind mehrere *Räuber*-Interpretationen aus tiefenpsychologischer Sicht erschienen. STEPHANIE HAMMER verfolgt anhand von Julia Kristevas Begriff »abjection« (›Verworfensein‹) das Trauma und die seelischen Verwundungen der Brüder Moor durch ihre Mutterlosigkeit und Zurücksetzung und durch

den Verlust von Heim und Heimat: »Schillers Dramen präsentieren das Thema des Aufbruchs immer wieder als dreifache Fatalität; es ist tödlich zu gehen, zu bleiben und vor allem wiederzukehren« (S. Hammer, *Schiller's Wound. The Theater of Trauma from Crisis to Commodity*, Detroit 2001, S. 15; Übers.: Chr. Grawe).
Im Folgenden kurze Auszüge aus zwei solcher psychoanalytischen Deutungen. Dabei rücken die sonst als gegensätzlich begriffenen Brüder (vgl. etwa Schlunk und Koc, bei dem sie gewissermaßen zu verschiedenen Seiten *einer* Person werden) bei allen körperlichen Unterschieden in eine seelische und geistige Ähnlichkeit, denn beide zeigen als »Zwillingspaar wider Willen« (Sautermeister, 1991, S. 323) Symptome ähnlichen pathologischen Verhaltens. Beide zeichnet »die Anfechtung des patriarchalischen Gesetzes durch die Söhne« (ebd., S. 324) aus. Das führt besonders zu einer kritischeren Sicht Karls.

Gert Sautermeister (geb. 1940) sucht in seinem Aufsatz über »Unbotmäßiges zu den Brüdern Moor« (1991) »den Ursprung von Karls psychopathologischem Verhalten nicht in Franz' Intrigen, sondern in seiner eigenen prekären Persönlichkeitsstruktur und bescheinigt ihm auf Grund seines Narzissmus etwa »aggressive Asozialität« (S. 312), »Vernichtungsphantasien« (S. 328) und »hochfahrende Despotie und hypertrophe Verletzlichkeit« (S. 325). »Der bürgerliche Familiensohn macht die Gesellschaft zum Experimentierfeld seiner narzisstischen Heldenrolle.« (S. 320); darin habe »das Politische nicht das geringste Eigengewicht« (S. 321).

»Man vergegenwärtige sich die besonderen Konkretionen der Selbstentfaltung Karl Moors: ein Idyllenträumer *im ersten Akt*, zur Heimkehr ins Vaterhaus willens, aber auch tatendurstiger Republikaner mit Heldenmanieren, schließlich Räuberhauptmann aus Rachedurst und potentieller Vatermörder – alles in unmittelbarer Nachbarschaft; *im zweiten Akt* hochgesinnter Sozialrebell, Ausnahmemensch mit grandios-fahrlässigen Gebärden, despotischer Verächter seiner Komplizen und zerknirschter Sünder, zuletzt wieder bedingungsloser solidarischer Kämpfer – alles in atemloser Aufeinanderfolge; sich selbst verklagender Melancholiker, vaterbedürftiger Heimkehrer, empfindsam Liebender, heroischer Nihilist, potentieller Brudermörder und Stellvertreter Gottes *im dritten und vierten Akt* – und *im fünften Akt* alle Extreme einer Menschenbrust ineinandergeschlungen, das in pathetischen Umschwüngen ›von Klippe zu Klippe‹, vom Himmel zur Hölle, von der Wollust zur Verzweiflung geworfene Schicksal: ein expressionistisches Fresko der Leidenschaften, ein Katarakt der Erlösungs- und Vernichtungsschreie, ein Tollhaus der Paradoxa und eine Walstätte zerborstener Affekte, zerstörter Menschen.«

Gert Sautermeister: »Die Seele bei ihren geheimsten Operationen ertappen«. Unbotmäßiges zu den Brüdern Moor in Schillers *Räubern*. In: Kulturelles Erbe zwischen Tradition und Avantgarde. Ein Bremer Symposium. Hrsg. von Thomas Metscher und Christian Marzahn. Köln [u. a.]: Böhlau, 1991. S. 311–340; hier S. 337. – © Böhlau Verlag GmbH & Cie, Köln/Weimar.

Auch Gerhard Oberlin hält bei den Brüdern Moor trotz »allen Unterschieden der Krankheitsgenese und ihrer Symptome eine vergleichbare Dynamik der Gewalt mit ihren masochistisch nach innen und sadistisch nach außen gerichteten Kräften« (S. 117) für gegeben. Beide Brüder leiden an »narzißtischen Persönlichkeitsstörungen« (S. 111):

»Franz [ist] in seiner ausführlich belegten Entwicklung, zu deren Störfaktoren die lebenslange Eifersucht auf den Bruder (und auf Amalia) gehören, ein Fall von schwerer Dissoziation im Zusammenhang mit einem Bruder- und

Vaterkomplex, dessen Darstellung neben den analogen Komplexen seines Bruders ein aufklärendes Licht auf die aufgeklärte Epoche und die psychisch relevanten Faktoren in ihrem Kulturmilieu wirft. Bei allen Unterschieden der Krankheitsgenese und der Symptome: eine vergleichbare Dynamik der Gewalt mit ihren masochistisch nach innen und sadistisch nach außen gerichteten Kräften ist in ihnen beiden wirksam. Sie gleichen sich auch in ihrer starken Abhängigkeit vom Vater, der das Zünglein an der Waage war und ist [...]. Der genealogische Zusammenhang unterstreicht die Kulturdimension der Krankheitseinflüsse. [...] Gerade die bedeutungsperspektivische Überhöhung von Kindheit und Vater ins Übersinnliche läßt die Geschichte und den existentiellen Stellenwert des Mangels durchscheinen. Sie belegt das Drama der Abwesenheit von emotionaler Sättigung und Strukturgebung für das sich konstituierende Selbst des Kindes. Gleichzeitig beleuchtet die angedeutete Antinomie von Elysium bzw. Himmel auf der einen Seite und Hölle auf der anderen den luziferischen Fluch des Verstoßenseins, eine symbolische Steigerung ins Kosmologische [...].

[Bei Karl könne man] von einer narzißtischen Majestätsbeleidigung sprechen, mit der die Würde des Menschen ein für allemal mit Füßen getreten und die Neigung zu Allmachtfantasien programmiert ist. [...] Gerade um die Macht-Ohnmacht-Dialektik besser verstehen zu können, muß man sich die dem ›Amoklauf‹ zugrunde liegende Kopplung von Gewalt und Selbstzerstörung in ihrer Dependenz genauer ansehen. Mit den zerstörten Hoffnungen auf eine ›Wiedergeburt‹ (im Sinne des wiederangenommenen verlorenen Sohnes) und der damit verbundenen Selbstnegation entsteht eine autoaggressive Anfeindung, die zur Abwehr eine sadistische Komponente als Pendant enthält. Es ist diese Struktur, die bei Karl zum eigentlichen Motor der Handlungen und seines Verhaltens (einschließlich der Sprache) wird. Selbstverneinung mündet in die Negation anderer, insofern der intrapsychische Grund externalisiert wird, um das eigene Selbst vor der Zerstörung zu bewahren. In ihrer Destruktivität ist die Negation auch Ausdruck für den Willen zur Macht.«

Gerhard Oberlin: Die Mechanik des Bösen in Schillers *Räubern*. In: Jahrbuch der Deutschen Schillergesellschaft 50 (2006) S. 107–133; hier S. 117, 124 f., 130. –

Auch Amalia zeigt nach Oberlin »in ihrer schwärmerischen Fixierung auf Karl [...] mit Anzeichen der Derealisierung, Idealisierung oder Autoaggression« (S. 127) Symptome seelischer Krankheit.

VIII. Literaturhinweise

1. Bibliographien

Schiller-Bibliographie [der Nationalen Forschungs- und Gedenkstätten der klassischen deutschen Literatur, Weimar]. 1893–1958. Bearb. von Wolfgang Vulpius. Weimar 1959.
[Ab 1959 enthalten die Jahrbücher der Deutschen Schillergesellschaft (Kröner Verlag, Stuttgart, ab 2006 Wallstein Verlag, Göttingen) regelmäßig ausführliche Schiller-Bibliographien.]

Hermann, Helmut G.: Der Dramatiker Schiller. Auswahlbibliographie. In: Schillers Dramen. Neue Interpretationen. Hrsg. von Walter Hinderer. Stuttgart 1979. 2., durchges. und bibliogr. ern. Aufl. 1983. S. 349–378.

2. Werke und Dokumente

Die Räuber. Ein Schauspiel. Frankfurt/Leipzig [o. V.] 1781. – Reprogr. Nachdr. Stuttgart: Metzler, 1992.

Schillers Räuber. Urtext des Mannheimer Soufflierbuches. Hrsg. von Herbert Stubenrauch und Günter Schulz. Mannheim: Bibliographisches Institut, 1959.

Die Räuber, ein Trauerspiel von Friedrich Schiller. Neue für die Mannheimer Bühne verbesserte Auflage. Mannheim, in der Schwanischen Buchhandlung, 1782.

Schillers Werke. Nationalausgabe. Begr. von Julius Petersen. Hrsg. von Lieselotte Blumenthal und Benno von Wiese. Bd. 3: Die Räuber. Hrsg. von Herbert Stubenrauch. Weimar: Böhlau, 1953. [Zit. als: NA.]

Friedrich Schiller: Werke und Briefe in zwölf Bänden. Hrsg. von Klaus Harro Hilzinger [u. a.]. Dramen I. Hrsg. von Gerhard Kluge. Frankfurt a. M.: Deutscher Klassiker Verlag, 1988. (Bibliothek deutscher Klassiker. 29.) [Zit. als: DKV.]

Schillers Briefe. Hrsg. und mit Anm. vers. von Fritz Jonas. Kritische Gesamtausgabe. 7 Bde. Stuttgart [u. a.]: Deutsche Verlags-Anstalt, 1892–96.

Schiller und Goethe im Urtheile ihrer Zeitgenossen. Ges. und hrsg. von Julius W. Braun. Abt. 1: Schiller. 3 Bde. Leipzig: Luckhardt, 1882.

Schillers Persönlichkeit. Urtheile der Zeitgenossen und Documente. Tl. 1. Ges. von Max Hecker. Weimar: Gesellschaft der Bibliophilen, 1904. Tl. 2. 3. Ges. von Julius Petersen. Ebd. 1908–1909. [Zit. als: Schillers Persönlichkeit.]

Schillers Leben dokumentarisch in Briefen, zeitgenössischen Berichten und Bildern. Zsgest. von Walter Hoyer. Köln: Kiepenheuer & Witsch, 1967.

Schiller – Zeitgenosse aller Epochen. Dokumente zur Wirkungsgeschichte Schillers in Deutschland. Eingel. und komm. von Norbert Oellers. Tl. 1: 1782–1859. Frankfurt a. M.: Athenäum, 1970. Tl. 2: 1860–1966. München: Beck, 1976.

Friedrich Schiller. Hrsg. von Bodo Lecke. 2 Bde. München: Heimeran, 1969–70. (Dichter über ihre Dichtungen.)

3. Forschungsliteratur

Best, Otto F.: Gerechtigkeit für Spiegelberg. In: Jahrbuch der Deutschen Schillergesellschaft 22 (1978) S. 277–302.

Blochmann, Elisabeth: Das Motiv vom verlorenen Sohn in Schillers Räuberdrama. In: Deutsche Vierteljahrsschrift für Literaturwissenschaft und Geistesgeschichte 25 (1951) S. 474–484.

Böckmann, Paul: Formgeschichte der deutschen Dichtung. Bd. 1. Hamburg 1949. S. 668–694.

Borchmeyer, Dieter: Die Tragödie vom verlorenen Vater. Der Dramatiker Schiller und die Aufklärung. – Das Beispiel der *Räuber*. In: Friedrich Schiller. Angebot und Diskurs. Hrsg. von Helmut Brandt. Berlin/Weimar 1987. S. 160–184.

Boxberger, Robert: Die Sprache der Bibel in Schillers *Räubern*. Erfurt 1867.

Brahm, Otto: Das deutsche Ritterdrama des 18. Jahrhunderts. Straßburg 1880.

Budenbinder, Helmut: Das Familiendrama Sickingen. Sein Verlauf und sein möglicher Zusammenhang mit Schillers *Räubern*. In: Mitteilungen des historischen Vereins der Pfalz 61 (1963) S. 161–200.

Dieckhöfer, E.: Der Einfluß von Leisewitz' *Julius von Tarent* auf Schillers Jugenddramen. Diss. Bonn 1902.

Golz, Jochen: Der mäandrische Weg des Karl Moor. *Die Räuber*. In: Schiller. Das dramatische Werk in Einzelinterpretationen. Hrsg. von Hans-Dietrich Dahnke und Bernd Leistner. Leipzig 1982. S. 10–41.

Guthke, Karl S.: Schillers Dramen. Idealismus und Skepsis. Tübingen/Basel 1994. S. 31–64.

Hammer, Stephanie: Schiller's Wound. The Theater of Trauma from Crisis to Commodity. Detroit 2001.

Hofmann, Michael: Friedrich Schiller. *Die Räuber*. Interpretation. München: Oldenbourg, 1996. (Oldenbourg Interpretationen. 79.)

Kemper, Dirk: Die *Räuber* als Seelengemälde der Amalia von Edelreich. Daniel Chodowieckis Interpretation des Schillerschen Dramas im Medium der Kupferstichillustrationen. In: Jahrbuch der deutschen Schillergesellschaft 37 (1993) S. 221–247.

Kluge, Gerhard: Zwischen Seelenmechanik und Gefühlspathos. Umrisse zum Verständnis der Gestalt Amalias in *Die Räuber* – Analyse der Szene I,3. In: Jahrbuch der Deutschen Schillergesellschaft 20 (1976) S. 184–207.

Koc, Richard: Fathers and Sons. Ambivalence Doubled in Schiller's *Räuber*. In: Germanic Review 61 (1986) S. 91–104.

Koopmann, Helmut: Joseph und sein Vater. Zu den biblischen Anspielungen in Schillers *Räubern*. In: Herkommen und Erneuerung. Essays für Oskar Seidlin. Hrsg. von Gerald Gillespie und Edgar Lohner. Tübingen 1976. S. 150–167.

Kraft, Günther: Historische Studien zu Schillers Schauspiel *Die Räuber*. Über eine mitteldeutsch-fränkische Räuberbande des 18. Jahrhunderts. Weimar 1959.

Kullmann, Wilhelm: Die Bearbeitungen, Fortsetzungen und Nachahmungen von Schillers *Räubern*. Berlin 1910.

Maier, Konrad: Zerstörungsformen einer verabsolutierten Moral im Frühwerk Friedrich Schillers. St. Ingbert 1992. (Saarbrücker Beiträge zur Literaturwissenschaft. 30.)

Mann, Michael: Sturm und Drang Drama. Studien und Vorstudien zu Schillers *Räubern*. Bern/München 1974.

Martini, Fritz: Die feindlichen Brüder. Zum Problem des gesellschaftskritischen Dramas von J. A. Leisewitz, F. M. Klinger und F. Schiller. In: Jahrbuch der Deutschen Schillergesellschaft 16 (1972) S. 208–265.

Mattenklott, Gerd: Melancholie in der Dramatik des Sturm und

Drang. Erweiterte und durchgesehene Auflage. Königstein i. Ts. 1985. [Kap. 4]. S. 169–183.

Mayer, Hans: Schillers Vorreden zu den *Räubern*. In: H. M.: Von Lessing bis Thomas Mann. Wandlungen der bürgerlichen Literatur in Deutschland. Pfullingen 1959. S. 134–154. – Wieder abgedr. in: H. M.: Versuche über Schiller. Frankfurt a. M. 1987. S. 72–94.

– Der weise Nathan und der Räuber Spiegelberg. Antinomien der jüdischen Emanzipation in Deutschland. In: Jahrbuch der Deutschen Schillergesellschaft 17 (1973) S. 253–272.

Merkel, Johannes / Steinlein, Rüdiger: Schillers *Die Räuber*. In: Der alte Kanon neu. Zur Revision des literarischen Kanons in Wissenschaft und Unterricht. Hrsg. von Walter Raitz und Erhard Schütz. Opladen 1976. S. 109–135.

Michelsen, Peter: Der Bruch mit der Vater-Welt. Studien zu Schillers *Räubern*. Heidelberg 1979.

Oberlin, Gerhard: »Wenn die Kultur ausartet«. Die Mechanik des Bösen in Schillers *Räubern*. In: Jahrbuch der deutschen Schillergesellschaft 50 (2006) S. 107–133.

Oellers, Norbert: Schiller. Elend der Geschichte, Glanz der Kunst. Stuttgart 2005.

Piedmont, Ferdinand: Schillers *Räuber* auf der Bühne (1945–1980). In: Schau-Bühne. Schillers Dramen 1945–1984. Eine Ausstellung des Deutschen Literaturarchivs und des Theatermuseums der Universität zu Köln. Marbach a. N. 1984. S. 123–140.

Pugh, David: Tragedy and Providence. *Die Räuber* and the End of the Enlightenment. In: Hinter dem schwarzen Vorhang. Die Katastrophe und die epische Tradition. Festschrift für Anthony W. Riley. Hrsg. von Ulrich Schreck und Friedrich Gade. Tübingen 1994.

– Schiller's Early Dramas. A Critical History. Rochester (N. Y.) 2000.

Riedel, Wolfgang: Die Aufklärung und das Unbewußte. Die Inversionen des Franz Moor. In: Jahrbuch der deutschen Schillergesellschaft 37 (1993) S. 248–270.

Rohn, Otto: Ein Schloß in Franken – Mittelpunkt von Schillers Schauspiel *Die Räuber*. Ein Beitrag zur Vorgeschichte dieses Schauspiels. In: Alt-Gunzenhausen. Beiträge zur Geschichte der Stadt und Umgebung. H. 46 (1991) S. 73–138.

Rudloff-Hille, Gertrud: Schiller auf der deutschen Bühne seiner Zeit. Berlin/Weimar 1969.

Rullmann, Wilhelm: Die Bearbeitungen, Fortsetzungen und Nachahmungen von Schillers *Räubern* (1782–1802). Berlin 1911. (Schriften der Gesellschaft für Theatergeschichte. 15.)

Sautermeister, Gert: Aufklärung und Körpersprache. Schillers Dramen auf dem Theater heute. In: Klassik und Moderne. Die Weimarer Klassik als historisches Ereignis und Herausforderung im kulturgeschichtlichen Prozeß. Hrsg. von Karl Richter und Jörg Schönert. Stuttgart 1983. S. 619–640.

– Theatralische Versinnlichung des dramatischen Worts. Zu neueren Inszenierungen der *Räuber*. In: Friedrich Schiller. Angebot und Diskurs. Hrsg. von Helmut Brandt. Berlin/Weimar 1987. S. 204–217.

– »Die Seele bei ihren geheimsten Operationen ertappen«. Unbotmäßiges zu den Brüdern Moor in Schillers *Räubern*. In: Kulturelles Erbe zwischen Tradition und Avantgarde. Ein Bremer Symposium. Hrsg. von Thomas Metscher / Christian Marzahn. Köln [u. a.] 1991. S. 311–340.

– Vom Nutzen des Theaters für die Philologie. Schillers *Räuber* – unverjährt. In: Schiller. Vorträge aus Anlaß seines 225. Geburtstages. Hrsg. von Dirk Grathoff und Erwin Leibfried. Frankfurt a. M. [u. a.] 1991. S. 49–67.

Schau-Bühne. Schillers Dramen 1945–1984. Eine Ausstellung des Deutschen Literaturarchivs und des Theatermuseums der Universität zu Köln. Marbach a. N. 1984.

Scherpe, Klaus R.: *Die Räuber*. In: Schillers Dramen. Neue Interpretationen. Hrsg. von Walter Hinderer. Stuttgart 1979. ^{2}1983. S. 9–36.

– Schillers *Räuber* – theatralisch. In: Der Deutschunterricht 35 (1983) H. 1. S. 61–77.

Schiller-Handbuch. Hrsg. von Helmut Koopmann in Zusammenarbeit mit der Deutschen Schillergesellschaft Marbach. Stuttgart 1998.

Schiller spielen. Stimmen der Theaterkritik 1946–1985. Hrsg. von Ferdinand Piedmont. Darmstadt 1990. S. 21–66.

Schings, Hans-Jürgen: Schillers *Räuber*: Ein Experiment des Universalhasses. In: Friedrich Schiller. Kunst, Humanität und Politik in der späten Aufklärung. Ein Symposium. Hrsg. von Wolfgang Wittkowski. Tübingen 1982. S. 1–21.

Schlunk, Jürgen E.: Vertrauen als Ursache und Überwindung tragischer Verstrickung in Schillers *Räubern*. Zum Verständnis

Karl Moors. In: Jahrbuch der Deutschen Schillergesellschaft 27 (1983) S. 185–201.

Schwerte, Hans: Schillers *Räuber*. In: Deutsche Dramen von Gryphius bis Brecht. Frankfurt a. M. / Hamburg 1965. S. 147–171. (Fischer Taschenbuch. 699.)

Staiger, Emil: Friedrich Schiller. Zürich 1967.

Steinhagen, Harald: Der junge Schiller zwischen Marquis de Sade und Kant. Aufklärung und Idealismus. In: Deutsche Vierteljahrsschrift für Literaturwissenschaft und Geistesgeschichte 56 (1982) S. 135–157.

Storz, Gerhard: Der Dichter Friedrich Schiller. Stuttgart 1959. [4]1968. S. 19–60.

Tarnói, László: Schillers »Räuberlied« und seine Varianten auf fliegenden Blättern. In: Friedrich Schiller. Angebot und Diskurs. Hrsg. von Helmut Brandt. Berlin/Weimar 1987. S. 410–430.

Veit, Philipp F.: Moritz Spiegelberg. Eine Charakterstudie zu Schillers *Räubern*. In: Jahrbuch der Deutschen Schillergesellschaft 17 (1973) S. 273–290.

Wacker, Manfred: Schillers *Räuber* und der Sturm und Drang. Stilkritische und typologische Überprüfung eines Epochenbegriffs. Göppingen 1973.

Waldmann, Bernd: »Schiller ist gut – Schiller muß sein«. Grundlagen und Funktion der Schiller-Rezeption des westdeutschen Theaters der fünfziger Jahre. Frankfurt a. M. / Bern [u. a.] 1993. (Studien zur deutschen Literatur des 19. und 20. Jahrhunderts. 22.)

Weltrich, Richard: Friedrich Schiller. Geschichte seines Lebens und Charakteristik seiner Werke. Bd. 1. Stuttgart 1899.

Wiese, Benno von: Friedrich Schiller. Stuttgart 1959. S. 136–170.

[Wolzogen, Caroline von:] Schillers Leben verfaßt aus Erinnerungen der Familie, seinen eigenen Briefen und den Nachrichten seines Freundes Körner. 2 Bde. Stuttgart/Tübingen 1830.

Wulffen, Erich: Kriminalpsychologie und Psychopathologie in Schillers *Räubern*. Halle a. d. S. 1907.

Weitere Spezialliteratur ist an der jeweils relevanten Stelle aufgeführt.

Erläuterungen und Dokumente

zu Andersch, *Sansibar oder der letzte Grund.* 171 S. UB 16036

zu Böll, *Ansichten eines Clowns.* 84 S. UB 8192 – *Die verlorene Ehre der Katharina Blum.* 222 S. UB 16011

zu Borchert, *Draußen vor der Tür.* 107 S. UB 16004

zu Brecht, *Der kaukasische Kreidekreis.* 120 S. UB 16007 – *Leben des Galilei.* 231 S. UB 16020 – *Mutter Courage und ihre Kinder.* 208 S. UB 16035

zu Büchner, *Dantons Tod.* 208 S. UB 16034 – *Lenz.* 176 S. UB 8180 – *Leonce und Lena.* 160 S. UB 16049 – *Woyzeck.* 325 S. UB 16013

zu Chamisso, *Peter Schlemihls wundersame Geschichte.* 122 S. UB 8158

zu Döblin, *Berlin Alexanderplatz.* 286 S. UB 16009

zu Droste-Hülshoff, *Die Judenbuche.* 87 S. UB 8145

zu Dürrenmatt, *Der Besuch der alten Dame.* 93 S. UB 8130 – *Die Physiker.* 243 S. UB 8189 – *Romulus der Große.* 96 S. UB 8173

zu Eichendorff, *Aus dem Leben eines Taugenichts.* 120 S. UB 8198 – *Das Marmorbild.* 110 S. UB 16047

zu Fallada, *»Kleiner Mann – was nun?«* 179 S. UB 16024

zu Flaubert, *Madame Bovary.* 176 S. UB 16057

zu Fontane, *Effi Briest.* 171 S. UB 8119 – *Frau Jenny Treibel.* 120 S. UB 8132 – *Irrungen, Wirrungen.* 148 S. UB 8146 – *Schach von Wuthenow.* 173 S. UB 8152

zu Frank, *Tagebuch.* 133 S. UB 16039

zu Frisch, *Andorra.* 88 S. UB 8170 – *Biedermann und die Brandstifter.* 128 S. UB 8129 – *Homo faber.* 196 S. UB 8179

zu Goethe, *10 Gedichte.* 171 S. UB 16058 – *Egmont.* 165 S. UB 8126 – *Faust. Der Tragödie Erster Teil.* 301 S. UB 16021 – *Faust. Der Tragödie Zweiter Teil.* 358 S. UB 16022 – *Götz von Berlichingen.* 216 S. UB 8122 – *Iphigenie auf Tauris.* 156 S. UB 16025 – *Die Leiden des jungen Werther.* 192 S. UB 8113 – *Novelle.* 158 S. UB 8159 – *Torquato Tasso.* 230 S. UB 8154 – *Urfaust.* 168 S. UB 8183 – *Die Wahlverwandtschaften.* 260 S. UB 16048 – *Wilhelm Meisters Lehrjahre.* 398 S. UB 8160

zu Gotthelf, *Die schwarze Spinne.* 112 S. UB 8161

zu Grass, *Die Blechtrommel.* 223 S. UB 16005 – *Katz und Maus.* 192 S. UB 8137 – *Das Treffen in Telgte.* 168 S. UB 16012

zu Grillparzer, *Der arme Spielmann.* 186 S. UB 8174

zu Hauptmann, *Bahnwärter Thiel.* 62 S. UB 8125 – *Der Biberpelz.* 125 S. UB 8141 – *Die Ratten.* 183 S. UB 8187 – *Die Weber.* 227 S. UB 16014

zu Hebbel, *Maria Magdalena.* 136 S. UB 16040

zu Heine, *10 Gedichte.* 189 S. UB 16059 – *Deutschland. Ein Wintermärchen.* 208 S. UB 8150

zu Hesse, *Demian. Die Geschichte von Emil Sinclairs Jugend.* 90 S. UB 8190 – *Das Glasperlenspiel.* 215 S. UB 16056 – *Der Steppenwolf.* 157 S. UB 8193 – *Unterm Rad.* 110 S. UB 8200

zu Hölderlin, *Hyperion.* 339 S. UB 16008

zu Hoffmann, *Das Fräulein von Scuderi.* 135 S. UB 8142 – *Der goldne Topf.* 176 S. UB 8157 – *Der Sandmann.* 176 S. UB 8199

zu Hofmannsthal, *Jedermann.* 88 S. UB 16003

zu Horváth, *Geschichten aus dem Wiener Wald.* 139 S. UB 16016 – *Jugend ohne Gott.* 148 S. UB 16010

zu Ibsen, *Nora (Ein Puppenheim).* 86 S. UB 8185

zu Kafka, *Der Proceß.* 224 S. UB 8197 – *Das Urteil.* 144 S. UB 16001 – *Die Verwandlung.* 196 S. UB 8155

zu Keller, *Kleider machen Leute.* 116 S. UB 8165 – *Romeo und Julia auf dem Dorfe.* 202 S. UB 16032

zu Kleist, *Amphitryon.* 160 S. UB 8162 – *Das Erdbeben in Chili.* 168 S. UB 8175 – *Das Käthchen von Heilbronn.* 164 S. UB 8139 – *Die Marquise von O…* 128 S. UB 8196 – *Michael Kohlhaas.* 140 S. UB 16026 – *Penthesilea.* 160 S. UB 8191 – *Prinz Friedrich von Homburg.* 204 S. UB 8147 – *Der zerbrochne Krug.* 159 S. UB 8123

zu Klüger, *weiter leben.* 174 S. UB 16045

zu J. M. R. Lenz, *Der Hofmeister.* 191 S. UB 8177 – *Die Soldaten.* 119 S. UB 16027

zu Lessing, *Emilia Galotti.* 159 S. UB 16031 – *Minna von Barnhelm.* 165 S. UB 16037 – *Miss Sara Sampson.* 109 S. UB 8169 – *Nathan der Weise.* 224 S. UB 8118

zu H. Mann, *Der Untertan.* 165 S. UB 8194

zu Th. Mann, *Mario und der Zauberer.* 119 S. UB 16044 – *Der Tod in Venedig.* 196 S. UB 8188 – *Tonio Kröger.* 104 S. UB 8163 – *Tristan.* 96 S. UB 8115

zu Meyer, *Das Amulett.* 68 S. UB 8140

zu Mörike, *Mozart auf der Reise nach Prag.* 119 S. UB 8135

zu Musil, *Die Verwirrungen des Zöglings Törleß.* 204 S. UB 16019

zu Novalis, *Heinrich von Ofterdingen.* 243 S. UB 8181

zu Roth, *Hiob.* 133 S. UB 16033

zu Schiller, *Don Karlos.* 240 S. UB 8120 – *Die Jungfrau von Orleans.* 163 S. UB 16053 – *Kabale und Liebe.* 174 S. UB 8149 – *Maria Stuart.* 214 S. UB 8143 – *Die Räuber.* 232 S. UB 8134 – *Wallenstein.* 236 S. UB 16051 – *Wilhelm Tell.* 195 S. UB 16052

zu Schlink, *Der Vorleser.* 150 S. UB 16050

zu Schneider, *Schlafes Bruder.* 104 S. UB 16015

zu Schnitzler, *Fräulein Else.* 118 S. UB 16023 – *Leutnant Gustl.* 118 S. UB 16017 – *Reigen.* 152 S. UB 16006 – *Traumnovelle.* 143 S. UB 16054

zu Seghers, *Das siebte Kreuz.* 134 S. UB 16042

zu Shakespeare, *Hamlet.* 264 S. UB 8116 – *Macbeth.* 126 S. UB 16043 – *Romeo und Julia.* 182 S. UB 16029 – *Ein Sommernachtstraum.* 153 S. UB 16041

zu Sophokles, *Antigone.* 86 S. UB 8195 – *König Ödipus.* 136 S. UB 16038

zu Stifter, *Brigitta.* 102 S. UB 8109

zu Storm, *Der Schimmelreiter.* 135 S. UB 8133

zu Süskind, *Das Parfum.* 116 S. UB 16018

zu Tieck, *Der blonde Eckbert / Der Runenberg.* 91 S. UB 8178

zu Wedekind, *Frühlings Erwachen.* 204 S. UB 8151 – *Lulu.* 206 S. UB 16046

zu Wolf, *Kassandra.* 154 S. UB 16063

zu Zuckmayer, *Der Hauptmann von Köpenick.* 171 S. UB 8138

Philipp Reclam jun. Stuttgart